교과서 옆 필수구비서

초등사회 개념사전

사회문화 · 경제 · 정치 · 지리

한 권으로 배우는 초등 교과서의 모든 개념

집필 김금주 · 김현숙 · 박현화 · 황정숙 · 강지연
감수 류상영 (연세대학교 국제대학원 교수)
박선미 (인하대학교 사회교육과 교수)
전종한 (경인교육대학교 사회교육과 교수)

아울북

집필하신 분

김금주
서울대학교 사범대학 사회교육과를 졸업하고 같은 대학교 대학원에서 사회교육 전공 과정을 수료하였습니다. 현재 서울 풍성중학교 교사로 재직하고 있습니다.

김현숙
건국대학교 행정학과를 졸업하고, 1983년 용산여중에서 시작하여 현재 서울 용마중학교 교사로 재직하고 있습니다.

노정희
숙명여자대학교 법학과를 졸업하였습니다. EBS 교재 개발에 참여해 왔으며 초등·중등 사회 관련 콘텐츠를 기획, 개발하는 일을 하고 있습니다. 〈초등 올림 시리즈〉, 〈눈높이사회〉, 〈교과서가 쉬워지는 체험학습〉 등 다수의 사회 교과 관련 자료를 집필하였습니다.

박현화
서울대학교 사범대학 사회교육과를 졸업하고, 현재 서울 경성중학교 교사로 재직하고 있습니다.

황정숙
한양대학교 행정학과를 졸업하고, 서울대학교 사회교육과 대학원 박사 과정을 수료하였습니다. 현재 인천 국제고등학교에서 교사로 재직하고 있습니다.

감수 및 추천하신 분

류상영
연세대학교 정치외교학과를 졸업하고 일본의 게이오 대학에서 연구 생활을 하였으며 연세대학교 대학원에서 박사학위를 받았습니다. 삼성경제연구소 수석연구원을 거쳐, 현재 연세대학교 국제대학원 교수로 재직하고 있습니다.

정종환
한국교원대학교 지리교육과를 졸업하고 같은 대학원 사회교육과를 졸업하였습니다. 교육과학기술부 초등사회 교과서 개발의 연구 및 집필위원, 초등사회과부도의 책임 집필위원을 역임하였습니다. 주요 저서로는 〈종족집단의 경관과 장소〉, 〈세계지리〉 등이 있습니다.앉을까〉, 〈역사, 길을 품다〉 등이 있습니다.

박선미
고려대학교 지리교육과를 졸업하고 같은 대학원에서 박사학위를 받았습니다. 한국교육과정평가원 연구위원을 거쳐, 현재 인하대학교 사회교육과 교수로 재직하고 있습니다.

교과서 옆 필수구비서 초등사회 개념사전

저자 | 김금주 김현숙 박현화 황정숙 강지연　**감수 및 추천** | 류상영 박선미 전종한　**삽화** | 이창섭 윤이나 서규석 신지윤

펴낸이 | 김영곤　**펴낸곳** | ㈜북이십일 아울북　**발행일** | 개정판 1판 1쇄 2015. 2. 24　개정판 1판 10쇄 2022. 11. 1
키즈사업본부장 | 김수경　**에듀1팀** | 김지혜, 김현정, 김지수
아동마케팅영업본부장 | 변유경　**아동마케팅1팀** | 김영남 황혜선 이규림 황성진　**아동마케팅2팀** | 임동렬 이해림 안정현
아동영업1팀 | 이도경 오다은 김소연　**아동영업2팀** | 한충희 오은희 강경남
표지 디자인 | 이승은　**본문 디자인 및 편집** | 다우
주소 | (우 10881) 경기도 파주시 문발동 회동길 201
연락처 | 031-955-2100(대표), 031-955-2445(내용문의), 031-955-2177(팩스)
홈페이지 | www.book21.com
출판등록 | 2000년 5월 6일 제406-2003-061호copyright ⓒ 2015 by Book21 아울북 All rights reserved.
ISBN 978-89-509-5691-2 74400

이 책의 내용의 일부 또는 전부를 재사용하시려면 반드시 ㈜북이십일의 동의를 얻어야 합니다.
잘못 만들어진 책은 구입하신 서점에서 교환해 드립니다.

- 제조자명 : ㈜북이십일
- 주소 및 전화번호 : 경기도 파주시 문발동 회동길 201(문발동) / 031-955-2100
- 제조연월 : 2022. 11. 1.
- 제조국명 : 대한민국
- 사용연령 : 3세 이상 어린이 제품

교과서 옆 필수구비서

초등사회 개념사전

사회문화 · 경제 · 정치 · 지리

한 권으로 배우는 초등 교과서의 모든 개념

집필 김금주 · 김현숙 · 박현화 · 황정숙 · 강지연
감수 류상영 (연세대학교 국제대학원 교수)
　　　박선미 (인하대학교 사회교육과 교수)
　　　전종한 (경인교육대학교 사회교육과 교수)

아울북

저자의 글

사회를 쉽고 재미있게 공부해요

"선생님 사회 시험이 너무 어려워요", "외울 게 왜 이렇게 많아요?", "무얼 배우고 있는지 모르겠어요", "너무 공부하기 힘들어요"….
사회 과목을 힘들어 하는 학생들이 주로 하는 말입니다. 그러나 사회처럼 재미있고 쉬운 과목도 드뭅니다. 사회 과목에서 공부하는 내용들은 우리 주변에서 늘 일어나고 있는 일들이니까요.

그런데 왜 많은 학생들이 사회 과목을 공부하기 힘들어 할까요? 그 이유는 우선 사회교과의 체제 때문입니다. 현재 사회교과는 정치, 경제, 지리, 역사 등 다양한 분야의 내용을 통합하여 담고 있습니다. 이렇게 여러 분야의 내용들을 한꺼번에 공부하게 되면 사회현상을 종합적으로 이해할 수 있다는 장점도 있지만, 때론 혼란을 가져오기도 합니다. 도대체 지금 배우고 있는 내용들이 왜 중요한지, 어떤 관계가 있는지 체계적으로 알기 어렵습니다.

두번째 이유는 암기위주의 학습 방법 때문입니다. 사회 과목에는 많은 개념들이 나옵니다. 그런데 대부분의 학생들은 사회 과목의 개념들을 이해하지 않고, 무조건 외우려고만 합니다. 그러다 보니 사회는 외워도 외워도 외울 게 너무 많은 과목이라고 생각하게 되고, 지레 힘들어 포기하게 됩니다.

〈초등사회 개념사전〉은 이런 고민들을 해결하기 위해 쓰여졌습니다.

우선 사회교과를 사회문화, 경제, 정치, 주제별 지리, 지역별 지리 등 중요 영역으로 나누어 학생들이 체계적으로 학습하도록 서술하였습니다.

둘째로 오랜 현장 경험을 가진 각 전공 교과 선생님들이 머리를 맞대어 사회과에서 공부해야 할 중요한 개념들을 선정하였습니다. 그리고 이런 중요 개념들을 일상생활의 사례를 들어 풀어놓음으로써, 학생들이 보다 쉽고 재미있게 사회학습을 할 수 있게 하였습니다. 이렇게 학습하다 보면 사회 과목은 무조건 암기해야 할 과목이 아니라 이해가 선행되어야 하는 과목임을 알게 될 것입니다.

앞으로 우리 학생들이 살아가야 할 사회는 빠른 속도로 변해가고, 점점 복잡해지며, 전 세계가 점점 가까워질 것입니다. 따라서 미래 사회엔 이러한 사회 현상을 잘 이해하고, 앞으로 발생될 사회 문제들을 해결할 수 있는 사람이 필요합니다. 미래 사회의 주인공인 어린이들이 이 책을 통해 사회에 대해 관심을 가지고 이해하며, 합리적으로 판단하고 탐구하는 능력을 갖기를 희망합니다.

김금주, 김현숙, 박현화, 황정숙, 강지연

감수자의 글

다양한 사회 현상을 이해해요

초등학교 사회과는 학생들로 하여금 공간적 맥락과 역사적 상황을 함께 고려하면서 그 위에서 벌어지는 다양한 사회 현상들을 이해할 수 있도록 돕는 교과입니다. 이에 따라 사회 교과는 공간적 맥락을 공부하는 '지리 영역', 역사적 상황을 알기 위한 '역사 영역', 다양한 사회 현상들을 다루는 '일반사회 영역' 이라는 크게 세 영역으로 이루어져 있습니다.

그러나 사회 교과에 대해 학생들이 갖는 이미지는 암기 과목, 지루한 과목, 학습량이 많은 과목 등 그리 긍정적이지 않은 측면이 있습니다. 그 이유에는 여러 가지가 있겠으나, 가장 중요한 이유는 '시간과 공간에 대한 이해를 바탕으로 일반 사회 현상을 이해한다.'는 사회과의 기본 구조에 대한 이해가 부족한 데에 있다고 할 것입니다. 이러한 사회과의 기본 구조는 현행 초등 사회과 교육과정에도 나타나 있고, 교과서의 내용 구성에도 잘 반영되어 있습니다.

초등 사회과를 이해하기 위한 첫 단계는 교육과정과 교과서를 바탕으로 사회과의 기본 구조를 파악하는 일입니다. 그 다음, 초등 사회과의 효과적인 학습을 위해 꼭 필요한 것이 개념을 제대로 이해하는 일입니다. 개념이란 다양한 현상들을 어떻게 파악하며 이해할 것인가를 알려주는 중요한 지적 도구입니다. 개념이 없이 초등 사회과를 학습한다면, 학생들은 사회과에서 다루는 수많은 현상들에 빠져 버리고 말 것입니다. 개념은 현상들을 분류하고 해석하거나 판단하도록 도와주는 기능을 합니다. 사회과의 주요 개념에 대한 이해는 암기 과목으로서의 사회과의 이미지를 극복하고 사회과를 효과적으로 학습할 수 있는 지름길이라고도 할 수 있습니다.

이 책은 사회과의 영역별 주요 개념을 소개한 것으로, 사회과의 기본 구조에 대한 이해를 바탕으로 주요 개념을 통해 사회과 학습을 체계적이고 효과적으로 이루어지도록 하는 데에 도움을 줄 것입니다. 사회과의 주요 개념들을 학습하되, 학생들이 유의할 점은 다양한 사회 현상들을 이해함에 있어서 그것들이 어떠한 역사적 상황 속에 처해 있고, 어떠한 지리적 맥락 위에서 존재하는지를 연동시켜 생각할 기회와 태도를 갖는 것입니다.
〈초등사회 개념사전〉이 초등 사회과에 대한 왜곡된 이미지를 바로잡고 학생들의 효과적이고 흥미로운 학습에 기여할 수 있기를 기대합니다.

경인교육대학교 사회교육과 교수 전종한

추천의 글

창의적인 생각으로 세계를 이끌 미래의 인재들에게

어린이 여러분! 어떤 사회현상이나 주변의 사건들에 대하여 깊이 생각해 본 적이 있나요? 교과서나 신문에서 본 것 혹은 선생님이나 부모님이 가르쳐 주신 것이 자기의 생각과 다를 때, 스스로 생각하고 그것에 대해 토론해 본 적이 있나요? 그리고 어떤 책을 읽고 독후감을 쓸 때 학원에서 가르쳐 준 것 말고 자기 자신만의 눈으로 다양하게 그 뜻을 음미해 본 적은 있나요? 아마 많은 학생들이 바쁜 학교생활과 성적에 대한 강박관념 때문에 깊이 생각해 보는 여유를 갖기가 어려웠을 겁니다. 더구나 우리 사회가 처해 있는 각박하고 긴장된 현실이 여러분들에게 생각할 여유를 주지 않고 있는지도 모릅니다. 하지만 생각하지 않는 사람과 생각하는 능력을 갖지 못한 사람은 자기 자신을 위해서나 사회를 위해서나 좋은 일을 하기가 힘듭니다.

미래는 크게 멀리 보며 창의적이면서도 따뜻하게 생각하는 사람들이 만들어갈 것입니다. 세상은 더 복잡해지고 세계는 점점 하나가 되고 있습니다. 편리하고 좋은 일도 많지만 인류가 과거에 겪어 보지 못한 어려움도 많이 일어나고 있습니다. 이것을 해결하기 위해 필요한 것은 창의적인 지식과 열린 마음, 그리고 생각하는 능력입니다. 한글을 창제한 세종대왕, 임진왜란 때 조국을 구한 이순신 장군, 세계 정보통신기술을 주도하고 있는 빌 게이츠, 그리고 어려운 사람을 위해 의료봉사와 사랑을 실천한 슈바이처 박사와 테레사 수녀님 등은 모두 생각하는 능력을 갖고 좋은 세상을 위하여 커다란 공헌을 한 인물들입니다.

〈초등사회 개념사전〉은 초등학생 여러분들이, 생각하는 세계적 인재로 성장하는 데 밑거름이 될 수 있는 책입니다. 학교라는 공간에서 친구들과 어울리며 사회를 알아 가기 시작하는 어린이들에게 사회, 경제, 정치에 대한 이해를 돕는 훌륭한 길잡이가 될 것으로 생각합니다. 이 책은 각기 크고 작은 주제들을 흐름에 맞춰 자연스럽게 구성하였으며, 관련 내용들을 잘 담고 있습니다. 또한 여러 가지 정치, 경제, 사회 현상과 문제들에 대해 균형 잡힌 시각을 제시하고자 한 필자들의 노력이 돋보입니다. 단순히 지식만을 전달하는 기존의 교재와는 달리, 이 책은 여러분들이 보다 다양하고 창의적으로 생각하고, 멀리 크게 보도록 도와줄 것입니다. 어린이 여러분이 미래의 세계적인 인재로 성장해 가기를 기대합니다.

연세대학교 국제대학원 교수 류상영

〈초등사회 개념사전〉으로 여러분의 지도를 만들어 보아요

유명한 교육학자 루소는 12살까지는 다른 어떤 교육보다도 자연을 통해 지리를 배워야 한다고 주장하였습니다. 그런데 지리를 왜 배워야 할까요? 우리가 지리를 배워야 하는 이유는 지리가 살아가는 데 필수적인 자연과 그러한 자연에서 살면서 모아온 인간의 지혜에 대한 지식이기 때문입니다. 그 지식은 바로 위치, 땅, 물, 기후, 식생 등 우리 생활에서 가장 기본적인 것들이에요. 바다에서 난파되어 홀로 무인도에서 살았던 로빈슨 크루소를 알고 있나요? 지리를 배우면 여러분도 로빈슨 크루소처럼 무인도에 홀로 떨어진다 할지라도 집을 짓고 물을 얻고 농사를 지으면서 살아갈 수 있을 것입니다.

〈초등사회 개념사전〉은 지리를 학습하는데 필요한 개념들을 체계적으로 정리하여 여러분을 지리라는 보물섬으로 인도하기 위한 지도를 제공하고 있습니다. 개념은 우리가 일상생활에서 경험하고 부딪치는 다양한 사실, 현상, 사건들을 특정 기준에 따라 범주화하여 명명한 것으로 세계를 체계적으로 이해하도록 도와줍니다. 그래서 무엇을 공부하더라도 개념을 아는 것은 매우 중요합니다. 특히 〈초등사회 개념사전〉에서 다루는 지리 개념은 학교에서 배우는 지리 내용의 체계에 따라 지도, 지형, 기후, 자원, 인구, 도시 등 주제별로 정리하고, 다시 우리나라와 세계 여러 나라의 지형, 기후, 인구, 도시 등에 대한 정보를 제공하여 여러분이 스스로 공부하는데 큰 도움을 줄 수 있을 것입니다.

또한 〈초등사회 개념사전〉은 다양한 지도와 그림, 호기심을 자극하는 질문들이 어우러져 재미있고 쉽게 읽힐 뿐만 아니라 우리가 잘 알고 있다고 생각한 지역에 대하여 새롭게 볼 수 있는 기회와 아직 가보지 못한 지역에 대하여 상상의 나래를 펼칠 공간도 친절하게 마련해 주고 있네요. 어린이 여러분! 〈초등사회 개념사전〉에서 제공해 준 많은 지리 정보를 가지고 로빈슨 크루소처럼 여러분만의 지도를 만들고 미지의 세계를 꿈꾸며 지리적 상상력을 키워보는 것은 어떨까요?

인하대학교 사회교육과 교수 박선미

초등사회 개념사전 차례

- 저자의 글 4
- 감수자의 글 5
- 추천의 글 6
- 차례 8
- 이렇게 보세요! 10

사회문화

01 사회 14
02 사회 연구 15
03 조사 방법 16
04 면담, 질문지법 17
05 보고서 작성 18
06 통계와 도표 19
07 개인과 사회 20
08 여성과 남성 22
09 양성평등 23
10 가족 24
11 지역 사회 26
12 지역 축제 28
13 민족 29
14 국가 30
15 종교 32
16 문화 34
17 전통문화 36
18 관혼상제 37
19 세시 풍속 38
20 전통 놀이 40
21 우리나라 명절과 국경일 41
22 문화재 42
23 세계유산 43
24 규범 44
25 노동 46
26 여가 48
27 의생활 50
28 식생활 51
29 주생활 52
30 사회 변동 53
31 인구 54
32 고령화 55
33 다문화 사회 56
34 도구와 생활 57
35 이동 수단 58
36 의사소통 수단 60
37 정보화 62
38 저작권 문제 64
39 통일 65
40 세계화 66
41 지구촌 문제 68
42 인권 70
43 인종 차별 72
44 비정부 기구 73
- 한눈에 들여다보기 74

경제

45 경제와 경제 주체 78
46 경제적 선택의 문제 79
47 경제 활동 80
48 돈 82
49 돈의 흐름 83
50 시장 84
51 자유와 경쟁 85
52 수요와 공급 86
53 가격 88
54 생산과 생산 활동 90
55 생산 요소 92
56 자원과 생산 활동 93
57 분업 94
58 유통 95
59 유통 과정 96
60 분배 97
61 직업(일) 98
62 소비 99
63 저축 100
64 소비자 권리 101
65 세금 102
66 공공시설 103
67 금융기관 104
68 예금 106
69 부채와 신용 107
70 주식과 펀드 108
71 보험 109
72 산업 110
73 미래 산업 112
74 국민 경제 113
75 국민 소득 114
76 경제 성장 115
77 인플레이션 116
78 환율 117
79 무역 118
80 우리나라의 무역 119
81 자유 무역 120
- 한눈에 들여다보기 122

정치

82 정치 126
83 정치 과정과 참여 127

84	민주주의	128
85	선거	130
86	선거의 4대 원칙	131
87	지방 자치(제도)	132
88	정당	134
89	시민 단체	136
90	여론	138
91	언론	139
92	국가기관과 삼권 분립	140
93	국회	142
94	정부	144
95	대통령	145
96	법원	146
97	재판	147
98	법	148
99	국민의 권리	150
100	국민의 의무	152
101	국제 관계	153
102	국제기구	154
●	한눈에 들여다보기	156

지리

103	지리	160
104	위치	161
105	지도	162
106	축척	164
107	방위	165
108	지도 기호	166
109	등고선	168
110	지리 정보	169
111	자연과 인간	170
112	기후	172
113	기온, 강수량, 바람	174
114	우리나라의 계절	175
115	우리나라의 기후	176
116	우리나라 국토의 영역	178
117	지형	180
118	우리나라의 지형	181
119	산지	182
120	평야	184
121	해안	186
122	자원	188
123	자원의 이용	189
124	도시	190
125	도시의 생활 모습	191
126	촌락	192
127	촌락의 생활 모습	193
128	수도권 집중	194
129	국토 개발	195
130	환경 문제	196
●	한눈에 들여다보기	198

한국지리

131	한눈에 보는 우리나라	202
132	서울특별시	204
133	경기도 지방	206
134	강원도 지방	208
135	충청도 지방	210
136	전라도 지방	212
137	경상도 지방	214
138	제주특별자치도	216
139	북한	218

세계지리

140	한눈에 보는 세계	222
141	동부아시아	224
142	동남 · 남부아시아	226
143	서남아시아	228
144	아프리카	230
145	유럽	232
146	러시아 및 중앙아시아	234
147	아메리카	236
148	오세아니아	238
149	남극과 북극	239
●	교과 관련 찾아보기	240
●	이름순 찾아보기	243

교과서 옆 필수구비서 초등사회 개념사전 이렇게 보세요!

표제어
〈초등사회 개념사전〉의 표제어는 초·중·고 사회 전체에서 다루는 가장 중심적이고 뼈대가 되는 개념어 149개를 뽑아 선정하였습니다.

표제어의 정의
선정한 표제어에 대한 개념의 사전적인 뜻과 개념의 핵심을 쉽게 풀어 설명합니다.

개념도
선정한 표제어가 사회 교과과정에서 차지하는 위치, 해당 표제어의 상·하위 개념을 표시합니다.

본문
표제어와 관련된 개념을 교과에서 다루는 내용과 다양한 예를 들어, 쉽게 풀어 썼습니다. 개념의 이해를 돕는 풍부한 일러스트로 구성되어 있습니다.

읽을거리
개념과 관련있는 다양한 지식을 소개합니다. 생활 속 사회 이야기뿐 아니라 재미 있는 사회 내용을 다루어 사회에 대한 이해의 폭을 넓힙니다.

개념쌤의 1분 특강
친근한 설명으로 사회 개념을 쉽게 기억할 수 있는 한마디 코너입니다.

한눈에 들여다보기
사회문화, 경제, 정치, 지리 각 영역의 흐름을 알 수 있는 내용을 한눈에 들여다보며 전체적으로 이해할 수 있도록 돕습니다.

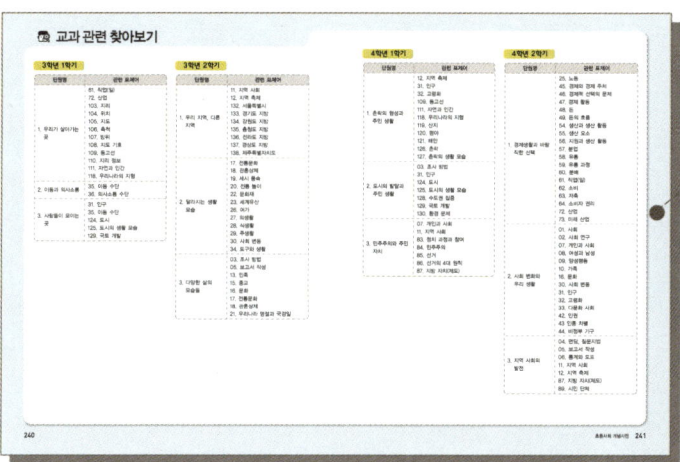

교과관련 찾아보기
초등학교 사회 교과관련 내용을 단원별로 정리하고, 단원과 관련 있는 표제어를 나열하였습니다.

일러두기

표제어 선정
〈초등사회 개념사전〉의 표제어를 선정하기 위해 먼저 초등학교 전학년 사회 과목에서 다루고 있는 모든 개념어를 뽑아 정리한 뒤, 사회 개념의 흐름에 맞게 배치하였습니다. 그리고 초등학교 어린이들이 중학교 교육과정과 연계하여 개념을 정립하는 데 꼭 필요한 내용을 추가적으로 배치였습니다.

표제어 배열 및 표기
사회 교과의 내용을 사회문화, 경제, 정치, 지리, 한국지리, 세계지리 여섯 영역으로 구분하여 총 149개의 주제별 표제어 순으로 서술하였습니다.

초등사회 개념사전 11

사회문화

- 01 사회
- 02 사회 연구
- 03 조사 방법
- 04 면담, 질문지법
- 05 보고서 작성
- 06 통계와 도표
- 07 개인과 사회
- 08 여성과 남성
- 09 양성평등
- 10 가족
- 11 지역 사회
- 12 지역 축제
- 13 민족
- 14 국가
- 15 종교
- 16 문화
- 17 전통문화
- 18 관혼상제
- 19 세시 풍속
- 20 전통 놀이
- 21 우리나라 명절과 국경일
- 22 문화재
- 23 세계유산
- 24 규범

25 노동	42 인권
26 여가	43 인종 차별
27 의생활	44 비정부 기구
28 식생활	● 한눈에 들여다보기
29 주생활	
30 사회 변동	
31 인구	
32 고령화	
33 다문화 사회	
34 도구와 생활	
35 이동 수단	
36 의사소통 수단	
37 정보화	
38 저작권 문제	
39 통일	
40 세계화	
41 지구촌 문제	

01 사회

- 같은 무리끼리 이루는 집단, 공동생활을 하는 모든 형태의 인간 집단.
- 사람들이 모여 사회를 이루며, 사회는 그 속에 살고 있는 구성원들의 생각과 생활 방식에 큰 영향을 준다.

사회의 형성과 의미

원시인들은 혼자서 나무 열매를 채취하거나 사냥을 하여 먹을거리를 구하였다. 그런데 혼자보다는 여러 사람이 같이 열매를 채취하거나 사냥을 할 때 훨씬 더 많은 먹을거리를 구할 수 있고, 또한 사나운 동물들의 공격을 막아내기도 쉽다는 것을 알게 되었다. 혼자서는 할 수 없었던 일도 여럿이 함께하면 쉽게 이룰 수 있다는 것을 깨달으면서 점점 더 많은 사람들이 함께 모여 살기 시작하였고, 공동생활을 하는 사회를 이루게 되었다.

이처럼 여러 사람들이 모여 공동생활을 하는 집단을 '사회'라고 하고, 그 사회에 속한 구성원들은 각각 일정한 역할을 수행하며 서로가 합의한 행동 규칙에 따라 행동을 한다.

그럼, 구성원들은 사회가 정한 대로만 행동하는 것일까? 아니다. 구성원들은 사회의 영향을 받기도 하지만 반대로 사회를 변화시키기도 한다. 다시 말해 사회와 사회 구성원은 영향을 주고받으면서 서로를 변화시키고 발전시킨다.

인도 사람과 한국 사람은 왜 다른 방식으로 밥을 먹을까?

사람은 태어나 죽을 때까지 사회 속에서 살아간다. 그래서 사회는 개인에게 많은 영향을 준다. 우리나라 사람들은 손으로 밥을 먹는 인도 사람들이 이상하다고 생각하지만 인도 사람들은 어릴 때부터 손으로 밥 먹는 것을 배우면서 자라기 때문에 당연하다고 생각을 한다.

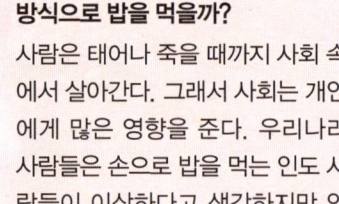

사회 과목을 배우는 까닭

사회는 다양한 사람들이 함께 살아가는 공간이기 때문에 여러 가지 복잡한 일들이 일어난다. 따라서 우리는 사회의 다양한 모습을 배우고, 우리가 커서 사회의 당당한 주인공으로 살아가기 위한 준비를 해야 하는데, 이 준비를 하는 과목이 바로 '사회' 과목이다. 즉, 우리가 사회 과목을 배우는 까닭은 사회 속에서 조금 더 잘 살아가는 방법들을 알기 위해서인 것이다. 우리는 사회 과목을 통해 사회 구성원들이 어떤 역할을 하고 어떻게 서로 협력하며 살아가는지를 배울 수 있다.

개념쌤의 1분 특강

사회 공부를 하다가 말이 너무 어려워서 고개를 갸우뚱한 적 많았지? 그건 처음 듣는 말들이 많이 나오기 때문이야. 그래서 사회 공부를 할 때에 사전을 이용하면 좋아. 말의 뜻을 알면 사회 공부가 훨씬 쉬워지거든.

02 사회 연구

- 사회의 여러 현상에 대해서 조사하고 생각하여 진리를 따져 보는 일.
- 사회에서 발생하는 일들을 예측하여 이를 대비하거나 쉽게 해결하기 위해 사회 연구가 필요하다.

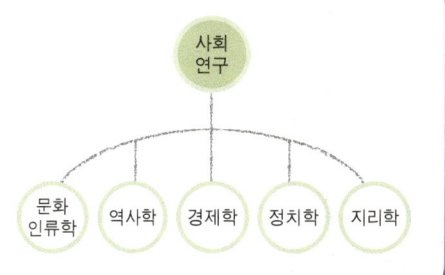

사회를 연구하는 까닭

'사회 연구'는 우리 사회에서 일어나는 여러 가지 일들이 어떻게 일어나며, 왜 일어나는지를 알아보는 것이다. 우리는 일기 예보를 통해 우산을 챙기거나 기온에 맞는 옷을 골라 입는 등 날씨를 예측하고 이에 대비한다. 이렇듯 사회에서 일어나는 일을 예측할 수 있다면 우리는 앞으로 발생할 문제들을 예방하거나 대비할 수 있고, 어떤 문제가 발생했을 때에 그 문제를 잘 해결할 수도 있을 것이다. 이처럼 앞으로 일어날 일들을 예측하여 대비하기 위해서 사회를 연구하며, '사회 연구'는 꼭 필요한 분야이다.

사회 연구의 좋은 점은 뭘까?
사회를 연구하면 여러 가지 사회 문제를 예측할 수 있고 발생할 문제들을 미리 예방하고 해결할 수 있다.

사회를 연구하는 방법

전문가들은 여러 갈래로 분야를 나누어 사회를 연구하고 있는데 이러한 분야를 '사회과학'이라고 하고, 연구하는 사람들을 '사회과학자'라고 한다. 사회과학은 자연을 탐구하는 것처럼 사회 현상이 왜 일어나는지와 사회 문제를 어떻게 예방할지 등에 대하여 연구하는 것이며, 크게 경제학, 역사학, 지리학, 정치학, 문화인류학으로 나눌 수 있다.

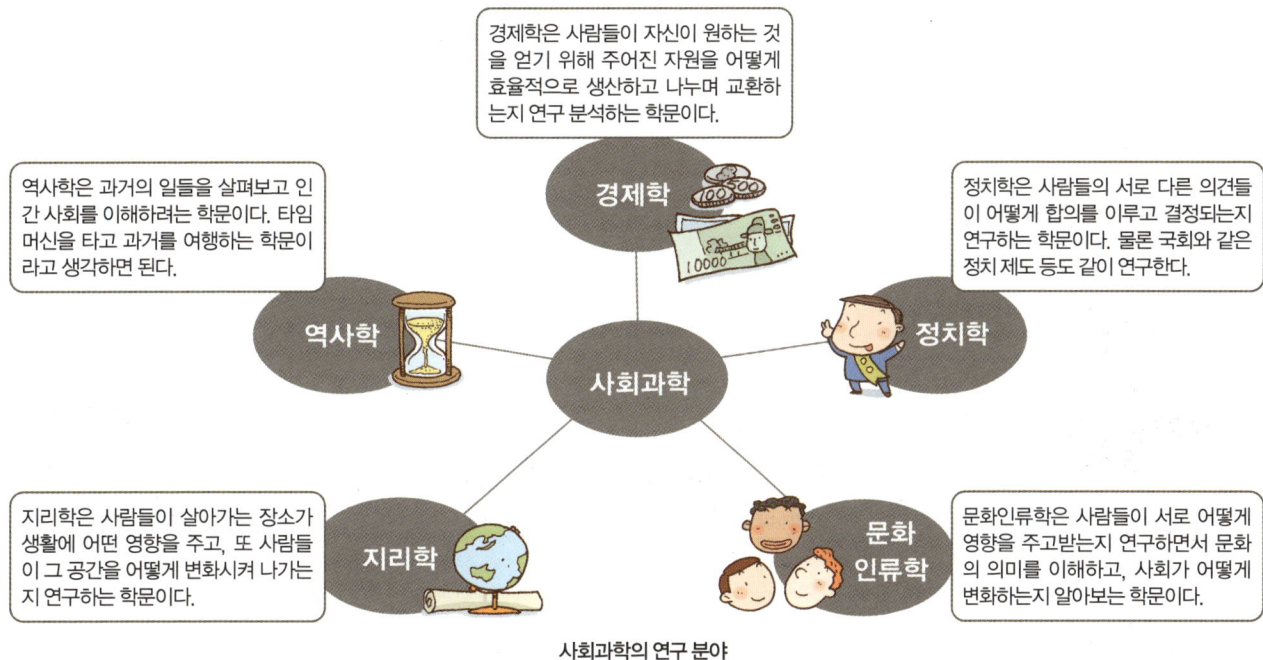

사회과학의 연구 분야

03 조사 방법

- 어떤 일에 대한 내용을 알기 위해서 자세히 찾아보거나 살펴보는 행동.
- 조사를 할 때에는 조사 주제를 정하고 조사 계획을 세워 조사를 실시한 후 보고서를 작성한다.

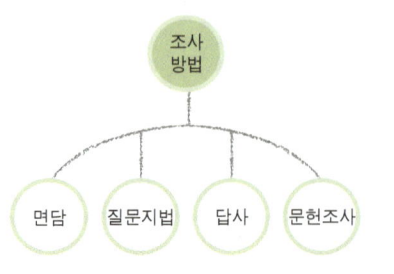

조사의 의미와 조사하는 방법

조사는 궁금한 것을 해결하기 위해서 자료를 찾는 것으로, 여러 가지 조사 방법을 통해 필요한 자료를 수집하는 활동이다. 넓은 의미로는 다양한 견해들을 확인하고, 다양한 주제들에 대해 공부하는 활동을 뜻하기도 한다.
조사하는 방법에는 직접 찾아가서 조사하는 방법, 질문지로 조사하는 방법, 신문 기사나 사진 자료 등을 활용하여 조사하는 방법, 전문가 등 사람에게 직접 물어보는 방법 등이 있다.

조사하는 과정과 순서

조사를 하기 위해서는 조사할 주제를 정하고, 주제에 알맞은 조사 대상과 조사 방법, 준비물을 정하는 등 계획을 먼저 세워야 한다. 조사 대상은 실제로 조사할 수 있는 대상을 골라야 하며, 조사 방법은 가장 적은 노력과 시간이 드는 것을 선택하는 것이 좋다. 예를 들어, '초등학생들이 가장 좋아하는 가수'에 대해 알기 위해서 미국에 사는 초등학생들까지 조사할 수는 없다. 그러므로 실제로 조사할 수 있는 정도를 생각하고 조사 대상을 정해야 한다.
조사 계획을 세웠다면, 이를 정리하여 조사 계획서를 작성하는 것이 좋다. 조사 계획서를 쓰면 중요한 것을 빠트리거나 잘못된 방향으로 조사하는 등의 실수를 하지 않을 수 있다. 그런 다음, 조사 계획서에 따라 조사를 하고 그 결과를 정리하여 보고서를 작성한다.

답사는 뭘까?

답사는 실제로 가서 보고 듣고 조사하는 것으로, 직접 자료를 모으고 자료에서 정보를 수집하고 그 정보를 해석하는 과정이다. 따라서 답사는 직접 가서 눈으로 확인할 수 있는 대상을 조사할 때 이용하면 좋다.
답사는 '답사할 곳 정하기 → 답사할 곳에 대한 자료 찾기 → 답사 계획 세우기 → 답사하기 → 자료 정리하기 → 보고서 작성하기' 순으로 이루어진다.

조사 대상과 조사 방법 고르기

실제로 조사할 수 있는 대상을 고른다.

조사 내용과 주제에 알맞은 방법을 고른다.

시간과 노력을 덜 들일 수 있는 방법을 고른다.

조사하여 얻은 내용이 믿을 만한 것인지 확인한다.

04 면담, 질문지법

- 면담은 알고 싶은 것을 사람들에게 직접 물어보는 것.
- 질문지법은 조사하고자 하는 내용에 대하여 질문지를 작성해 조사 대상자가 직접 응답하게 하는 조사 방법이다.

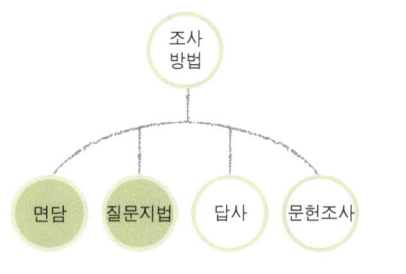

면담의 장단점과 면담하는 방법

면담은 조사 대상자를 직접 만나 대화를 통해 정보를 수집하는 방법이다. 자세하게 물어볼 수 있어 깊이 있는 정보 수집이 가능하고 글자를 모르는 사람도 조사할 수 있는 장점이 있다. 그러나 면담자의 편견이 개입될 수 있고 많은 자료를 수집하기 어려우며 대화의 기술이 필요하고 시간과 비용이 많이 드는 단점이 있다.

면담을 할 때에 중요한 내용을 빠짐없이 물어보기 위해서는 미리 질문할 내용을 정해야 한다. 또한 사람들에게 질문을 하고 대답한 내용을 기록할 수 있는 필기도구, 녹음기, 사진기 등을 준비해야 한다. 면담할 때에는 그 이유를 알리고 예의 바르게 행동하여야 한다.

깊이 있는 내용을 조사하기 위해서는 직접 만나 의견을 묻는다.

다음 조사 방법은 무엇일까?

"어느 후보자를 지지하십니까?" 대통령 선거 때나 국회 의원 선거가 있을 때면 이런 전화가 수시로 걸려오곤 한다. 또 뉴스를 보면 "○○ ○○ 결과 여당 후보가 야당 후보에 10% 뒤지는 것으로 나타났습니다." 이런 말도 나온다. 이와 같이 개별적인 면접이나 전화 등을 통해서 국가나 사회의 여러 가지 문제에 대한 의견을 조사하는 것을 '여론 조사'라고 한다.

질문지법의 장단점과 질문지 조사를 하는 방법

질문지법은 질문의 내용을 글로 작성하고 이를 조사 대상자에게 보내어 응답하도록 하는 방법이다. 그래서 동시에 여러 사람의 의견을 알아볼 수 있어 한꺼번에 많은 정보를 얻기 쉽다. 또한 조사 대상자들이 질문지에 직접 표시하기 때문에 자료 분석이 편리한 장점이 있다. 그러나 질문지를 거두어들이기 어려운 경우가 있고, 조사 대상자들이 질문을 잘못 이해하는 경우가 있으며, 글을 읽지 못하는 사람에게는 실시할 수 없다는 단점이 있다.

질문지 조사를 할 때에는 조사 내용, 조사 대상, 조사 기간 등 계획을 세운 다음 그 계획에 따라 질문지를 작성한다. 질문지는 조사하려는 내용이 충분히 들어가고 조사 대상자가 쉽게 답할 수 있도록 만들어야 한다. 조사를 할 때에는 먼저 조사 대상자에게 방문 계획을 알리고 조사 목적을 밝혀야 하며, 예의 바르게 행동해야 한다. 질문에 대한 응답은 조사 대상자가 직접 적거나 조사자가 조사 대상자의 말을 듣고 질문지에 적는다.

개념쌤의 1분 특강

면담은 자세한 정보를 얻을 수 있지만 많은 사람에게 실시하기 어려워. 반면, 질문지법은 동시에 여러 사람의 의견을 들을 수 있으나 문맹자에게는 실시할 수 없어.

05 보고서 작성

- 보고하는 글이나 문서.
- 조사 후에는 반드시 조사 내용을 정리하여 사람들이 알아보기 쉽게 보고서를 작성해야 한다.

조사 내용 정리 및 결과 도출

조사가 끝나면 조사 내용을 잘 정리해서 보고서를 작성하고 이를 발표한다. 이를 위해서 먼저 조사 과정을 정확하게 정리해야 한다. 조사의 목적과 내용, 조사 대상, 조사 방법 등을 정확하게 적는다. 왜, 언제, 어디에서, 무엇을 조사 대상으로 해서 조사한 것인지 적혀 있지 않으면 아무리 잘 조사하였어도 보고서를 읽는 사람들이 조사 내용을 믿기 힘들다. 또한 이해하기 쉽도록 작성해야 한다. 최대한 쉽고 한눈에 알아볼 수 있도록 보고서를 작성하는 것이 중요하다. 우리가 책을 읽을 때, 내용이 너무 어려우면 금방 책을 덮어 버리게 되듯이 보고서도 마찬가지이다. 보고서를 읽는 사람들이 내용을 쉽게 이해할 수 있도록 그림이나 사진을 활용하거나 조사 결과를 통계나 도표(그래프)로 나타내는 등 잘 정리하여 보고서를 작성하여야 한다.

보고서의 마지막에는 조사 후 알게 된 점과 조사 과정 및 조사 결과에 대한 자신의 생각을 정리하여 느낀 점을 쓴다.

〈조사 보고서〉
- 조사 목적 : ♡♡ 초등학교 ○학년 학생들의 장래 희망과 관련 있는 특별활동 수업 편성
- 조사 내용 : ♡♡ 초등학교 ○학년 학생들의 장래 희망 알아보기
- 조사 시기 : 20○○년 ○월 ○일
- 조사 대상 : ♡♡ 초등학교 ○학년 학생들
- 조사 방법 : 질문지법

질문지 조사 후 보고서는 어떻게 작성할까?

질문지 조사가 끝나면 조사 대상자들로부터 질문지를 받아 문항별로 응답을 정리한 다음, 비슷한 내용의 대답끼리 묶고 가장 많이 나온 대답과 그 이유를 확인한다.
조사 결과를 쉽게 알아볼 수 있도록 조사 내용을 표나 그래프로 나타내는 등 보고서를 작성하고, 조사한 결과와 자신의 생각을 정리하여 쓴다.

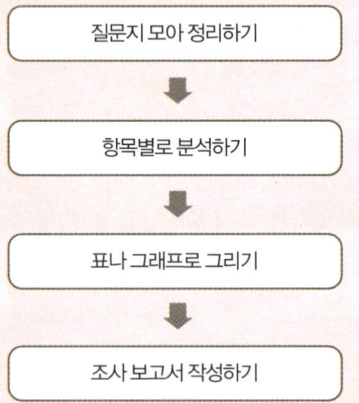

조사 결과 발표

조사 결과를 발표할 때에는 조사한 내용을 충실하게 전달해야 하며, 친구들이 흥미를 가지도록 전달해야 한다. 그리고 발표를 들을 때에는 자신의 모둠이 조사한 내용과 무엇이 다른지 생각하며 듣고, 발표 내용을 간단하게 메모하며 듣는 것이 좋다.

개념쌤의 1분 특강

어떤 현상에 대해 조사를 실시했으면 그에 대한 보고서를 작성하여 조사 결과를 정리할 수 있어야 해. 이때 보고서는 정확하면서도 이해하기 쉽게 쓰는 거 잊지 마.

06 통계와 도표

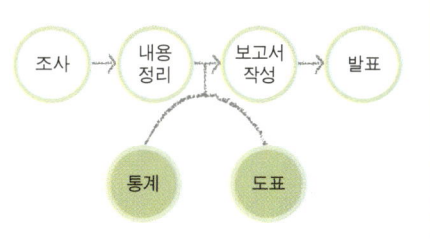

- 통계는 어떤 내용을 기준에 따라 숫자로 나타낸 것이고, 도표는 그림으로 나타낸 것.
- 조사 결과를 통계와 도표로 정리하면 그 결과를 한눈에 볼 수 있다.

통계와 도표의 의미

통계는 조사한 결과를 일정한 기준에 따라 숫자로 나타낸 것으로, 이를 표로 만들면 통계표가 된다. 그리고 통계를 비롯한 여러 자료들을 보다 쉽게 알아볼 수 있도록 그림으로 나타낸 것을 도표라고 한다.

통계와 도표는 책이나 신문, 뉴스에서도 종종 볼 수 있다. 뉴스에서 우리나라의 수출이 늘었다는 소식과 함께 해마다 얼마나 수출했는지 보여 주는 도표가 나오면 보는 사람들이 쉽게 이해할 수 있다.

통계와 도표를 나타내는 방법

조사 결과를 정리할 때는 먼저 통계를 표로 작성한 후, 도표로 나타내는 것이 좋다. 예를 들어, 우리 반 30명을 대상으로 '우리 반 친구들이 좋아하는 과목'을 조사하였더니 좋아하는 과목은 국어, 수학, 사회, 과학 이렇게 4과목이 나왔으며, 국어를 좋아하는 친구는 7명, 수학을 좋아하는 친구는 5명, 사회를 좋아하는 친구는 10명, 과학을 좋아하는 친구는 8명이었다고 하자. 이를 통계표로 나타내면 아래와 같다.

좋아하는 과목이 4가지이므로 첫째 줄의 맨 앞쪽 칸에 '과목'을 쓰고 가로로 4칸을 만들어 과목명을 적고, 둘째 줄의 맨 앞쪽 칸에 '학생 수(명)'를 쓰고 가로로 4칸을 만들어 그 과목을 좋아한다고 응답한 학생 수를 적으면 된다.

그리고 통계를 이용하여 도표를 쉽게 만들 수 있다. 먼저 가로축과 세로축을 그린다. 가로축에는 '과목'을 쓰고, 세로축에는 학생 수를 표시할 수 있도록 눈금을 그리고 숫자를 쓴다. 그런 다음 가로축의 각 과목 위에 그 과목을 좋아하는 학생 수만큼 막대를 그리면 된다.

도표는 띠, 원, 꺾은 선 등 다양한 모양으로 나타낼 수 있다.

통계

과목	국어	수학	사회	과학
학생 수(명)	7	5	10	8

도표

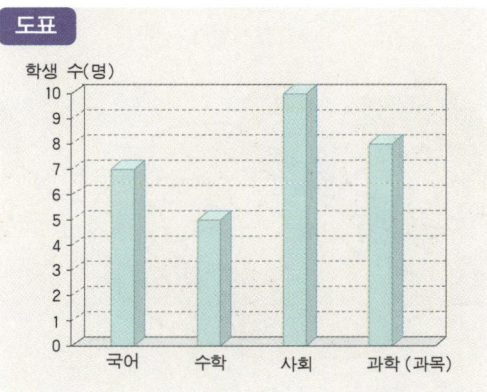

도표의 종류에는 무엇이 있을까?

- **띠 도표** : 전체를 가느다란 직사각형의 띠로 나타내고 각 항목의 구성 비율을 보여 준다.

| 국어 | 사회 | 수학 | 과학 | 영어 |

- **원 도표** : 원 전체를 100%로 보고 각 항목의 비율을 부채꼴 모양으로 표시한다.

- **꺾은 선 도표** : 가로축에 시간, 세로축에 온도를 쓰고, 시간에 따른 온도의 변화를 알기 쉽게 보여 준다.

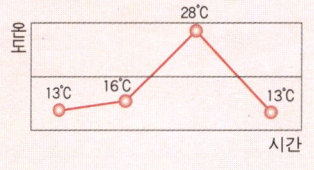

개념샘의 1분 특강

조사를 통해 파악된 현상을 보기 쉽게 정리하는 방법이 통계 작성과 도표 그리기야. 도표는 일반적으로 그래프라고도 해.

07 개인과 사회

- 개인은 국가나 사회, 단체 등을 구성하는 낱낱의 사람.
- 개인은 다양한 방식으로 관계를 맺어 사회를 이루고, 서로 영향을 주고받으며 살아간다.

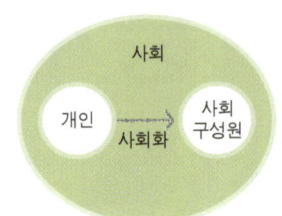

개인의 의미

이 세상에 단 하나뿐인 사람들 각각을 '개인'이라고 한다. '개인'은 저마다 모습도 다르고 생각도 다르고 성격도 다른데, 이러한 개개인의 특성을 '개성'이라고 한다. 개성 넘치는 한 사람 한 사람(개인)은 덜하거나 더할 것 없이 모두가 똑같이 소중하며 존중받아야 할 존재이다.

사람은 다른 사람들과 모여 사회를 이루고 서로 도우면서 함께 생활한다. 가족, 학교, 마을, 회사, 국가, 나아가 세계가 모두 '사회'의 한 형태인데, 이처럼 사람들이 다양한 사회에 속해 있는 것은 혼자서는 살아갈 수 없기 때문이다.

함께 살아간다는 것은 단순히 가까운 곳에 산다는 의미가 아니다. 서로 돕는 등 관계를 맺으며 살아간다는 의미이다. 함께 놀이를 하고, 함께 공부를 하고, 함께 일을 하는 등 더불어 살아가는 것이다. 이처럼 사람은 사회 속에서 서로 도우며 다양한 문화를 만들면서 살아가기 때문에 '사회적 동물'이라고도 부른다.

개인과 사회의 상호 작용

개인은 사회의 영향을 받기도 하지만 사회에 영향을 미치기도 한다. 개개인이 가지고 있는 개성이 사회의 모습을 만들어가는 요소이기 때문이다. 예를 들어, 같은 학교, 같은 학년이지만 학급마다 분위기가 조금씩 다르다. 이것은 학급이라는 사회에 속한 학생들의 특성이 각각 달라 서로 다른 분위기의 학급 모습을 만들어 내기 때문이다. 이처럼 다양한 개인이 모여 다양한 모습의 사회를 만들어 낸다.

개인은 어떻게 사회 구성원이 될까?

우리는 기저귀를 차고 누워 우유를 먹던 아주 어린 아기였지만 어느새 자라서 학교도 다니고, 부모님 심부름도 하고, 교통질서도 지킨다. 우리도 모르는 사이에 많은 것을 배우며 살아가고 있다.

이처럼 개인이 사회 속에서 생활할 때 필요한 것들을 배워 가는 과정을 '사회화'라고 한다. 이 사회화를 통해서 우리는 사회의 구성원이 되어 가는 것이다.

사람들은 다양한 관계를 맺으며 사회를 이룬다.

07 개인과 사회

사회 구성원으로서의 개인

사회의 구성원인 '개인'은 서로 음식을 나눠 먹고, 어려운 일을 함께하는 등 좋은 관계를 맺으며 살아가기도 하지만 때로는 갈등을 빚기도 한다. 저마다 다른 개성을 가진 많은 사람들이 모여 살아가다보니 여러 가지 복잡한 문제가 생기기도 하는 것이다. 생각이 달라 싸움이 벌어지기도 하고, 내가 바라는 것과 사회가 바라는 것이 달라서 갈등이 일어나기도 한다.

따라서 '사회 구성원이다'라는 의미는 단순히 '무리를 지어 사는 사람들의 집단에 속해 있다'는 뜻이 아니다. 기쁨과 슬픔을 나누고, 다른 사람들을 배려하는 법을 배우고, 내가 어떤 사회에서 어떤 위치에 있고 그 사회에서 나의 역할은 무엇인지 깨달아야 한다. 이러한 과정을 통해 사회 구성원이 되는 것이다.

지위와 역할은 차이점은 뭘까?

사회 속에서 개인이 차지하고 있는 위치를 '지위'라고 한다. 예를 들어 우리는 부모님에 대해서는 아들 혹은 딸의 지위, 삼촌에 대해서는 조카의 지위, 학교에서는 학생의 지위에 있다.

사회는 개인이 그 지위에 어울리는 행동을 하길 기대한다. 이렇게 지위에 따라 기대되는 행동 방식을 '역할'이라고 한다. 예를 들어 학교에서 우리는 학생이라는 지위에 어울리는 행동을 해야 하는데, 이것이 학생의 역할이다.

사회에는 가족, 학교, 지역 사회, 나라, 세계 등이 있다.

사회 구성원의 바람직한 모습

우리는 사회 안에서 자신이 해야 할 역할을 바로 알고 실천해야 한다. 또한 더 나은 사회를 만들기 위해서는 다른 사람과 적극적으로 대화하고 타협하며 문제를 해결할 줄 알아야 한다. 이러한 사람은 훌륭한 사회 구성원이라고 할 수 있다.

개념쌤의 1분 특강

돌을 하나하나 정성들여 쌓으면 멋진 돌탑이 만들어지지? 사회도 마찬가지야. 개인이 하나둘 모여 사회가 되는데, 이때 자기의 역할을 다해야만 멋진 사회가 되는 거야!

08 여성과 남성

- 여성은 성의 측면에서 여자를, 남성은 성의 측면에서 남자를 이르는 말.
- 여성과 남성은 신체적으로는 다르지만 능력에는 차이가 없으므로 성 역할을 구분지어서는 안 된다.

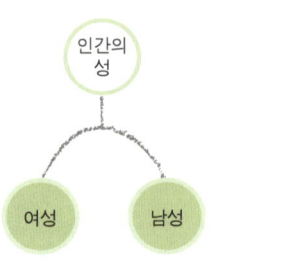

성(性)

여성과 남성의 구별을 '성(性)'이라고 하며, 여성과 남성의 가장 큰 차이점은 생김새가 다르다는 것이다. 어릴 때는 별로 다르지 않지만 커갈수록 모습에 차이가 난다. 나이가 10대 중반이 되면 2차 성징이 일어나면서 남자는 수염이 나지만 여자는 나지 않으며, 여자는 남자에 비해 가슴과 엉덩이가 커지는 등 모습이 달라진다. 또한, 여자는 아이를 낳을 수 있게 되는 등 신체적으로 달라진다.

여자와 남자는 생김새가 다르다.

성 역할

일부 사회에서는 여성과 남성이 다르다는 점만 생각해서 남성이 해야 하는 일과 여성이 해야 하는 일을 구분하기도 하는데, 이처럼 남녀의 성별에 따라 기대되는 역할을 '성 역할'이라고 한다. 성 역할은 태어날 때부터 정해진 것이 아니라 가정, 학교, 지역 사회 안에서 저절로 알게 되어 행동하게 되는 것이다. 예를 들어 "여자아이는 얌전해야 하고 남자아이는 씩씩해야 한다."라는 어른들의 말씀을 들으면서 여자아이들은 얌전하게, 남자아이들은 씩씩하게 행동하려고 한다. 이것이 바로 사회가 바라는 성 역할에 따르는 것이다. 하지만 여성이건 남성이건 모든 사람들은 각각의 개성을 지닌 특별한 존재이다. 생김새나 몸의 특성이 다르지만 그것이 모든 것을 결정하지는 않는다. 성격, 취미, 하고 싶은 일 등은 자기 스스로 원하는대로 결정해야 하는 것이다.

여자와 남자는 할 일이 다를까?

성별에 따라 해야 하는 일이 정해져 있다는 성 역할에 대한 고정 관념은 어느 사회에나 조금씩 있다.
예를 들어, 여자는 집안일과 요리를 잘해야 하고 남자는 직업을 가지고 활발하게 활동해야 한다는 생각 등의 고정 관념은 잘못된 생각이다. 누구나 자신의 능력과 개성에 따라 하고 싶은 일을 할 수 있어야 하고, 타고난 성별 때문에 제한받아서는 안 된다.

여성과 남성 모두 자유롭게 자기 능력을 펼쳐야 한다.

개념쌤의 1분 특강

여성과 남성의 역할은 타고난 것이 아니라 한 사회 내에서 학습되는 거야. 따라서 단지 성별 때문에 하고 싶은 일을 하지 못 하게 제한해서는 안 되는 거야.

09 양성평등

- 성별에 권리, 의무, 자격 등이 차별 없이 고르고 한결같음.
- 여성과 남성이 정치, 경제, 사회, 문화 등 모든 삶의 영역에서 동등한 참여를 보장받고 동등한 권익을 누려야 한다.

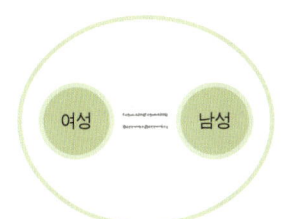

성차별

성이 다르다는 이유만으로 남녀를 차별하는 것을 '성차별'이라고 하는데, 이는 성 역할에 대한 고정 관념 때문에 일어난다. 옛날 우리나라는 여성에 대한 성차별이 심하였다. 특히 조선 시대에는 유교의 영향으로 여자는 글공부를 하거나 직업을 갖는 등의 사회 활동을 할 수 없었다. 그리고 이러한 생각이 이어져 내려와 고용, 임금, 승진에서 여성보다 남성을 우선시 하는 등의 여성에 대한 차별이 있었다.

성 역할의 변화와 양성평등

요즘은 직업을 갖고 일을 하는 여성들이 늘어나고 있고, 또 남자들이 요리를 하거나 아이를 돌보기도 한다. 어떻게 이런 변화가 일어났을까? 그 까닭은, 능력이 아닌 성별로 사람을 다르게 대하는 것은 잘못이라는 것을 알게 되면서 사람들의 생각이 달라졌기 때문이다. 사람들의 생각이 변하면서 여성에게도 교육의 기회가 평등하게 제공되었고 여성들이 다양한 직업을 가지고 활발하게 사회생활을 하면서, 성 역할에 대한 고정 관념은 점점 더 사라지게 되었다.

진정한 양성평등을 실현하기 위해서는 개개인이 모두 성 역할에 대한 고정 관념을 버려야 하며, 사회·제도적으로 성차별을 방지할 수 있는 장치가 마련되어야 한다. 우리나라는 직장에서 남성과 여성을 차별하지 못하도록 하는 법을 만들고 여성의 사회 참여를 지원하는 제도를 마련하는 등 다양한 노력을 하고 있다.

우리나라의 성 평등의 역사는?

- 고려 시대 : 남녀가 똑같이 재산을 상속받았고, 여자도 제사를 지낼 수 있었다.
- 조선 시대 : 남자만 재산을 상속받았고 제사를 지낼 수 있었다.
- 1886년 : 우리나라 최초 여자 학교인 이화학당이 만들어졌다.
- 1900년 : 우리나라 최초로 여의사가 탄생했다.
- 1928년 : 우리나라 최초로 여자 비행사가 나왔다.
- 2008년 : 호주제가 폐지되어 자녀가 엄마의 성을 따를 수 있게 되었다.

옛날에는 성별에 따라 하는 일이 고정되어 있었다.

사람들은 차츰 남성과 여성이 평등하다고 생각하게 되었다.

직장, 가정, 사회에서 차별을 없애기 위한 노력이 계속되고 있다.

10 가족

- 혼인이나 혈연, 입양으로 맺어진 집단 또는 그 구성원의 관계.
- 가족은 사회를 구성하는 기본 단위이며, 가족 구성원 각자가 자신의 역할을 다할 때 행복한 가정이 만들어진다.

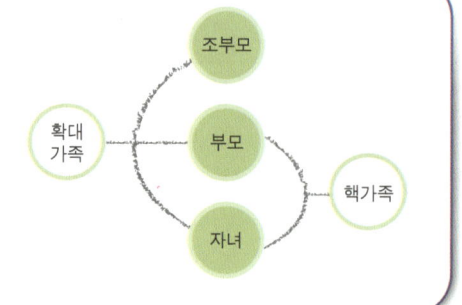

가족의 형성

가족은 남편과 아내, 부모와 자식, 형제자매처럼 혼인이나 혈연, 입양 등으로 이루어진 관계를 말하며, 가족이라는 유대로 뭉쳐진 단일 집단이다. 대부분의 사람들은 가족의 구성원으로서 가족의 테두리 안에서 사회 구성원으로 자라난다. 그래서 가족은 사회를 구성하는 가장 기본적인 단위로 인정받는다. 가족은 가족 구성원 각자의 역할 내에서 상호 작용하며 의사소통을 통해 공통된 문화를 만들어 낸다.

가족의 형태

옛날 우리 조상들은 대부분 농사를 지으며 살았는데, 농사를 지을 때 일손이 많이 필요했기 때문에 확대 가족 형태가 많았다. 확대 가족은 자녀가 결혼을 하고 나서도 부모님과 함께 사는 것으로, 이렇게 여러 세대가 함께 모여 산다고 하여 확장 가족이라고도 한다. 특히 확대 가족은 핵가족에 대비되는 개념으로 핵가족이 확대된 형태를 말한다.

그러나 오늘날에는 확대 가족보다는 핵가족 형태가 더 많아졌다. 산업이 발달하면서 도시를 중심으로 많은 일자리가 생겼다. 그러자 사람들이 일자리를 찾아 도시로 이동하면서 가족의 규모가 작아진 것이다. 핵가족은 부부로만 이루어지거나 부모와 미혼의 자녀로만 이루어진 가족 형태를 말한다.

이 외에도 어떤 가족 구성원으로 이루어져 있는가에 따라 가족의 형태를 구분하기도 한다. 조부모와 손자손녀로만 구성된 조손 가족, 부모 중 한쪽이 자녀를 양육하는 한부모 가족, 자녀를 입양한 입양 가족, 부모 중 한쪽이 외국인인 다문화 가족 등이 있다.

오늘날 가족의 모습은 어떠할까?

오늘날 우리 주위를 둘러보면 부부로만 이루어진 가족, 부모 중 한쪽과 자녀로 이루어진 가족, 할아버지, 할머니와 손자손녀로 이루어진 가족 등 가족의 형태가 다양해지고 있다.

조손 가족

한부모 가족

입양 가족

옛날에는 확대 가족이 많았지만 요즘에는 핵가족이 많다.

가족 구성원의 역할 변화

옛날에는 가족의 한 사람으로서 할 일들이 명확하게 정해져 있었다. 할아버지는 집안의 가장 웃어른으로 가정의 중요한 일을 결정하고 손자들을 교육시키는 일을 맡았다. 아버지는 농사를 짓는 등 바깥일을 주로 맡아서 하며 가정의 경제를 책임졌다. 할머니는 집안일을 도와주면서 어린 손자손녀를 돌보는 일을 하였고, 어머니는 집안의 살림을 도맡아하였다. 자녀들 중에서 남자아이들은 할아버지와 아버지를 도왔고, 여자아이들은 할머니와 어머니를 도와 집안일을 하였다.

그러나 오늘날에는 그 역할이 달라지고 있다. 예를 들어, 어머니가 바쁘실 때 아버지가 집안일을 하기도 하고, 부모님이 모두 바쁘실 땐 아이들이 집안일을 돕기도 한다.

이처럼 가족 구성원의 역할이 변화한 까닭은 여러 가지가 있다. 우선 핵가족 형태가 많아지면서 가족 구성원의 수가 줄어들었기 때문에 옛날처럼 집안일을 고정적으로 나눠서 하기 힘들어졌다. 또한, 남자와 여자가 평등하다고 생각하게 되면서 가정에서 남녀의 역할을 구분하는 것이 사라지고 있으며, 직업을 가진 여성이 늘어나면서 가족 모두가 집안일을 나누어서 하게 되었기 때문이다. 그리고 사회 전체에 민주주의가 널리 퍼지면서 가정 내에서도 중요한 일을 부모와 자식이 함께 의논하여 결정하는 경우가 많아졌기 때문이다.

가족 간의 갈등은 어떻게 해결해야 할까?

갈등이 없는 행복한 가정을 만들기 위해서 어떤 일을 해야 할까? 부모는 서로를 아끼고 사랑하며, 자녀를 존중해야 한다. 자녀들은 자기가 할 일을 열심히 하면서 가족 구성원으로서의 역할을 다해야 한다. 또한 가족끼리 많은 이야기를 나누려고 노력하는 것도 중요하다. '가정에서 지킬 일'을 함께 정해서 지키는 것도 좋다. 가족 구성원들이 각자 할 일을 다하면서 서로 돕고 배려한다면 갈등이 없는 행복한 가정이 만들어질 수 있다.

옛날

옛날에는 가족 구성원 각자가 할 일이 대체로 정해져 있었다.

오늘날

요즘에는 가족 구성원이 가정에서 일어나는 일들을 함께 하고 서로 의논하여 결정한다.

개념샘의 1분 특강

산업화와 도시화의 영향으로 핵가족이 일반적인 가족 형태로 변화되었어. 이러한 과정에서 가족 구성원의 역할 또한 변화되었어.

11 지역 사회

- 일정한 지역을 바탕으로 하여 공동생활을 하는 공동체.
- 사람들은 일정한 지역을 중심으로 사회를 이루며 살아가며, 하나의 지역 사회가 아니라 여러 지역 사회에 속하게 된다.

동네 → 마을 → 지역 사회

이웃사촌

대부분의 사람들은 '우리 동네', '우리 마을'이라고 부르는 일정한 지역 안에 살고 있다. 서로 이웃에 살면서 정이 들어 사촌 형제나 다를 바 없이 가까워 '이웃사촌'이라고 한다. 이렇게 일정한 지역 안에서 함께 어우러져 사는 사람들이 그 지역을 중심으로 사회를 이룰 때, 그것을 '지역 사회'라고 부른다. 같은 공간에서 오랫동안 어울려 살고 있기 때문에 생활 습관이나 말투 등이 비슷해지고 지역에 대한 소속감이 높아지는데, 이 과정에서 자연스럽게 지역 사회가 만들어진다.

지역 사회의 범위

어디서부터 어디까지가 지역 사회일까? 옛날에는 주로 강이나 산과 같은 지형을 경계로 한 마을이 하나의 지역 사회를 이루었지만 오늘날에는 교통과 통신이 발달하면서 그러한 지형적 경계는 사라지고 있다.

또, 옛날에는 태어난 마을에서 죽을 때까지 사는 경우가 많았지만 오늘날에는 교육 문제나 직장 문제로 인해 이사를 자주 하게 되어 하나의 지역 사회에만 속하는 경우가 드물다. 따라서 오늘날에는 한 사람이 속하는 지역 사회의 범위를 어디서부터 어디까지라고 정하기가 어려우며, 사람들의 지역 사회에 대한 소속감이 점점 줄어들고 있다. 다행히 최근 들어 마을 단위로 지역 공동체를 되살리자는 운동이 활발해지면서 지역 사회가 다시 주목받고 있다.

전 세계가 이웃사촌이라고?

오늘날 세계는 교통과 통신이 빠르게 발달하면서 하나의 지역 공동체처럼 변해 가고 있다. 그래서 '지구촌'이라는 말도 생겨났다. 지구촌이라는 말은 지구 전체가 한 마을과 같다는 뜻이다.

자동차, 비행기 등 교통의 발달은 사람들의 이동을 쉽게 만들었고, 인터넷이나 전화 등 통신의 발달은 멀리 있는 지역의 소식도 쉽게 알 수 있게 만들었다. 그래서 사람들은 예전에 비해 세계를 작고 가깝게 느끼게 되었다.

일정한 지역 안에서 어울려 사는 사람들이 그 지역을 중심으로 사회를 이룬다.

11 지역 사회

옛날의 지역 사회

옛날에는 사람들이 한곳에 오래 머물러 살면서 대체로 농사를 지었기 때문에 농사지을 땅이 있는 곳에 자연스럽게 마을이 생겨났고, 힘든 농사일을 이웃들이 힘을 모아 함께하는 경우가 많았다. 특히, 두레, 품앗이, 계와 같은 공동체를 만들어 서로 도왔다. 두레는 농번기에 농사일을 공동으로 하기 위해 마을 단위로 만든 조직이고, 품앗이는 힘든 일을 서로 거들어 주면서 품을 지고 갚는 일이다. 계는 주로 경제적인 도움을 주고받거나 친목을 도모하기 위해 만든 협동 조직이다.

옛날에는 이러한 공동체 생활 덕분에 지역 주민들끼리 관계가 친밀하였고 지역 사회에 대해서도 관심이 깊었다.

두레

품앗이

계

오늘날의 지역 사회

산업이 발달하면서 다양한 일자리가 생겨나는 곳을 중심으로 사람들이 모여들었고, 그러면서 도시가 만들어졌다. 태어나면서부터 저절로 속하게 되는 촌락의 지역 사회와 달리, 도시의 지역 사회는 필요에 의해 잠깐 모였다가 필요가 없어지면 헤어지는 경우가 많아 도시 지역에 사는 주민들은 서로를 잘 알지 못하는 경우가 많다.

또한 옛날에는 논과 밭이었던 곳에 도로와 지하철역이 생기거나 공장과 아파트 단지가 들어서면서 주민들의 생활은 편리해졌지만 한 지역에 사는 인구가 너무 많아져 주민들의 사이가 멀어지고 교통 체증, 주차 공간 부족과 같은 문제로 갈등을 빚기도 한다.

대신 오늘날에는 인터넷에서 만든 모임을 통해 정보나 의견을 나누는 등의 사이버(cyber) 공동체가 활발하게 형성되고 있다.

사람이 모여 마을이 커지고, 보다 편리한 생활을 추구하면서 지역 사회의 모습이 바뀌어 간다.

자원 개발에 따라 지역 사회가 변하기도 한다?

1960년대 태백산 산지 근처에서는 석탄이 개발되기 시작했다. 그러자 전국에서 많은 광부들이 모여들어 인구가 늘어났고 마을은 크게 발전하였다. 그런데 1980년대에 이르러 사람들이 석탄보다는 석유를 더 많이 사용하게 되면서 탄광이 하나 둘 문을 닫기 시작했고 광부들도 이곳을 떠나면서 사람들이 거의 살지 않는 유령 도시가 되었다. 최근에는 폐광을 이용한 관광단지 개발로 지역 경제가 되살아나면서 지역 사회가 되살아나고 있다.

이렇게 지역의 자연환경이 달라지거나 자원이 개발됨에 따라 지역 사회의 모습과 주민들의 생활이 달라지기도 한다.

개념쌤의 1분 특강

지역 사회가 좋아진다면 그 혜택은 그곳에 살고 있는 우리가 받게 되겠지? 그러니 지역의 문제점을 해결하고 좋은 점을 발전시켜 살기 좋은 곳으로 만들기 위해 모두가 힘을 모아야 해.

12 지역 축제

- 축제는 축하와 제사란 뜻으로 지역 축제는 각 지역에서 벌이는 큰 규모의 행사.
- 각 지역에서는 자연환경이나 특산물 또는 문화·예술을 이용하여 다양한 축제를 연다.

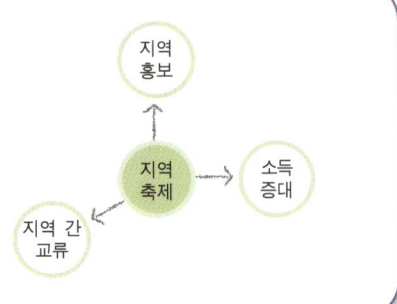

지역 축제

각 지역에서는 그 지역만의 자연환경이나 특산물을 이용하여 축제를 연다. 축제를 통해 지역의 전통과 문화를 알리고 관광업으로 발전시켜 소득을 올릴 수도 있으며, 사람들은 지역 축제에 참여하여 다양한 체험을 할 수 있다. 또한 지역에서는 문화·예술을 이용하여 축제를 열기도 한다. 부산광역시의 부산국제영화제, 경기도 부천시의 부천국제만화축제, 강원도 춘천시의 춘천아트페스티벌, 경상남도 통영시의 통영한산대첩축제, 경상남도 안동시의 안동국제탈춤페스트벌 등이 대표적인 예이다. 이러한 축제들은 우리나라를 넘어 세계적인 축제로 발돋움하고 있다.

토마토로 축제를 연다고?

스페인의 한 마을에서는 토마토 축제를 열고 있다. 이 토마토 축제는 1944년 토마토 값 폭락에 분노한 농부들이 시의원들에게 분풀이로 토마토를 던진 것에서 유래되었다. 그래서인지 토마토 축제에선 어느 축제보다 서민적이고 향토적인 냄새가 물씬 풍기고 주민들의 참여 또한 뜨겁다.
이 스페인 토마토 축제는 전 세계 사람들이 참여하는 세계적인 축제이다.

우리나라의 지역 축제

개념쌤의 1분 특강

다양한 지역 축제가 열리는 것은 각 지역마다 고유의 전통과 문화가 있기 때문이고, 또한 지역의 특성을 살려서 지역을 발전시키기 위해서야.

13 민족

- 오랜 세월 일정한 지역에서 함께 살아 독특한 언어 등을 가진 공동체.
- 우리 민족은 한민족이라 불리며, 예로부터 효와 예절을 중시하는 등 우리만의 독특한 문화를 형성하였다.

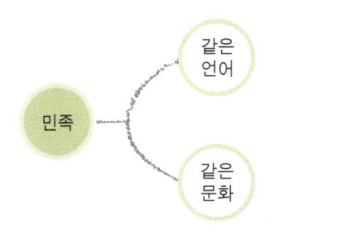

같은 언어와 문화

민족이란 한 지역에 오랫동안 함께 어울려 살면서 같은 언어와 문화를 공유하게 된 공동체를 말한다. 우리는 태어나자마자 하나의 민족에 속하게 되고 자연스럽게 민족의 말과 풍습, 생활 습관, 역사와 같은 것들을 배우게 된다. 민족과 국민은 다른 개념이다. 국민은 한 국가를 이루는 사람의 집단이고, 민족은 같은 문화를 공유하는 사람들의 집단이다. 따라서 한 국가에 민족이 여러 개일 수 있다. 또한 민족은 인종과도 다른 개념이다. 인종은 피부색이나 머리색처럼 겉으로 보이는 특징을 구별하는 것으로 하나의 인종이 여러 민족이나 국가를 이루기도 한다.

미국에는 아주 다양한 민족이 모여 살고 있다.

아랍 민족은 중동의 여러 국가에 흩어져 살고 있다.

56개의 민족으로 이루어진 나라가 있다?

무려 56개나 되는 민족으로 이루어진 나라가 있다. 바로 중국이다. 중국 사람 중에는 한(漢)족이 대부분이지만 한족 외에도 나머지 55개의 소수 민족들이 나름대로의 독특한 언어와 문화를 가지고 살아가고 있다. 소수 민족들이 중국의 중요한 부분을 이루고 있는 것이다.

한민족

우리는 우리 민족을 '한(韓)민족'이라고 부른다. 이때 '한'은 우리나라를 표현하는 한자로, 대한민국, 한반도, 한국어 등의 '한'에 들어가는 한자와 같다. 우리 민족의 시조는 단군이며, 단군 신화는 우리 민족의 뿌리를 알려 주는 건국 이야기이다. 우리 민족은 아주 오래 전부터 한반도에 살기 시작하면서 우리만의 독특한 언어와 문화를 형성하였다. 유교 사상을 받아들여 효와 예절을 중시하고, 농사를 지어 쌀밥을 주로 먹으며, 음식을 먹을 때에는 수저를 사용한다. 또 김치, 고추장, 된장 같은 발효 식품을 즐겨 먹는다.

개념쌤의 1분 특강

우리나라가 대한민국이고, 우리나라가 위치한 지역이 한반도이고, 우리가 쓰는 말이 한글인 이유는 우리가 한(韓)민족이기 때문이야.

14 국가

- 영토와 그 영토에 사는 국민들로 구성되고 주권에 의해 다스려지는 사회 집단.
- 국가의 역할과 모습은 끊임없이 변해 왔으며, 오늘날 대부분의 국가는 복지 국가와 민주 국가를 지향하고 있다.

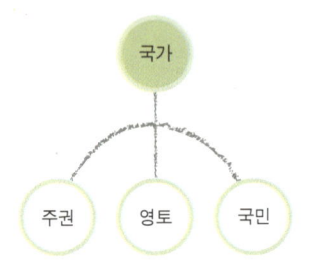

국가의 3요소

국가가 되려면 '주권' 이 있어야 한다. 주권은 국가의 뜻을 최종적으로 결정하는 힘을 말한다. 다른 나라의 간섭 없이 자신의 나라와 관련된 중요한 일들을 스스로 결정할 수 있는 권리이고 국가 밖에서는 나라의 독립을 주장하는 권리이다.

국가를 이루려면 주권을 가진 사람들이 일정하게 모여 살 수 있는 영토가 있어야 한다. 영토는 주권이 영향을 미치는 땅의 범위를 말한다. 영토에 모여서 주권을 행사하는 국가의 주인을 '국민' 이라고 한다. 국민도 국가를 이루기 위해서 반드시 갖추어야 할 요소 중 하나이다. 따라서 국가는 '일정한 영토가 있고, 그 영토에 살고 있는 국민이 주권을 행사하는 공동체' 라고 정의할 수 있다.

야경 국가는 뭘까?

국가가 하는 일이 어느 시대나 같은 것은 아니었다. 국민들이 국가에 바라는 바에 따라 국가의 역할도 달랐다. 한때 국가는 오직 국민의 재산과 안전을 지키고 외적의 침입을 막기만 하면 된다고 생각했던 때가 있었다. 그 이상의 역할은 국민에 대한 간섭이라고 생각했기 때문이다. 이런 역할만 하는 국가를 '야경 국가' 라고 불렀는데, '야경' 은 밤에 순찰을 돌면서 경비를 서는 것을 말한다.

주권, 영토, 국민, 이 세 가지가 있어야 국가를 이룰 수 있다.

국가의 역할

국가는 사회 질서를 지키며 국민들의 행복을 위해 여러 가지 일을 한다. 첫째, 국가는 영토를 지킨다. 군대를 만들어 영토를 지킴으로써 국민들이 평화롭고 안전하게 살 수 있도록 생명과 재산을 지키는 것이다. 둘째, 사회 질서를 지킨다. 도둑이 들거나 불이 났을 경우나 사고나 병으로 아플 경우에 우리는 국가기관의 도움을 받을 수 있다. 셋째, 국가는 국민들이 편리하게 살 수 있도록 노력한다. 도로와 공항, 항구 같은 기본적인 시설을 만들고, 국민들이 최소한의 생활을 유지할 수 있도록 여러 제도를 마련한다.

국가가 하는 일

국가는 사회 질서 유지와 국민의 안전 및 편안한 생활을 위해 노력한다.

여러 가지 국가의 모습

'도시 국가'란 작은 도시 하나하나가 국가를 이룬 것으로, 고대 서양에서 주로 나타났다. 그리스의 아테네와 스파르타가 대표적인 도시 국가이다. 민주주의가 시작된 아테네는 군인이 될 수 있는 자격을 갖춘 사람이라면 누구나 정치에 참여하여 주권을 행사할 수 있었다. 다만 군인이 될 수 있는 사람은 남자 어른뿐이었다.

'군주 국가'에서 '군주'란 왕이란 뜻으로, 한때 대부분의 나라는 왕이 나라를 다스리는 군주 국가였다. 군주에게는 강력한 힘이 있었고, 이 힘은 국가의 크기가 커질수록 더욱 커졌다. 16세기 유럽에서는 '절대 왕정'이 나타나기도 하였다. 절대 왕정은 모든 힘이 왕에게 집중된 것으로, 프랑스의 왕이었던 루이 14세는 '짐이 곧 국가다.'라는 말을 할 정도로 그 힘이 컸다.

'민주 국가'란 국가의 주인이 국민이고 나라를 다스리는 힘은 국민으로부터 나온다고 생각하는 제도로, 군주 국가와 반대되는 제도이다. 오늘날 민주 국가의 형태는 크게 두 가지가 있다. 하나는 왕이 존재하기는 하지만 직접 나라를 다스리지 않고 상징적인 의미만 갖는 '입헌 군주제'이고, 다른 하나는 왕은 없고 국민들이 뽑은 대표자가 나라를 다스리는 '공화정'이다. 우리나라는 왕이 없고 국민들이 투표로 뽑은 대통령이 나라를 다스리고 있으므로 공화정에 속한다.

국가를 상징하는 것은?

국가를 상징하는 것에는 국기, 국가(國歌), 국화가 있다. 태극기는 우리나라를 상징하는 국기이고, 애국가는 우리나라를 상징하는 국가이다. 그리고 무궁화는 우리나라의 국화이다.

도시 국가   군주 국가   민주 국가

민주 공화국이자 복지 국가인 우리나라

대한민국 헌법 제1조에는 '대한민국은 민주 공화국이다.'라고 명시되어 있다. 민주 공화국이란 나라의 주인이 국민이고, 국민이 선거를 통하여 뽑은 대표자가 나라를 다스리는 국가를 말한다.

또한, 우리나라는 복지 국가를 목표로 한다. 1970~1980년대에는 경제 성장을 위하여 산업을 발달시키는 것에만 힘을 쏟아 국민들의 행복하고 안락한 생활을 돌볼 겨를이 없었지만, 이제는 국민들의 기본적인 삶을 국가가 책임지는 복지 국가 형태로 발전하고 있다. 복지 국가에서는 모든 국민이 행복하고 편리하게 살 수 있도록 국민의 기본적인 삶을 국가가 책임진다.

우리나라는 민주 국가이며, 복지 국가를 지향한다.

개념쌤의 1분 특강

모든 국가는 '주권, 영토, 국민'을 가지고 있어. 이 중에서 하나라도 없다면 국가가 될 수 없는 거야.

15 종교

- 신, 절대적인 힘을 통하여 고민을 해결하고 삶의 근본 목적을 찾는 사회 제도.
- 여러 가지 종교가 있으며, 종교는 그 사회의 생활 습관과 제도에 영향을 미친다.

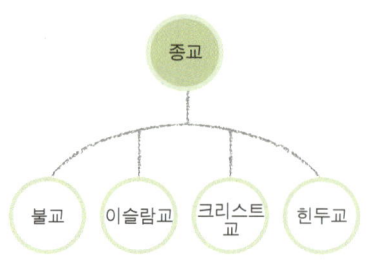

종교의 시작

종교는 자연과 신에게 무언가를 바라는 마음에서 시작되었다. 옛날 사람들이 살았던 동굴 벽에서 사냥을 하는 모습을 그린 그림이 발견되었는데, 이 사람들은 자연과 신에게 사냥이 잘 되기를 기원하는 마음으로 그림을 그렸던 것이다. 이렇게 자연이나 신에게 무언가를 바라던 마음이 바로 종교의 시작이었다.

다양한 종교

사람들의 생활 모습이 다양한 만큼 종교의 모습도 다양하다. 그리고 다양한 종교는 그 종교를 믿는 사회의 생활 습관과 제도에 많은 영향을 미친다. 예를 들어, 유교는 부모에 대한 효성과 임금에 대한 충성, 그리도 다른 사람에 대한 예절을 강조하는데 유교 전통이 강한 우리나라에서는 어렸을 때부터 웃어른을 공경하는 태도와 생활 방식을 배운다. 한편 이슬람교를 믿는 사회에서는 돼지고기를 먹지 않고 라마단이라고 하는 금식 기간을 지킨다. 힌두교를 믿는 사회에서는 소를 신성하게 여겨 쇠고기를 먹지 않는다. 또 힌두교는 나쁜 일을 하면 다시 태어날 때 낮은 신분으로 태어난다고 믿어서 인도의 신분 제도에 영향을 미치기도 하였다.

가장 많은 사람들이 믿는 종교는 뭘까?

세계에서 가장 많은 사람들이 믿고 있는 종교는 크리스트교이다. 크리스트교는 예수 그리스도의 인격과 교훈을 중심으로 하는 종교로, 천지 만물을 창조한 유일신을 섬기고 그 독생자 예수 그리스도를 구세주로 믿는다.

크리스트교는 팔레스타인에서 일어나 로마 제국의 국교가 되었고, 다시 페르시아, 인도, 중국 등지에 전해졌다. 8세기에 동방 고대 헬레니즘의 전통 위에 그리스 정교회가 갈라져 나간 후, 로마 가톨릭교회는 다시 16세기 종교개혁에 의하여 구교(가톨릭교)와 신교로 분리되어 현재 세 교회로 나누어 있다.

우리나라에서는 특히 신교를 기독교라고도 한다.

15 종교

우리나라의 종교

옛날 사람들은 동물이나 식물, 바다, 산 같은 자연의 힘을 믿고 섬겼다. 생활에 필요한 것을 모두 자연에서 얻어야 했기 때문이다. 그래서 맹수에게 물리지 않고 사냥을 잘할 수 있게 해 달라거나 홍수나 가뭄이 들지 않고 농사를 지을 수 있게 해 달라고 자연에 빌었다.

다른 나라와 교류하면서 우리나라에 다양한 종교가 들어왔다. 삼국 시대에는 불교가 전해졌는데, 불교는 약 2500년 전에 석가모니가 만든 종교로, 자비를 실천할 것을 강조한다. 이때부터 생겨난 불교 관련 문화유산이 우리나라 곳곳에 남아 있다.

조선 시대에는 유교가 우리 생활 깊숙이 자리 잡았다. 부모에게 효도하고 나라에 충성하라고 가르치는 유교는 우리나라 사람들의 삶에 가장 큰 영향을 미쳤고, 지금도 유교와 관련된 생활 습관과 문화가 많이 남아 있다.

조선 시대 말에는 크리스트교가 전래되었다. 크리스트교는 하나님이라는 하나의 신을 믿고, 예수의 가르침인 사랑을 실천하는 종교이다.

최근에는 국제 교류가 활발해지면서 이슬람교 등 세계의 여러 종교들이 국내에 전파되고 있다.

민속 신앙은 뭘까?

민속 신앙은 사람들 사이에서 전해 내려온 종교이다. 시골에 가면 마을 입구에 무서운 얼굴이 새겨져 있는 장승을 볼 수 있는데, 마을 사람들은 장승이 마을 입구에 있으면 잡귀나 재앙, 전염병 같은 나쁜 기운을 쫓아 준다고 믿었다.

한편, 농사를 주로 지었던 옛날 사람들은 농사에 큰 영향을 미치는 비, 바람, 태양과 같은 자연을 향해 제사를 지내기도 했다. 바닷가 마을에서는 고기잡이가 잘 되게 해 달라고 바다 속 용왕님께 제사를 지내기도 했다.

민속 신앙

불교

유교

크리스트교(기독교)

우리나라에서 만들어진 종교

우리나라에는 다른 나라에서 들어온 종교만 있는 것은 아니다. 우리 민족이 만든 종교도 있다. 천도교는 1860년에 최제우가 만들었다. 평등 사상과 '사람이 곧 하늘'이라는 뜻의 '인내천'을 교리로 삼는 종교이다. 대종교는 1909년 나철이 만든 단군을 받드는 종교이다. 원불교는 1916년 박중빈이 만들었는데 감사, 근면, 저축 등을 강조하며, 교육 사업과 자선 사업을 많이 하고 있다. 이 세 종교는 우리나라에서 만들어진 대표적인 민족 종교로, 모두 우리나라의 민족 의식을 고취시키는 역할을 하였다.

개념쌤의 1분 특강

종교는 초자연적 존재에게 무언가를 바라는 마음을 넘어 사람들의 삶의 양식에 영향을 주고 있어. 전 세계적으로 가장 많은 사람들이 믿고 있는 세계 4대 종교는 크리스트교, 이슬람교, 힌두교, 불교야.

16 문화

- 사람들이 함께 생활하면서 만들어지고 전해지는 생활 방식.
- 문화는 다양하며, 시간의 흐름이나 나라에 따라 비슷한 점도 있고 다른 점도 있다.

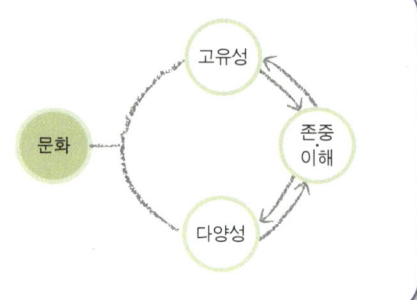

문화의 의미

한 사회나 집단은 독특한 생활 방식을 가지고 있는데, 이를 '문화'라고 한다. 사회 구성원들이 함께 생활하면서 서로 배우거나 전해지는 것들, 즉 의식주를 비롯하여 언어, 풍습, 종교, 학문, 예술, 제도 등 모든 생활 방식이 문화인 것이다. 따라서 동물들이 본능에 따라 행동하는 것이나 자신만이 가지고 있는 습관 같은 것은 문화가 아니다.

문화의 다양성과 존중

문화는 자연환경이나 역사, 전통, 그 사회 속에서 살아가는 사람들에 의해 달라지기 때문에 매우 다양하며, 우리는 다양한 문화를 이해하고 존중해야 한다. 예를 들어, 음식을 먹을 때 우리나라와 같이 젓가락을 사용하는 나라들도 있지만 포크를 사용하거나 손을 사용하는 등 다른 방법으로 음식을 먹는 나라들도 있다. 또한, 우리나라, 중국, 일본은 모두 젓가락을 사용하는 나라이지만 젓가락을 사용하는 모습에서 차이가 난다. 우리나라는 국과 반찬을 함께 먹기 때문에 젓가락과 숟가락을 함께 사용하지만 중국과 일본은 주로 젓가락을 사용한다. 그리고 큰 식탁에 둘러 앉아 음식을 덜어 먹는 중국은 긴 젓가락을 사용하지만 생선을 많이 먹는 일본은 짧고 뾰족한 젓가락을 사용한다. 이처럼 세계 여러 나라의 문화는 비슷한 점도 있고 다른 점도 있다.
우리는 다양한 문화를 이해하고 존중해야 한다. 자신들과 다른 문화를 무시한다거나 잘사는 나라의 문화와 비교하여 잘살지 못하는 나라의 문화를 무시해서는 안 된다. 문화는 그 자체로서 고유한 가치를 지니고 있기 때문이다.

문화권은 뭘까?

문화권은 공통된 특징을 가지는 문화가 분포하는 지리적인 범위로, 서로 다른 민족, 국가, 언어 등이 혼재하면서도 통일성이 유지되는 지역이다.
이처럼 문화권이 형성될 수 있는 까닭은 자연환경이 비슷하거나 같은 종교를 믿는 경우가 많기 때문이다.

문화는 한 사회나 집단이 가지고 있는 독특한 생활 방식이다.

문화 상대주의

문화 상대주의는, 인류 문화는 일원적으로 진화하는 것이 아니라 제각기 독자적인 방향으로 발전하기 때문에 문화의 우열을 가릴 수 없다고 보는 태도나 관점을 말한다. 즉, 문화는 자연환경이나 그 사회의 역사와 전통에 따라 다르기 때문에 다양한 문화를 있는 그대로 이해하고 인정해야 한다.

그런데 어떤 사람들은 그 사회에 속해 있는 사람들의 피부색에 따라 문화 수준이 차이가 난다고 생각한다. 하지만 이런 식으로 다른 문화에 대해 편견을 가져서는 안 된다.

서로 다른 문화를 이해하고 존중하여야 한다.

현대 사회의 다양한 문화

현대 사회에는 다양한 문화가 있다. 사회의 발전 속도가 빨라지고 사회가 복잡해지면서 동시에 여러 가지 문화가 나타나고 있다.

도시의 문화와 촌락의 문화가 서로 다르고, 청소년들의 문화와 성인들의 문화가 서로 다르다. 그리고 더 나아가 초등학생, 중학생, 고등학생의 문화가 각각 다르고, 성인들은 비슷한 직업을 가진 사람들끼리 모여 자기들만의 문화를 만들기도 한다. 이렇듯 한 사회 안에서도 특정한 집단이 만드는 문화가 있기 때문에 아주 다양한 문화가 만들어지고 있다.

대중문화

텔레비전이나 라디오와 같은 대중 매체를 통해 전달되는 문화를 대중문화라고 한다. 누구나 대중 매체에 쉽게 접근할 수 있다는 점에서 대중문화는 모든 사람이 이해하고 즐길 수 있는 문화이다. 그렇다 보니 여러 사람들을 묶어 주고, 많은 사람들이 손쉽게 문화를 접할 수 있게 해 준다. 다만, 대중문화는 지나치게 상업성을 추구할 수 있으며, 획일적인 문화를 만들어 낼 수 있다는 단점도 있다.

한류는 뭘까?

'한류'란 한국 대중문화에 대한 관심과 열기를 말한다. 한류라는 용어는 1999년 중반 중국의 언론 매체에서 처음 사용하였다.

중국, 홍콩, 일본, 베트남 등지에서 젊은 청소년들을 중심으로 한국의 음악, 드라마, 영화, 패션, 관광, 게임, 음식, 헤어스타일 등의 대중문화와 한국의 인기 연예인을 동경하며, 따라하는 현상이 확산되었다.

한류 열풍은 드라마, K-POP, 게임 위주에서 다큐멘터리, 영화, 만화, 애니메이션, 캐릭터, 음식, 패션, 뷰티, 의료, 관광, 유통, IT 등 문화 산업 전반으로 퍼져나가고 있다. 또한 아시아를 넘어 유럽과 남미, 북미, 아프리카 등 세계로 뻗어 나가고 있다.

개념쌤의 1분 특강

문화에는 옳고 그름, 좋고 나쁨이 없어. 그러니 다른 사회의 문화를 있는 그대로 이해하고 인정할 수 있어야 해.

17 전통문화

- 예로부터 전해 내려오는 그 나라 고유의 문화.
- 전통문화는 예로부터 전해 내려오는 것 중에서 보존하고 이어나가야 할 것을 가리키며, 과거와 현재를 이어주는 역할을 한다.

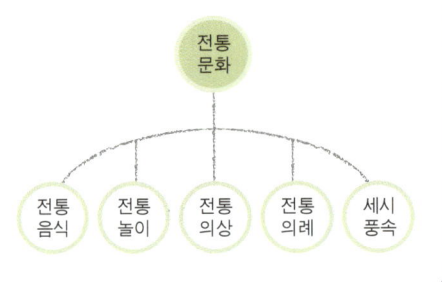

고유한 문화

전통문화는 옛날부터 전해 내려오는 그 나라만의 고유한 문화이다. 우리나라의 경우 김치와 불고기 등의 전통 음식, 한복 등의 전통 의상, 윷놀이와 제기차기 등의 전통 놀이, 춘향전과 심청전 같은 이야기, 명절에 올리는 차례나 돌아가신 분을 기리는 제사 등의 전통 의례, 또 고유의 아름다움을 자랑하는 각종 문화재 등이 모두 우리의 전통문화이다.

그렇다고 예로부터 전해 내려온 모든 것이 전통문화인 것은 아니다. 전통문화는 보존하고 이어나가면서 발전시킬 만한 가치가 있는 것을 말한다. 남녀 차별과 같이 옛날에 있었던 나쁜 풍습은 전통문화라고 하지 않는다.

세계가 인정한 판소리는?

판소리는 세계유산으로 인정받은 우리나라의 자랑스러운 전통문화이다. 판소리는 긴 이야기에 감정을 섞어 부르는 노래이다. 토끼와 용왕(별주부전), 흥부와 놀부(흥부전), 심청전, 춘향전 같은 이야기도 판소리에서 시작된 것이다.

고유한 민속 예술인 탈춤에는 양반을 비꼬는 내용이 담겨 있다.

일을 할 때 함께 부르던 노동요에는 우리 조상들의 생활 모습과 지혜가 담겨 있다.

전통문화의 역할

전통문화는 단순히 지나간 과거의 문화를 뜻하는 것이 아니다. 아직도 우리 주변에 많이 남아 있는 전통문화는 과거와 현재를 이어주면서 우리 민족의 공동체 의식을 느낄 수 있게 하는 역할을 한다.

개념쌤의 1분 특강

전통문화는 옛날부터 전해 내려오는 그 사회만의 고유한 문화를 말하는 거야. 전통문화의 계승을 통해 같은 문화를 공유하는 사람들 간에 공동체 의식을 느낄 수 있어.

18 관혼상제

- 관례, 혼례, 상례, 제례를 이르는 말.
- 조선 시대 사람들은 가정의 행사 중 '관혼상제' 네 가지 행사를 가장 중요하게 생각하였고, 이는 오늘날까지 이어지고 있다.

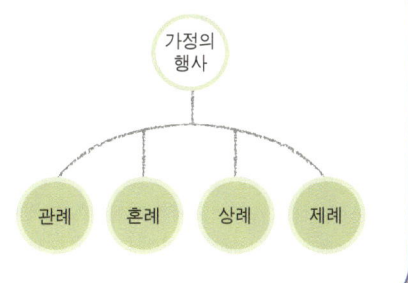

관(冠)

관은 관례, 즉 성인식을 의미한다. 옛날 아이들은 머리를 땋고 다니다가 성인(15세)이 되면 어른이 되었다는 증거로 남자는 상투를 틀어 관(모자)을 쓰고, 여자는 쪽을 짓는다. 옛날 사람들은 완전한 어른으로 인정받게 되는 관례를 아주 중요하게 생각하여 아무리 나이가 들어도 관례를 치르지 않은 사람은 어른 대접을 받지 못했다.

혼(婚)

혼은 혼례, 즉 결혼식을 말한다. 결혼은 결혼을 하는 두 사람뿐만 아니라 양쪽 집안이 관계를 맺는 것으로 여겨 예를 갖추어 결혼식을 치렀다. 옛날에 혼례를 치를 때에는 신랑은 사모관대를 입고, 여자는 원삼을 입고 족두리를 썼다.

상(喪)

상은 상례, 즉 사람이 죽었을 때 지내는 장례식을 말한다. 옛날에는 부모님이 돌아가시면 5일이나 7일 동안 삼베로 지은 상복을 입고 문상을 온 친지들을 맞이했다. 그리고 친지들과 함께 상여를 메고 마을을 한 바퀴 돌고선 양지바르고 물이 잘 빠지는 땅에 시신을 묻어 묘를 만들었다.

제(祭)

제는 제례, 즉 조상님이 돌아가신 날이나 명절에 음식을 차려 놓고 지내는 제사를 말한다. 나를 낳아준 조상들을 생각하며 가족들이 화목하게 잘살자는 뜻을 담고 있다. 설이나 추석에 제사 지내는 것은 '차례'라고 부른다.

조상들은 왜 죽은 사람에 대한 예절을 중요하게 생각했을까?

우리 조상들은 유교의 영향으로 부모에 대한 효도와 예절을 굉장히 중요하게 생각하였다. 그래서 죽은 조상들은 부모의 부모이기 때문에 부모님을 모시는 것처럼 생각하여 장례와 제례를 중요하게 여기며 예절을 잘 갖추려고 하였다.

부모와 조상을 잘 모셔야 해.

개념쌤의 1분 특강

조선 시대부터 내려오는 가정의 행사 중에서 중시했던 4가지는 관(성인식), 혼(결혼식), 상(장례식), 제(제사)야. '옥황상제'가 아니라 '관혼상제'! 어때? 쉽게 외워지지?

19 세시 풍속

- 한 해의 절기나 달, 계절에 하는 옛날부터 전해 내려오는 생활 습관.
- 우리나라는 절기에 따른 독특한 생활 습관이 있으며, 이는 일 년 농사 주기와 관련이 있다.

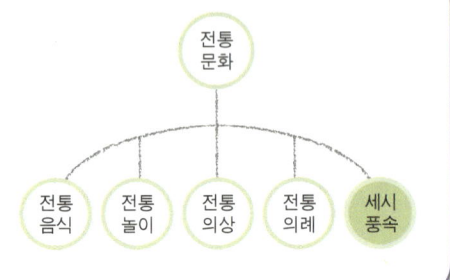

세시 풍속의 의미

세시 풍속은 해를 나타내는 '세(歲)'와 시간을 나타내는 '시(時)'가 '풍속'이라는 말과 합쳐진 것으로, 세시는 한 해의 절기나 달, 계절에 따른 때를 말하고, 풍속은 옛날부터 전해 내려오는 생활 습관을 말한다. 그러니까 세시 풍속은 한 해의 절기나 달, 계절에 하는 생활 습관을 뜻한다.

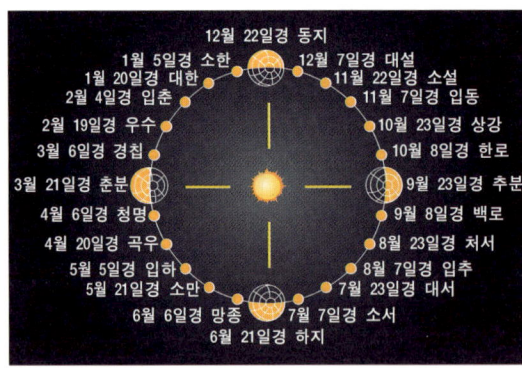

절기란?

절기는 한 해를 스물넷으로 나눈, 계절의 표준이 되는 것이다.
- 봄: 입춘, 우수, 경칩, 춘분, 청명, 곡우
- 여름: 입하, 소만, 망종, 하지, 소서, 대서
- 가을: 입추, 처서, 백로, 추분, 한로, 상강
- 겨울: 입동, 소설, 대설, 동지, 소한, 대한

세시 풍속의 종류

입춘은 봄이 시작되는 날로, 가정에서는 콩을 문이나 마루에 뿌려 악귀를 쫓고, 대문기둥·대들보·천장 등에 좋은 글귀를 써붙였다. 마을에서는 공동으로 입춘굿을 크게 하고 풍흉을 점쳤다.

경칩은 겨울잠을 자던 동물들이 깨어나는 시기로, 이때 보리싹의 성장을 보고 그해 농사의 풍흉을 가늠했으며, 개구리나 도롱뇽 알을 먹으면 건강에 좋다 하여 먹는 풍습이 있다.

입하는 여름이 시작되는 시기이다. 농작물이 자라기 시작하며 해충과 잡초가 많아져 농가 일손이 바빠진다. 망종은 논보리나 벼 등 까끄라기가 있는 곡식의 씨를 뿌리는 시기로, 밤이슬을 맞은 보리를 먹으면 1년 동안 허리가 아프지 않고 보릿가루로 죽을 끓여 먹으면 배탈이 없다는 풍습이 있다.

하지는 낮 시간이 1년 중 가장 길고 일사량도 가장 많다. 이 시기가 지날 때까지 비가 오지 않으면 마을마다 기우제를 올렸다.

처서는 더위가 멈춘다는 뜻으로 쓸쓸해지기 시작하고 논벼가 익는다. 이때 조상의 묘를 찾아가서 벌초하며, 여름 동안에 습기 찼던 옷가지와 이불 등을 햇볕에 말린다. 이 시기가 지나면 아침과 저녁으로 서늘해 일교차가 심해진다.

한로는 찬 이슬이 맺히기 시작하여 농촌에서는 추수로 바쁜 시기이다. 예전에는 이때를 전후해 국화전을 지져 먹고 국화술을 담갔으며, 수유(나무의 열매)를 머리에 꽂아 잡귀를 쫓았다.

19 세시 풍속

입동은 겨울이 시작되는 날이다. 각 마을에서는 햇곡식으로 시루떡을 만들어 집안 곳곳에 놓고 이웃은 물론 농사에 힘쓴 소에게도 나누어 주면서 일 년을 마무리하는 제사를 올렸다. 또한 각 가정에서는 이날을 기준으로 김장 준비를 했다.

소설은 땅이 얼기 시작하고 살얼음이 얼며 차차 눈이 내리기 시작한다. 이때가 되면 바람이 몹시 불어 어촌에서는 뱃길을 금했다.

동지는 북반구에서 1년 중 밤이 가장 길고 낮이 가장 짧은 날로, 추위도 점차 심해지기 시작한다. 이날 팥죽을 쑤어 이웃과 나누어 먹고, 집안 곳곳에 놓아 악귀를 쫓았다. 새 달력을 만들어 걸었으며, 뱀 사(蛇) 자가 쓰인 부적을 벽이나 기둥에 거꾸로 붙여 놓기도 했다.

대한은 겨울의 매듭을 짓는 절기로 추위의 절정기이다. 이날 밤에 콩을 땅이나 마루에 뿌려서 악귀를 쫓아내고 새해를 맞이하는 풍습이 있다.

명절에 하는 세시 풍속

음력 1월 1일 설날에는 어른들께 세배를 하고 덕담을 들은 뒤 떡국을 먹는다. 음력 1월 15일 정월 대보름에는 땅콩이나 밤, 호두 등을 깨물어 종기나 부스럼이 나지 않도록 기원한다. 그리고 찹쌀과 기장, 찰수수, 검정콩, 붉은팥을 넣어 만든 오곡밥과 귀밝이술도 먹는다.

음력 5월 5일 단오에는 두통과 불운을 막고 머리를 윤기 있게 만들기 위해 창포물에 머리를 감는다. 음력 8월 15일 추석에는 송편을 반달 모양으로 만들어 먹고 보름달을 보며 소원을 빈다.

소설(小雪)에 손돌바람이 분다고?

고려 때 손돌(孫乭)이라는 뱃사공이 왕을 모시고 김포와 강화도 사이의 염하(鹽河)라는 강을 건너는데 갑자기 바람이 불어 풍랑이 심하게 일자 배가 몹시 흔들렸다. 소설에는 바람이 많이 불기 때문이었다.

그러나 왕은 사공이 배를 일부러 흔든 것으로 오해하여 사공의 목을 베었다. 그래서 이때부터 이곳을 사공의 이름을 따서 손돌목이라 하고, 이맘때 부는 바람을 손돌바람이라고 부르며 김포 지역에서는 매년 손돌제를 올렸다.

설에는 세배를 한다.

정월 대보름에는 부럼 깨물기를 한다.

단오에는 창포물에 머리를 감는다.

추석에는 송편을 빚는다.

개념쌤의 1분 특강

우리 조상들은 일 년을 24개의 절기로 구분하였고, 이 절기에 따라 다양한 세시 풍속을 마련하여 생활하였어.

20 전통 놀이

- 옛날부터 전해 내려오는 놀이.
- 전통 놀이에는 우리 조상들의 멋과 지혜가 담겨 있으며 전통 놀이를 통해 재미는 물론 몸과 마음을 건강하게 할 수 있다.

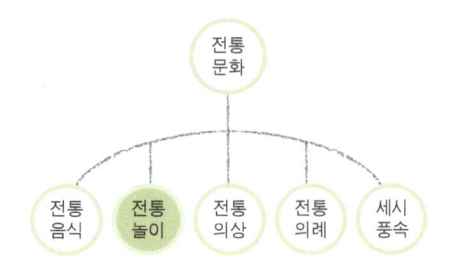

우리의 전통 놀이

전통 놀이는 조상들이 여가 시간에 해 오던 놀이이다. 공기놀이, 제기차기, 딱지치기, 윷놀이, 연날리기, 팽이치기 등 오늘날에도 우리가 즐겨하는 이 모든 놀이가 옛날부터 전해 내려오는 우리의 전통 놀이이다.

전통 놀이는 주로 밖에서 하는 신체 활동이 많고 자연물을 이용하며 여럿이 함께 즐기는 놀이가 많다는 특징이 있다. 그래서 전통 놀이는 재미와 함께 몸과 마음을 건강하게 하는 역할도 했다.

또한, 전통 놀이는 성별, 신분에 따라 하는 놀이가 달랐는데, 이는 유교를 중시하였기 때문이다.

여성들이 즐기던 전통 놀이는 뭘까?
우리 조상이 즐겨하던 놀이 중에서 여성들이 즐기던 놀이에는 널뛰기, 그네타기, 공기놀이 등이 있다. 조선 시대에는 여성들의 사회 활동이 제한적이었기 때문에 주로 집안에서 하는 놀이가 많았다.

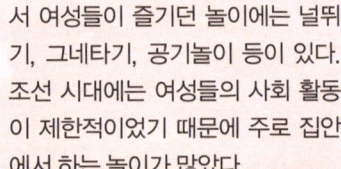

우리의 전통 놀이는 재미와 함께 몸과 마음을 건강하게 한다.

구분	전통 놀이의 종류
명절에 하는 전통 놀이	• 연날리기: 주로 정월 대보름에 남성들이 즐기던 놀이로, 연을 공중에 띄워 기술을 부리며 자유롭게 날리기도 하고 상대방의 줄을 끊는 대결을 하기도 한다. • 줄다리기: 단오, 추석, 정월 대보름에 많이 한 놀이이다. 마을 사람을 두 편으로 나누어 밧줄을 마주 잡아당겨 승부를 겨룬다. • 윷놀이: 설날 등 명절에 마을 사람들이 모여 즐겼던 놀이이다. 네 개의 나뭇조각을 던져서 윷판에 말을 놓아 승부를 겨룬다.
일상생활에서 하는 전통 놀이	• 진놀이: 나무나 바위 등을 자기편의 진이라 생각하고 상대편의 진을 뺏거나 상대편 친구를 잡는 놀이이다. • 공기놀이: 작은 돌을 땅바닥에 놓고 일정한 규칙에 따라 집고 던져서 받는 놀이이다. 주로 여성들이 즐기는 놀이이다. • 딱지치기: 종이를 접어 만든 딱지로 바닥의 다른 딱지를 쳐 뒤집으면 이기는 놀이이다. • 투호: 병이나 항아리 속에 화살을 던져 넣어 승부를 겨루는 놀이이다. 주로 양반들이 많이 즐기는 놀이이다.

전통 놀이들은 오늘날에도 우리가 즐겨하고 있다는 점에서 전통이 계승되고 있다고 할 수 있어.

21 우리나라 명절과 국경일

- 오랜 관습에 따라 해마다 일정하게 지켜 기념하는 날.
- 국경일은 나라의 경사를 기념하기 위해 국가에서 법률로 정한 경축일을 말한다.

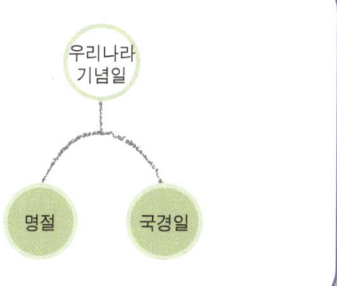

우리나라의 명절

우리나라의 가장 큰 명절은 설날과 추석이고, 정월 대보름과 단오를 포함하여 4대 명절로 본다.

우리 민족 최대의 명절인 설날은 본래 조상 숭배와 효 사상에 기반을 두고 있는데, 먼저 간 조상신과 자손이 함께하는 아주 신성한 시간이라는 의미를 지닌다. 설이란 새해의 첫머리란 뜻이고, 설날은 그중에서도 첫날이란 의미이다. 추석은 음력 팔월 보름날로 신라의 가배(嘉俳)에서 유래하였다고 한다. 추석날에는 햅쌀로 송편을 빚고 햇과일 등의 음식을 장만하여 차례를 지낸다.

설날

추석

차례상은 어떻게 차릴까?

차례상을 차릴 때에도 전통적인 방식이 있다. 홍동백서, 즉 붉은 과일은 동쪽에 놓고 하얀 과일은 서쪽에 놓아야 한다. 어동육서, 즉 생선은 동쪽에, 고기는 서쪽에 놓아야 한다. 좌포우혜, 포는 왼쪽에 식혜는 오른쪽에 놓아야 한다는 뜻이다.

- 1열 : 시접, 잔반, 메(밥) – 떡국은 우측, 술잔은 좌측
- 2열 : 어동육서 – 어찬은 동쪽, 육찬은 서쪽
- 3열 : 탕류 – 육탕, 소탕, 어탕 순
- 4열 : 좌포우혜 – 왼쪽에 포(脯), 오른쪽에 식혜
- 5열 : 조율이시 – 왼쪽부터 대추, 밤, 배 / 홍동백서 – 붉은 과실은 동쪽, 흰 과실은 서쪽

우리나라의 국경일

나라의 경사를 기념하기 위하여 국가에서 법률로 정한 경축일을 국경일이라고 한다. 우리나라의 국경일은 삼일절, 제헌절, 광복절, 개천절, 한글날이다. 삼일절은 3월 1일로, 일제 강점기였던 1919년 3월 1일 온 나라에서 독립 만세를 부르짖고 독립을 염원하였던 날을 기리기 위해 제정한 것이다. 제헌절은 7월 17일로, 1948년 7월 17일 대한민국 헌법이 선포·시행된 것을 기념하기 위한 날이다. 광복절은 8월 15일로, 우리나라가 일본의 지배로부터 벗어나 해방되어 국권을 다시 찾은 기쁨을 기리기 위해 제정한 것이다. 개천절은 10월 3일로, 단군이 고조선을 건국하여 우리 한민족의 첫 국가가 탄생한 것을 기리기 위하여 정한 기념일이다. 한글날은 10월 9일로, 한글(훈민정음)을 창제해서 세상에 펴낸 것을 기념하고 우리 글자 한글의 우수성을 기리기 위한 것이다.

개념쌤의 1분 특강

요즘 국경일을 잘 모르는 사람들이 많다고 해. 우리나라의 국경일에는 삼일절, 제헌절, 광복절, 개천절, 한글날이 있어.

22 문화재

- 역사적, 문화적 가치가 높아 보호해야 할 것.
- 문화재를 보존하여 민족 문화를 계승하고, 이를 활용함으로써 문화 발전에 기여할 수 있다.

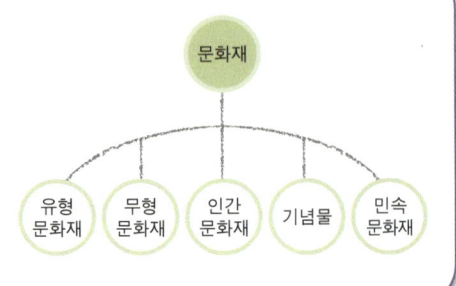

조상들의 지혜를 엿볼 수 있는 문화재

문화재는 세종 대왕이 창제한 훈민정음, 이순신 장군이 임진왜란 중에 쓴 난중일기, 고려 시대 만들어진 팔만대장경 등과 같이 그 가치가 뛰어난 것을 말한다. 문화재가 언제, 어떻게 왜 만들어졌는지를 살펴보면 조상들의 생활 모습뿐만 아니라 지혜도 배울 수 있다. 또한 앞으로 우리 문화를 더욱 발전시켜 나가는 밑거름이 될 수 있다. 그래서 우리나라는 중요한 문화재를 법으로 정해 보호하고 있다.

문화재의 종류

우리나라는 모양이나 내용에 따라 크게 네 가지로 구분하여 문화재를 보호하고 있다.

서적, 회화, 조각, 공예품, 성벽, 불상, 탑 등과 같이 모양이 있고 만질 수 있는 문화재를 '유형 문화재'라고 하고, 판소리나 춤, 음악, 종묘제례, 공예, 기술 등과 같이 모양이 없어 보관할 수 없는 문화재를 '무형 문화재'라고 한다. 그리고 판소리나 춤, 기술과 같은 중요 무형 문화재를 보유하고 있는 사람을 '인간문화재'라고 부른다.

성터, 도자기 가마터 등과 같은 사적지와 특별히 기념이 될 만한 시설, 역사적·학술적으로 가치가 있는 것, 경치가 뛰어난 곳을 '기념물'로 지정해서 보호하고 있다. 그리고 우리 조상들의 일상생활을 보여 줄 수 있는 의복, 기구, 가옥 등 '민속 문화재'도 문화재의 한 종류이다.

유형 문화재

무형 문화재

문화재를 만나려면 박물관으로!

여러 가지 문화재를 한눈에 보고 싶다면 박물관으로 가는 것이 가장 현명한 선택이다. 박물관은 여러 가지 물건들을 많이 모아 놓은 곳이라는 뜻이다. 그래서 박물관에 가면 커다란 건축물이나 유적지를 제외한 다양한 문화재를 많이 볼 수 있다.

박물관에는 국립중앙박물관, 국립민속박물관처럼 여러 분야의 자료를 모두 보관하고 있는 종합 박물관도 있고, 어느 한 분야의 자료만 전문적으로 모아 보관하는 전문 박물관도 있다. 미술관이나 역사 박물관, 자연사 박물관, 석탄 박물관 등 전문 박물관은 그 종류도 다양하다.

개념쌤의 1분 특강

문화재에는 모양이 없어 보관할 수도 없는 무형 문화재, 무형 문화재를 보유하고 있는 인간 문화재도 있어. 그러니까 꼭 형태가 있는 것만이 문화재인 것은 아니야.

23 세계유산

- 유네스코가 인류의 소중한 문화를 보호하기 위해 지정하는 것.
- 유네스코는 인류의 보편적 가치를 지닌 문화유산, 자연유산들을 발굴하고 이를 보호·보존하기 위해 노력하고 있다.

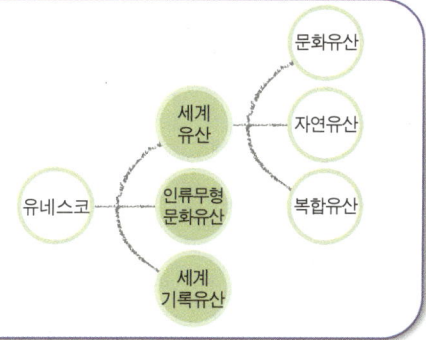

유네스코(UNESCO)

국제 연합(UN)의 산하 기관인 유네스코에서는 인류의 소중한 문화와 자연을 보호하기 위해 1972년부터 세계의 중요한 문화재를 세계유산으로 지정하여 보호하고 있다. 이 세계유산은 인류 전체를 위해 보호해야 할 유산으로 그 가치가 높다. 유네스코는 세계유산(문화유산, 자연유산, 복합유산), 인류무형문화유산, 세계기록유산으로 나누어 지정하고 있다.

우리나라의 유네스코 지정 유산

우리나라의 석굴암·불국사, 해인사 장경판전, 종묘, 창덕궁, 수원 화성, 경주역사유적지구, 고창·화순·강화 고인돌 유적, 조선왕릉, 한국의 역사 마을 하회와 양동마을, 남한산성이 세계문화유산으로, 제주 화산섬과 용암동굴은 세계자연유산으로 등재되어 있다.
인류무형문화유산으로는 종묘제례 및 종묘제례악, 판소리, 강릉 단오제, 강강술래, 남사당 놀이, 영산재, 처용무, 김장문화 등이 지정되어 있다.
세계기록유산으로는 훈민정음, 조선왕조실록, 직지심체요절, 승정원일기, 고려대장경판 및 제경판, 조선왕조의궤, 동의보감, 일성록, 5·18 민주화운동기록물, 난중일기 등이 지정되어 있다.

제주 화산섬과 용암동굴은?

세계자연유산으로 지정된 지역은 한라산, 성산일출봉, 거문오름용암동굴계 3곳이다.
제주도는 수많은 측화산(화산의 산허리나 산기슭에 생겨난 화산 구덩이)과 세계적인 규모의 용암동굴, 다양한 희귀생물 및 멸종위기종의 서식지가 분포하고 있어 지구의 화산 생성 과정 연구와 생태계 연구의 중요한 학술적 가치가 있다. 또 한라산 천연보호구역의 아름다운 경관과 생물, 지질 등은 세계적인 자연유산으로서 가치를 지니고 있다.

훈민정음

창덕궁 후원

종묘제례악

수원 화성

개념쌤의 1분 특강

세계유산으로 지정된 것을 기뻐하는 데에 그치지 않고 잘 보존해야하겠지?

24 규범

- 사회 질서를 유지하기 위해 사회 구성원들이 지켜야 할 행동 규칙.
- 규범은 사회 질서를 유지하고 사람들이 안전하고 조화롭게 살아갈 수 있도록 해 준다.

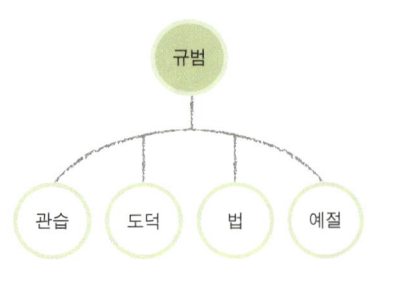

규범의 필요성

여러 사람들이 모여 사는 사회에는 사람들이 꼭 지켜야 할 약속이 있는데, 이 약속을 '규범'이라고 한다.

사람들은 저마다 생각이나 행동하는 방식이 다르므로 모든 사람들이 제멋대로 행동을 하게 되면 싸움이 벌어지거나 서로 피해를 주는 경우가 생길 수 있다. 그래서 다양한 사람들이 평화롭게 서로 어울려 살 수 있도록 하기 위하여 규범이 생겨난 것이다.

규범을 지키면 질서가 유지되고 서로 평화롭게 살 수 있다.

규범은 나라에도, 학교에도, 가정에도 있다?

우리는 매일 집에서나 학교에서 알게 모르게 수많은 규범을 지키며 살고 있다.

부모님 말씀 잘 듣기, 내 방 청소는 내가 하기, 지각하지 않기, 수업 시간에 떠들지 않기 등 규범은 나라에도, 학교에도, 가정에도 사람이 모여 있는 곳이면 어디에나 있다.

예를 들어, 신호등 앞에서 멈춰 기다리는 것이 불편할 수도 있다. 하지만 신호를 무시하고 길을 건너면 교통사고가 날 수 있다. 또 자동차들이 저마다 가고 싶은 대로 길을 간다면 도로는 엉망이 되어 버릴 것이다. 하지만 사람들이 교통 규칙을 따르기 때문에 복잡한 도로에서도 질서가 유지된다. 즉, 규범이 있기 때문에 사회 질서가 유지되고 다른 사람들과 함께 평화롭게 살 수 있는 것이다.

규범의 종류

관습

관습은 한 사회에서 오랜 세월동안 되풀이되면서 사람들이 따르게 된 규범이다. 결혼식, 장례식 같은 것들을 관습이라고 할 수 있다. 우리의 전통 혼례와 서양의 결혼식 모습이 다른 것처럼 관습은 사회에 따라 그 모습이 다양하다.

도덕

도덕은 사람이라면 마땅히 지키고 행해야 하는 행동들을 뜻한다. 관습은 각각의 사회에 따라서 그 모습이 다르지만, 도덕은 사회가 달라도 내용이 비슷하다. 사람이 지켜야 할 도리는 어느 사회에서든 비슷한 것이기 때문이다. 예를 들어, '약한 사람을 도와야 한다.', '남의 물건을 훔쳐서는 안 된다.' 와 같은 것들이 도덕에 속한다.

법

법은 국가의 질서를 유지하기 위해서 강제로 지키도록 하는 사회 규범이다. 법을 지키지 않는 사람은 벌을 받게 된다. 그럼 어떤 내용을 법으로 만드는 걸까? 주로 도덕 중에서 꼭 지켜야 하는 것들을 법으로 만들고, 도덕적인 내용은 아니더라도 교통 규칙처럼 질서를 유지하기 위해 반드시 지켜져야 하는 것들도 법으로 만든다.

예절

예절은 다른 사람을 존중하는 마음을 형식에 맞춰서 표현하는 것이다. 관습과 마찬가지로 사회마다 예절의 모습은 조금씩 다르다. 그래서 다른 나라에 갔을 때 아무런 생각 없이 한 행동이 그 나라의 예의에 어긋날 수도 있다.

관습은 사회에 따라 그 모습이 다양하다.

법을 지키지 않으면 벌금을 내거나 벌을 받는다.

도덕은 사람이라면 마땅히 지키고 행해야 할 행동으로, 사회가 달라도 내용이 비슷하다.

예절도 관습처럼 사회마다 그 모습이 다르다.

조선 시대의 법은?

조선 최고의 법전은 '경국대전'이다. 세조 때부터 만들기 시작하여 성종 때 완성된 경국대전은 조선 통치의 기본이 되었으며 사회 질서를 유지하는 데에도 중요한 역할을 하였다.

경국대전은 관리의 종류와 임명 등과 같은 관리의 업무 지침, 세금에 관한 것, 과거 시험 등과 같은 의례에 관한 것, 흉년 시 관리가 해야 할 일, 백성의 일상생활에 관한 것, 군사, 형벌, 집이나 도로 공사에 대한 것 등으로 구성되어 있다.

개념쌤의 한눈 특강

여러 사람들이 모여서 사회를 이루며 안정적으로 살아가기 위해서는 꼭 지켜야 할 약속을 어기지 않아야 할 거야. 이러한 약속에는 관습, 도덕, 법, 예절이 있고 이중 법은 가장 강제성이 강한 규범이야.

25 노동

- 사람이 생활에 필요한 것들을 얻기 위하여 노력하는 활동.
- 사람들은 노동을 통해 필요한 것을 얻을 뿐만 아니라 보람과 기쁨을 누릴 수 있다.

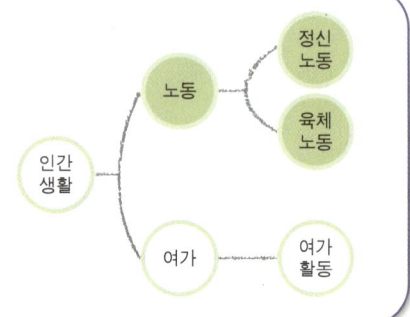

노동의 뜻과 필요성

살아가기 위해서는 먹을 것, 입을 것 등 필요한 것이 많다. 이렇게 필요한 것을 얻기 위해 일하는 것을 '노동'이라고 한다.

사람들은 노동을 통해 살아가는 데 꼭 필요한 것들을 얻을 수 있고 편리한 생활도 할 수 있다. 또, 자신의 능력을 마음껏 발휘하고 보람을 느낄 수도 있다.

노동 중에서 몸을 직접 움직여서 일하는 것을 '육체노동', 과학자처럼 주로 머리를 써서 일하는 것을 '정신노동'이라고 하며, 이러한 노동을 하는 데 들이는 힘을 '노동력'이라고 한다. 그리고 노동력을 들여 무언가를 만들어 내는 활동을 생산 활동이라고 하고, 생산 활동의 대가가 바로 소득이다.

광산에서 원석을 캐고, 캐 낸 원석을 보석으로 다듬는 노동을 통해 다이아몬드가 만들어진다.

노동을 통해 얻을 수 있는 가장 중요한 것은?

개미와 베짱이 이야기에서 여름 동안 힘들게 일한 개미는 겨울을 무사히 날 수 있었지만 놀기만 한 베짱이는 결국 굶어 죽는다.

이 이야기를 들으면 노동은 미래를 대비하기 위해 어쩔 수 없이 해야 하는 힘든 일을 말하는 것 같으나, 이는 잘못된 생각이다. 살아가는 데 필요한 것들을 얻기 위해서 고통을 참고 노동해야 할 때도 있지만 자신이 가장 좋아하고 잘할 수 있는 일을 직업으로 삼아 노동을 하면 기쁨과 보람을 얻을 수도 있다.

사람은 살아가는 데 필요한 것을 얻기 위해서 노동을 한다.

25 노동

노동하는 모습의 변화

과거에는 일을 하는 모습이 단순하였다. 기술이 발전하지 못해 사용하는 도구가 단순하니 그럴 수밖에 없었다. 하지만 다양한 기계가 발명되면서 일하는 모습이 바뀌었다. 예를 들어, 옛날에는 농사일을 사람이 직접하거나 소나 말을 이용하는 게 다였다. 하지만 요즘에는 트랙터, 이앙기 등 다양한 기계를 이용하여 농사지으며 비닐하우스 등을 통해 날씨에 제약받지 않고 일 년 내내 농사를 짓기도 한다.

또한 다양한 기계를 사용하면서 단순한 일들은 더 이상 사람이 직접 하지 않게 되었다. 대신 영화를 만든다거나 새로운 기계를 발명하는 것과 같은 이전에 비해서 좀 더 창의적인 일들을 할 수 있게 되었다.

노동을 좀 더 즐겁게 할 수 있는 방법은 뭘까?

노동을 통해 생활에 필요한 것을 얻고 보람을 얻을 수도 있지만, 노동이 힘들게 느껴질 때도 분명 있다. 우리 조상들은 힘든 노동을 즐겁게 하기 위해 일을 하면서 함께 노래를 불렀다. 노래에 맞추어 일을 하면 힘을 모으기도 쉽고, 또 일하면서 쌓이는 스트레스도 풀 수 있었다. 이렇게 일하면서 부르는 노래를 '노동요'라고 한다.

또 농사일이 바쁠 때, 두레라는 모임을 만들어 함께 일을 하였다. 일도 빨리 끝나고 마을 사람들과도 훨씬 친해질 수 있었다.

노동하는 장소의 변화

오늘날에는 일을 하는 장소도 변하고 있다. 예전에는 사람들이 공장이나 직장에 모여서 일을 해야만 했다. 그러나 요즘에는 컴퓨터와 인터넷 등 통신 기술이 발달하면서 집에서도 근무할 수 있게 되었다. 인터넷 화상 회의를 이용하면 굳이 한 장소에 모여서 일할 필요가 없기 때문이다. 이렇게 집에서 일하는 것을 재택근무라고 한다.

개념쌤의 노트 특강

노동은 사람이 생활에 필요한 것을 얻기 위해 일하는 것을 의미해. 육체적 활동뿐만 아니라 정신적 활동 또한 노동에 해당하며, 오늘날에는 정보화로 인하여 언제 어디서나 노동할 수 있게 되었어.

26 여가

- 일이 없어 남는 시간 또는 일을 하다가 쉬는 틈.
- 우리는 여가 활동을 통해 피로와 스트레스를 풀 수 있을 뿐만 아니라 자기 계발이나 보람을 느낄 수도 있다.

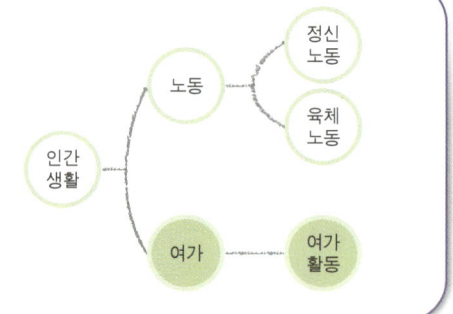

여가와 여가 활동의 의미

여가는 일이나 공부하는 시간을 빼고 남는 시간을 말한다. 이때, 잠을 자거나 밥을 먹는 시간처럼 생활에 꼭 필요한 시간은 여가라고 하지 않는다.

보통 사람들은 남는 시간에 휴식을 취하거나 취미 생활이나 운동과 같은 여러 가지 활동을 하는데, 이를 여가 활동이라고 한다.

사람에게는 자유롭게 쓸 수 있는 여가가 꼭 필요하다.

여가 활동의 필요성

여가 활동은 우리에게 여러 가지로 도움이 된다. 피로와 스트레스를 풀 수 있어 건강에 도움이 되고 일이나 공부를 더 잘할 수도 있게 된다. 또 가족이나 친구들과 함께 여가 활동을 하면서 서로를 더 알게 되어 친해지게 된다. 그리고 배우고 싶었던 것을 배우면 자기 계발을 할 수도 있다.

여가 활동이 점점 더 중요해지고 있다고?

요즘에는 옛날보다 남는 시간이 많아지면서 여가를 바람직하게 보내는 것이 중요해졌다. 여가를 잘 보내야 생활에 여유가 생기고 삶의 질이 향상될 수 있기 때문이다.

또 여가 활동을 통해 할 수 있는 일이 많아지면서 여가의 중요성이 커지고 있다. 여가 활동을 통해 휴식을 취할 뿐만 아니라 사교 생활을 하거나 자신의 소질을 계발할 수 있고, 봉사 활동을 하며 보람을 느낄 수도 있다.

취미   놀이   운동

여행   자기 계발   봉사 활동

옛날의 여가 활동

주로 농사를 지으며 살았던 옛날에는 온 마을 사람들이 힘을 모아 일을 하는 경우가 많았다. 그래서 여가 활동도 윷놀이나 강강술래처럼 여럿이 함께하는 것이 많았다. 우리 조상들은 여럿이 함께 놀이를 하면서 농사일의 피로를 풀고 마음의 단합을 다지며 풍년을 기원하였다.

옛날에는 양반과 평민, 남자와 여자가 하는 여가 활동이 달랐다. 신분 차이가 있고 남녀를 엄격히 구분하였기 때문이다. 양반들은 서예나 시 짓기 등을 주로 하였고, 평민들은 주로 신체 활동이 많은 전통 놀이를 하였다. 씨름은 남자만 할 수 있었고, 널뛰기는 여자만 하였다.

옛날 여가 활동의 종류

강강술래 / 서예 / 농악

컴퓨터 게임을 하는 것도 여가 활동일까?

여가를 공부에서 벗어나 마음껏 즐기는 시간이라 생각하고 학교 갔다 와서 잠자리에 들기 전까지 컴퓨터 게임만 하는 친구들이 있다.

하지만 과도하게 컴퓨터 게임을 하면 시력도 나빠지고 건강에도 좋지 않기 때문에 바람직한 여가 활동이라고 볼 수 없다.

바람직한 여가 활동은 건강에 도움이 되고 자기 계발을 할 수 있으며 보람을 느낄 수 있는 것이어야 한다.

오늘날의 여가 활동

오늘날은 컴퓨터, 텔레비전, 비행기 등 과학 기술이 발달하면서 여가에 할 수 있는 활동의 종류가 다양해졌고 기계가 사람들이 할 일을 대신하면서 여가도 늘어났다. 그리고 사회가 복잡해지면서 사람들이 하고 싶어 하는 것들도 다양해졌다. 교통수단이 발달하면서 멀리까지 여행하는 사람이 늘었고, 신분이나 남녀의 차별이 없어지면서 여가 활동에도 구분이 사라졌다.

오늘날 여가 활동의 종류

영화 감상 / 레저 / 해외여행

오늘날에는 여가가 늘어났으며, 여가 활동의 종류도 매우 다양해졌다.

개념쌤의 1분 특강

스트레스를 풀 수 있다는 점에서 여가는 삶의 질을 결정하며, 자기 계발을 통해 일을 더 잘할 수 있게 된다는 점에서 여가는 일 만큼 중요한 가치를 가지고 있어.

27 의생활

- 옷과 옷에 관한 생활 풍속.
- 시대에 따라 옷차림은 다르지만 몸을 보호하고 멋을 낼 수 있는 옷의 기능은 같다.

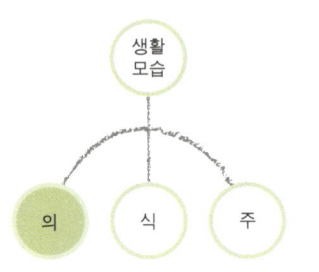

의생활의 의미

우리나라 사람들의 의생활은 크게 한복과 양복으로 구분된다. 의생활은 몸을 보호하거나 멋을 내기 위해 옷을 입거나 마련하는 것과 관련된 생활을 말하며, 모자, 옷, 양말, 신발, 옷감 만드는 일, 염색 등이 의생활과 관련이 있다.

의생활의 변화

옛날 우리 조상들은 한복을 입고 생활하였다. 한복은 성별과 계절에 따라 입는 옷이 달랐다. 남자는 저고리, 바지, 도포를 주로 입고 여자는 저고리, 치마, 장옷을 주로 입었다. 무더운 여름철에는 주로 모시옷과 삼베옷을 입었고, 추운 겨울철에는 주로 무명옷과 비단옷을 입었다.

그러다가 조선 시대 말, 근대화 과정에서 옷의 간편함과 실용성을 법령으로 강조하면서 한국인의 의생활에서 한복의 형태는 크게 간소화되었다. 특히 1990년대 초, 관리들에게 단발과 양복을 입도록 하면서 남자들은 양복과 중절모, 구두를 신고 다니게 되었다. 오늘날에는 남자들은 양복이나 셔츠, 바지 등을 입고 여자들은 블라우스나 치마 또는 바지 등을 입는다.

옷감의 재료도 변화하였다. 옛날에는 목화나 삼을 재배하거나 누에를 키워 뽑아낸 실로 옷감을 지어 옷을 만드는 등 주로 자연에서 얻은 재료를 이용하였으나 오늘날에는 다양한 재료로 옷감을 만든다.

신발은 어떻게 변했을까?

옛날 사람들은 주변에서 쉽게 구할 수 있는 재료를 이용하여 신발을 만들어 신었다. 먼저 농경 사회에서 가장 쉽게 얻을 수 있는 짚을 가지고 짚신을 만들어 신었으며, 통나무를 파서 만든 나막신을 만들어 비가 올 때 신었다. 1920년대 초, 처음으로 고무신이 출시되면서 사람들은 고무신을 신기 시작하였다. 짚신은 빨리 닳아지고 오래 신을 수 없는 단점이 있는데, 그에 비해 고무신은 오래 신을 수 있었기 때문이다.

하지만 과학 기술의 발달로 성능이 뛰어난 운동화와 구두가 등장하면서 고무신도 점점 사라지고 있다.

옛날의 의생활

오늘날의 의생활

개념쌤의 1분 특강

시대와 지역에 따라 의생활은 다양한 형태를 보이고 있어. 우리나라의 경우 근대화 과정에서 의생활이 서양식 형태로 변화하게 되었어.

28 식생활

- 음식과 음식에 관한 생활 풍속.
- 식생활은 주로 먹는 음식, 종교, 문화 등에 따라 다르기 때문에 식생활을 통해 그 사회의 문화를 알 수 있다.

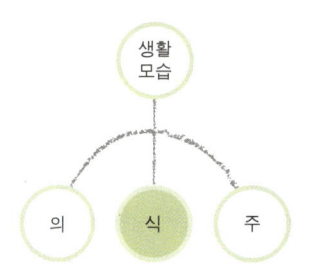

식생활의 의미

식생활은 인간의 생활 중에서 생명 유지 및 신체 활동에 필요한 영양분을 섭취하기 위해서 여러 가지 음식을 먹는 일을 말한다. 넓은 의미로는 식품의 생산, 조리, 가공, 식사 도구, 상차림, 식습관, 식사 예절, 식품의 선택과 소비 등 음식물의 섭취와 관련된 유·무형의 활동을 말한다. 예를 들어, 빵이나 고기를 주로 먹는 서양에서는 이런 음식을 다루는 나이프, 포크, 접시 등의 식사 도구를 사용하고 한국, 중국, 일본처럼 쌀과 채소를 많이 먹는 동양에서는 밥그릇이나 젓가락 등을 사용한다. 또 종교적으로 힌두교도를 믿는 사람들은 쇠고기를 먹지 않고 이슬람교을 믿는 사람들은 돼지고기를 피하듯이 특정한 음식을 먹지 않는 독특한 식습관도 있다.

식생활의 변화

옛날에는 부엌이 마루나 방과 분리되어 있었고 아궁이에 불을 지펴 음식을 만들었지만, 오늘날에는 대부분 부엌이 거실과 같은 공간에 있으며 전기나 가스를 이용하여 음식을 만든다.

옛날에는 주변에서 손쉽게 구할 수 있는 재료로 음식을 만들어 먹었지만, 오늘날에는 옛날부터 전해 오는 김치, 된장, 고추장, 간장 등과 같은 전통 음식뿐만 아니라 가공 식품, 밀가루 음식 등도 많이 먹으며, 세계 여러 나라의 음식을 즐기기도 한다. 이처럼 음식이 다양해진 것은 다른 나라와의 교류가 많아졌고 음식을 저장하는 기술이 발달하였기 때문이다. 오늘날에는 옛날에 비하여 음식을 조리하는 방법도 다양해졌다.

옛날과 오늘날의 식생활이 비슷하다고?

오늘날에도 밥상에 밥과 국, 김치가 오르고, 된장, 고추장, 간장 등 옛날부터 전해 내려오는 전통 음식도 여전히 먹고 있다. 설날에 떡국, 여름철에 삼계탕, 추석에 송편, 동지에 팥죽 등 계절과 명절, 절기에 따라 먹는 음식 또한 변함이 없다. 이는 우리나라의 자연환경이 옛날이나 오늘날이나 비슷하며, 식생활 전통이 이어져오고 있기 때문이다.

옛날의 부엌

오늘날의 부엌

개념쌤의 1분 특강

식생활은 지역에 따라, 시대에 따라 다양한 형태를 보이고 있어. 특히 오늘날에는 주방 시설의 발달, 음식 재료의 다양화로 인하여 식생활이 크게 변화하고 있어.

29 주생활

- 사는 곳에 관한 생활 풍속.
- 주생활은 사람들이 머물고 쉬며 잠을 자는 것과 관련된 것으로 주택 안에서 이루어지는 대부분의 생활이 이에 해당한다.

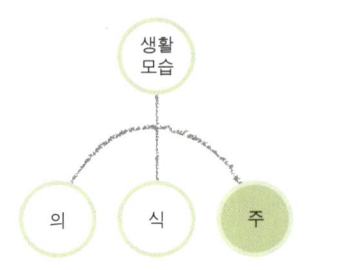

주생활의 의미

주생활은 사람이 살 수 있게 지은 주택을 중심으로 주거 형태와 공간 배치 및 그곳에서 이루어지는 생활을 말한다.

주거는 인간 생활의 기본 조건 중의 하나이다. 주거는 인간을 주위 환경으로부터 보호하는 역할을 하며, 주거를 중심으로 사람은 가정생활과 사회생활을 영위해 나간다. 또한 거주 지역의 지형과 기후 등 자연 조건과 사회적 상황에 맞춰 고유한 문화적 특징을 지니게 된다.

주생활의 변화

옛날 우리 조상들은 한옥에서 주로 살았지만 오늘날에는 사회적·경제적 여건이 변화하면서 전통 가옥은 점차 사라지고 아파트나 단독 주택, 연립 주택 등 양옥에서 주로 살게 되었다. 또한 옛날에는 호롱불을 사용하여 방 안을 밝혔으나 오늘날에는 전기가 발명되면서 전등을 켜고 밤늦게까지 생활할 수 있게 되었다. 옛날에는 화장실이 집 안에 없었지만, 오늘날에는 화장실이 집 안에 있다. 또, 옛날에는 수도 시설이 없어 우물이나 냇가에서 물을 길러와 사용하였고 빨래는 냇가 빨래터에 나가서 하였지만, 오늘날에는 수도 시설이 설치되면서 집 안에서 물을 쉽게 얻고 사용할 수 있게 되었다.

온돌의 원리가 지금까지 이어지고 있다?

옛날 우리 조상들은 온돌을 이용해 난방을 하였다. 온돌은 아궁이에 불을 때면 불기운이 방 밑을 지나 방바닥 전체의 온도를 높여 주고 마지막에 굴뚝으로 빠져나가는 원리인데, 이러한 온돌의 원리를 이용한 오늘날의 난방 장치가 바로 보일러이다. 보일러에서 데워진 따뜻한 물이 방바닥에 설치된 관을 따라 돌며 방바닥을 따뜻하게 데워준다. 이렇듯 온돌 방식은 지금까지 이어지고 있다.

옛날의 주생활

오늘날의 주생활

개념쌤의 1분 특강

주생활은 지역의 지형과 기후 등 자연 조건과 사회적 상황에 따라 다양한 형태로 나타나. 과거에는 한옥 중심이었으나 오늘날에는 아파트 중심으로 변화하고 있어.

30 사회 변동

- 사회 질서나 모습의 일부분 또는 전체가 변화하는 것.
- 우리가 살고 있는 사회는 끊임없이 변화하며, 그 속도가 점점 빨라지고 있다.

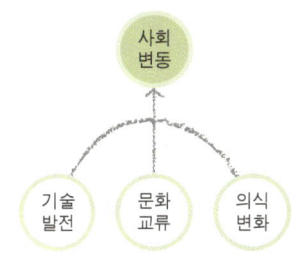

사회 변동의 의미와 사회 변동이 일어나는 이유

사회 변동이란 한 사회의 질서나 모습, 그리고 그 사회 안에서 살아가는 사람들의 생각이나 생활 방식이 변해 가는 것을 말하며, 일부만 변하기도 하지만 예전과 완전 다르게 변하기도 한다.

첫째, 새로운 물건이 발명되거나 새로운 사실이 발견될 때 사회는 변하게 된다. 대표적인 예가 인터넷이다. 인터넷이 없었던 시대에는 책을 통하여 지식을 습득하고 사람들이 직접 만나 정보를 나누었지만 인터넷이 발명되면서 인터넷에 접속하기만 하면 많은 정보를 쉽게 구하고, 사람들을 만나지 않고도 정보를 나눌 수 있게 되었다.

둘째, 서로 다른 두 문화가 만나서 서로 영향을 미치며 변화하게 된다. 우리나라는 한복을 주로 입었지만 서양 문화의 영향으로 요즘은 서양 의복이 평상복이 되었다.

셋째, 사람들의 생각이 사회를 변화시키기도 한다. 예를 들어, 우리나라가 민주주의 국가가 될 수 있었던 것은 민주 사회를 만들고 싶었던 사람들이 있었기 때문이다. 민주주의에 대한 사람들의 생각과 행동이 우리 사회를 변화시켰다.

사회 변동의 특성

사회의 변동 속도는 점점 빨라지고 있다. 과학 기술이 발달하는 속도나 정보를 전달하는 속도가 옛날과 비교할 수 없이 빠르기 때문이다. 또 사회 변동이 사회의 여러 분야에서 동시에 일어난다. 새로운 과학 기술이 나타나면 정치, 경제, 문화 등 여러 분야에서 동시에 변화가 일어나는 것이다.

닫힌 사회에서 열린 사회로!

옛날 우리 사회는 굉장히 폐쇄적이었다. 남성이 여성보다 우월하다고 여기거나 타고난 신분에 따라 사람을 차별하는 경우도 많았다. 또 공동체를 너무 강조해서 개인의 개성을 잘 펼치지 못하는 경우도 있었다. 하지만 이제 개인의 개성과 가치를 중요하게 여기고 인정하는 태도가 널리 퍼지면서 열린 사회로 변해 가고 있다.

개념샘의 1분 특강

새로운 물건의 발명, 다른 문화와의 교류, 사람들의 다양한 생각으로 인해 한 사회 안에서 살아가는 사람들의 생각이나 생활 방식이 변화할 수 있어.

31 인구

- 일정한 지역에 사는 사람의 수.
- 우리나라의 인구는 약 5천 만 명 정도이며, 대부분 도시에 모여 살고 있다.

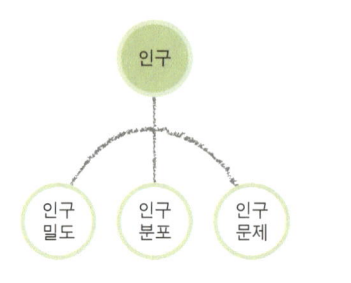

우리나라의 인구 및 인구 밀도

인구는 한 지역이나 나라에 살고 있는 사람의 수를 말한다. 오늘날 지구에 살아가는 사람의 수는 60억 명을 넘어섰으며, 우리나라는 2012년 6월 이후 약 5천 만 명이 되었다. 경제 발전에 따른 생활 수준 향상과 의료 기술 발달에 따른 평균 수명의 연장으로 우리나라 인구는 최근 50년간 크게 증가하였다. 우리나라는 국토의 면적에 비해 인구가 많은 편이어서 세계에서도 인구 밀도가 높은 나라에 속한다.

우리나라의 인구 분포

산업이 발달하기 이전, 우리나라 사람들은 서쪽과 남쪽의 평야 지역에 많이 모여 살았다. 하지만 1960년대 이후 산업이 발달하고 도시가 생겨나면서 인구 분포가 크게 달라졌다. 산업이 발달한 수도권과 남동쪽의 대도시로 인구가 집중되었기 때문이다. 현재, 인구의 절반 정도가 서울, 인천, 경기도 일대의 수도권에 살고 있다.

세계에서 인구가 가장 많은 나라는?

현재 세계에서 가장 인구가 많은 나라는 중국이다. 2005년을 기준으로 13억 4천만 명 정도이다. 중국은 인구 증가를 막기 위해 한 자녀 이상을 낳을 경우 엄청난 벌금과 함께 세금을 내야 하는 법을 만들었다. 그래서 호적에 이름을 올리지 않는 자녀들이 있어 중국의 실제 인구는 더 많을 것으로 예상하고 있다.

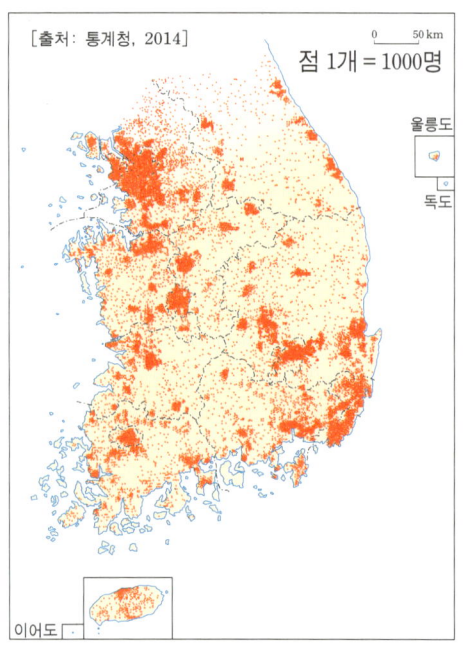

우리나라의 인구분포도

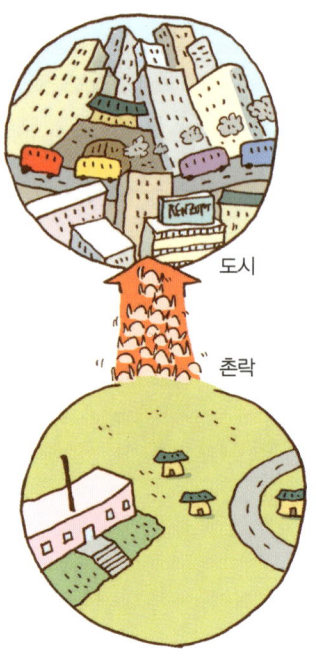

인구 이동(이촌 향도)

우리나라 인구 분포의 특징은 전체 인구 중 도시에 거주하는 인구의 비율이 매우 높다는 점이야.

32 고령화

- 한 사회에서 65세 이상 노인 인구의 비율이 증가하는 현상.
- 우리나라는 이미 고령화 사회에 진입하였으며 그에 따른 문제가 발생하고 있어 대책 마련이 필요하다.

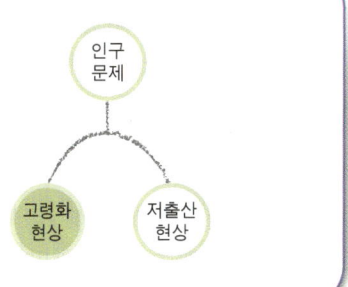

고령화 현상

65세 이상의 노인 인구가 차지하는 비율이 총인구의 7% 이상일 때 고령화 사회, 14% 이상일 때 고령 사회, 20% 이상일 때 초고령 사회로 분류한다. 우리나라의 경우 2000년에 노인 인구가 총인구의 7.2%를 차지하면서 이미 고령화 사회에 진입하였고 곧 고령 사회가 될 것으로 예상하고 있다. 고령화 사회에서 고령 사회로 이행하는 데 소요되는 기간은 프랑스가 115년, 미국이 71년, 일본이 24년인 반면, 우리나라는 18년으로 예상된다. 이와 같이 빠른 속도로 진행되고 있는 고령화 현상은 미래 사회 전반에 걸쳐 큰 영향을 미치게 된다.

고령화 현상의 원인

우리나라는 출산율이 낮아지고 평균 수명이 늘어남에 따라 노인층이 많아져 고령화가 빠르게 진행되고 있다.

우리나라의 출산율은 세계에서 가장 낮은 편에 속한다. 1980년대까지만 해도 인구 증가를 우려하여 "아들 딸 구별 말고 둘만 낳아 기르자!" 같은 내용으로 출산 제한 정책을 펼쳤다. 하지만 요즘은 아이를 적게 낳거나 아예 낳지 않는 가정이 많아지면서 심각한 문제가 되고 있다.

생산 가능 인구의 감소로 인한 조세 부담과 사회 보장비 부담 증가, 세대 간의 갈등 심화 등이 대표적인 문제점이다.

고령화와 출산율 저하

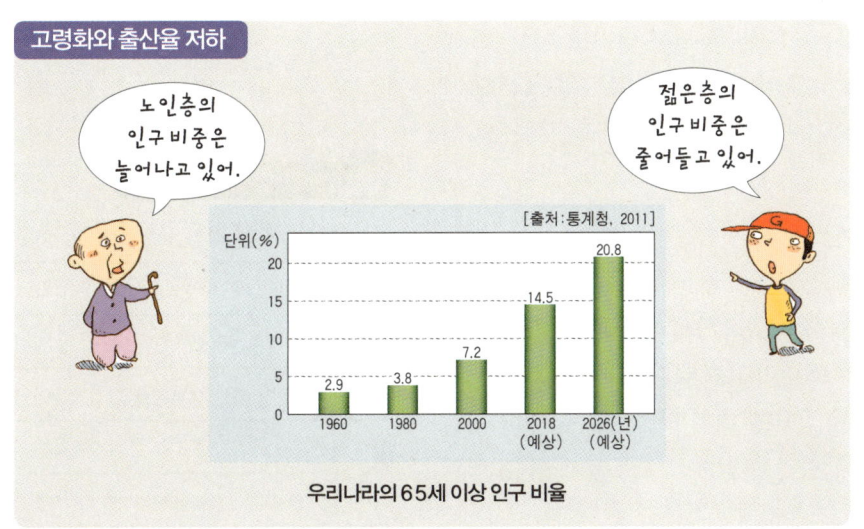

우리나라의 65세 이상 인구 비율

우리나라의 출산율은 어떨까?

1980년대까지만 해도 우리나라는 인구가 너무 많이 증가할까봐 출산 제한 정책을 펼쳤다. "둘만 낳아도 삼천리는 초만원"과 같은 캠페인을 벌이며 아이를 적게 낳으라고 권했다. 그런데 불과 30년도 안 지난 요즘은 아이를 너무 적게 낳아 문제가 되고 있다. 평균 출산율이 0.9명으로 아예 아이를 낳지 않는 가정도 있다. 그래서 "한 자녀보다는 둘, 둘보다는 셋이 더 행복해요."와 같은 출산 장려 캠페인을 펼치고 있다.

33 다문화 사회

- 한 사회 안에 여러 민족이나 여러 국가의 문화가 뒤섞여 있는 것.
- 우리 사회는 다문화 사회로 급속히 진행되고 있으며, 우리는 다문화를 이해하고 받아들여야 한다.

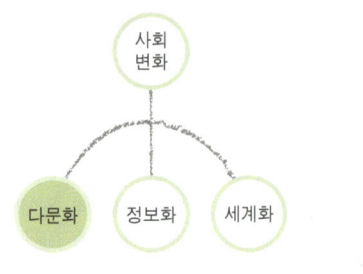

다문화 사회의 의미

'다문화'는 '많을 다(多)' 자에 '문화(文化)'라는 말이 붙어 '여러 나라의 생활양식'이라는 뜻이고, '다문화 사회'는 한 국가나 한 사회 속에 다른 인종·민족·계급 등 여러 집단이 지닌 문화가 함께 존재하는 사회를 말한다. 우리나라는 오랫동안 단일 민족 국가였다. 하지만 요즘에는 국제결혼이 많아지고 문화, 경제, 정치, 예술 등 국제 교류가 증가하면서 외국인들이 모여 하나의 공동체를 이루며 살아가는 다문화 사회로 변화하고 있다. 특히, 국제결혼으로 인한 다문화 가정이 많이 늘어나고 있다.

변화하는 단일 민족 국가?

오랫동안 우리에게 국민과 민족은 거의 비슷한 의미였다. 하나의 민족이 하나의 국가를 이루고 있다고 생각했기 때문이다. 그래서 우리는 스스로를 단일 민족 국가라고 불렀다. 하지만 요즘에는 국제결혼이나 이민이 많아져서 언어와 문화가 다른 민족들이 어울려 살게 되었고, 우리의 생각도 조금씩 변하고 있다.

다문화 사회에서는 서로 다른 문화를 가진 사람들이 함께 살아간다.

다문화 가정

서로 다른 국적이나 인종, 문화를 지닌 사람들로 구성된 가정을 다문화 가정이라고 한다. 다문화 가정은 문화적인 차이, 의사소통의 불편함 등으로 어려움을 겪고 있고 외모와 피부색이 다르다는 이유로 차별을 받기도 한다. 특히 다문화 가정의 자녀는 피부색이나 외모가 다르다는 이유로 친구들로부터 따돌림을 당하는 경우가 있는데, 이들은 외모만 다를 뿐 같은 한국인이므로 이러한 차별을 해서는 안 된다.

다문화 교육

우리 사회가 다문화 사회로 급속히 변화하고 있으므로 이러한 변화를 이해하고 받아들일 수 있도록 다문화 교육이 이루어지고 있다. 다문화 교육은 인종, 민족, 사회 계층, 성별, 장애 등 모든 집단에 대한 다양성을 이해하고 받아들이게 하여 각 문화에 대한 차별이나 편견을 없애고 모두에게 동등한 교육의 기회를 주기 위한 것이다.

개념쌤의 1분 특강

우리나라는 단일 민족 국가였으나, 최근 들어 빠른 속도로 다문화 사회로 변화하고 있어. 외모는 다르지만 같은 공동체의 구성원인 만큼 차별이나 편견을 없애야 할거야.

34 도구와 생활

- 일을 할 때 쓰는 연장 또는 어떤 목적을 이루기 위한 수단이나 방법.
- 과학 기술이 발달하면서 다양한 도구가 발달하였고, 이는 편리한 생활을 할 수 있도록 해 준다.

도구의 역사

씻을 때는 세면 도구, 음식을 만들 때는 취사 도구, 청소할 때는 청소 도구 등 어떤 일을 하기 위해서는 그에 적합한 도구가 필요하고, 도구는 우리의 생활을 편리하게 해 준다.

사람은 다양한 도구를 발전시켜 왔다. 아주 오랜 옛날, 석기 시대에는 돌을 이용하여 사냥도 하고 맹수에 맞서기도 하였다. 처음에는 돌을 깨뜨려 깨진 모양 그대로 만든 뗀석기를 사용하다가 차츰 돌을 갈아서 만든 간석기를 사용하게 되었다. 이후 청동기 시대에는 청동을 이용하여 도구를 만들기 시작하였고, 철기 시대에는 청동보다 강한 철로 농기구도 만들고 강력한 무기도 만들어 사용하였다.

오늘날, 도구는 더욱 발달하여 우리가 살아가는 세계의 모습까지 바꾸어 놓았다. 교통·통신 수단의 발달로 세계가 가까워지고 있는 것이 그 예이다.

첨단 기술은 뭘까?

첨단은 학문이나 유행에서 가장 앞장서 나아가는 것을 말한다. 따라서 첨단 기술이란 가장 앞선 기술인 것이다. 오늘날에는 첨단 기술이 발달하면서 우리 삶과 산업이 바뀌고 있다. 디지털카메라를 이용해 사진을 찍고 컴퓨터로 전송할 수 있는 것도 첨단 기술 덕분이다. 또 인공위성을 이용해 날씨를 미리 예측한 후 농사나 고기잡이에 이용하는 것도 첨단 기술을 일상생활에 활용하는 좋은 예이다.

도구의 발달과 우리의 생활

도구의 발달은 우리 생활을 편리하게 만들었다. 일을 할 때에 시간과 노력을 덜 들일 수 있게 되었고, 그 시간만큼 더 다양한 세상을 접할 수 있게 되었다. 그러나 도구의 발달은 좋은 점만 있는 것은 아니다. 변화에 적응하기 위해 끊임없이 새로운 것을 익혀야만 하는 어려움이 있고, 환경이 오염되는 문제가 발생하고 있다.

기술의 발달은 우리 생활을 편리하게 해 준다.

기술의 발달은 여러 가지 문제점을 낳기도 한다.

개념쌤의 1분 특강

다른 동물과 달리 인간이 문명을 발전시킬 수 있었던 것은 도구를 사용할 수 있었기 때문이야. 도구의 역사는 인류 문명의 역사와 일치하고 있어.

35 이동 수단

- 사람이 오고 가거나 물건을 옮기는 데 이용되는 수단.
- 오늘날에는 이동 수단의 발달로 짧은 시간 안에 먼 곳까지 많은 사람과 물건을 실어 나를 수 있다.

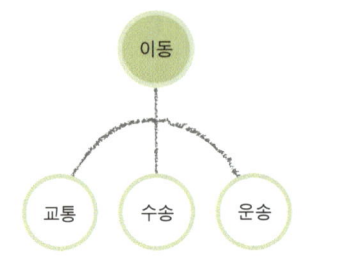

이동과 이동 수단의 의미

사람이 오고 가거나 물건을 옮기는 것을 '이동'이라고 한다. 이동은 사람이 오고 가는 일이나 짐을 실어 나르는 일을 의미하는 '교통', 사람이나 물건을 실어 나르는 '수송', 사람을 태워 보내거나 물건을 실어 보내는 '운송·운수'와 관련이 있다.

'이동 수단'은 사람이 오고 가거나 물건을 옮기는 데 이용되는 수단으로, 일반적으로 자전거, 오토바이, 승용차, 트럭, 열차, 배, 비행기 등의 교통 수단을 일컫는다.

옛날 이동 수단의 장단점은?

옛날 이동 수단인 말, 가마, 뗏목, 돛단배, 소달구지, 지게, 인력거 등의 특징은 사람이나 가축의 힘을 이용하였고, 나무와 식물의 줄기 등 자연에서 쉽게 구할 수 있는 재료로 만들었다는 것이다.

이러한 이동 수단은 힘이 많이 들고, 시간이 오래 걸리며, 많은 물건을 한꺼번에 옮기기 어려웠다. 또한 날씨의 영향을 많이 받는 단점이 있었다.

먼 곳에 사는 사람을 만나거나 다른 지역의 물건을 구하려 할 때 꼭 필요한 것이 이동 수단이다.

이동 수단의 필요성

이동 수단은 먼 곳에 사는 사람을 만나고 싶을 때나 우리 지역에서 나지 않는 다른 지역의 물건을 구하려 할 때에 꼭 필요하다. 그럼, 이동 수단이 없다면 어떨까? 지역 간의 물자 이동이나 나라 간의 무역을 할 수 없어 필요한 물건을 구하기 힘들어질 것이다. 또 멀리 떨어진 곳에 사는 사람들과 만나기도 어려워질 것이다.

구분	버스	지하철	배	비행기
장점	노선을 다양하게 만들 수 있다.	빠르고 시간을 지켜 준다.	많은 짐을 실을 수 있다.	빠르다.
단점	교통 체증에 시달린다.	정해진 노선을 벗어나지 못한다.	느리다.	비싸다.

35 이동 수단

이동 수단의 발달과 생활의 변화

과학 기술의 발달로 오늘날 이동 수단은 크게 발전하였다. 옛날에 비하여 오늘날의 이동 수단은 크기가 커지고 속도가 빨라지면서 짧은 시간 안에 먼 곳까지 많은 사람과 물건을 실어 나를 수 있다.

또한 옛날에 비하여 오늘날의 이동 수단은 쓰임새에 따라 그 종류가 매우 다양하다. 물건을 실은 컨테이너를 운송하는 컨테이너 트럭, 회전하는 커다란 통이 장착되어 새로 만든 시멘트를 운송하는 레미콘 트럭 등 쓰임새에 따라 트럭의 종류가 매우 많으며 사람을 태워 나르는 선박인 여객선, 물건을 실은 컨테이너를 운송하는 선박인 화물선, 석유류를 운송하는 선박인 유조선 등 배의 종류 역시 쓰임새에 따라 다양하다.

이동 수단이 발달하면서 우리의 생활도 변화하였다. 특히 옛날에 비하여 생활하는 공간이 넓어졌다. 걸어서는 몇 시간이 걸리는 거리를 자동차나 지하철을 이용하면 빠른 시간 안에 갈 수 있기 때문이다. 또, 세계가 가까워졌다. 옛날에는 다른 나라로 여행을 가거나 다른 나라와 무역을 하기 어려웠으나 배나 비행기 등이 발달하면서 다른 나라에 여행을 가거나 교류를 하는 것이 쉬워졌다.

이동 수단이 발달하면서 생긴 문제점도 있을까?

이동 수단이 발달하면서 좋은 점만 있는 것은 아니다. 석유를 연료로 사용하는 이동 수단이 발달하면서 환경 오염이 심해졌다. 또 가까운 거리를 갈 때에도 승용차를 이용함에 따라 사람들이 걷는 시간이 줄어들어 건강이 나빠지기도 한다. 그리고 교통 사고가 일어나 다치기도 한다.

이동 수단의 발달

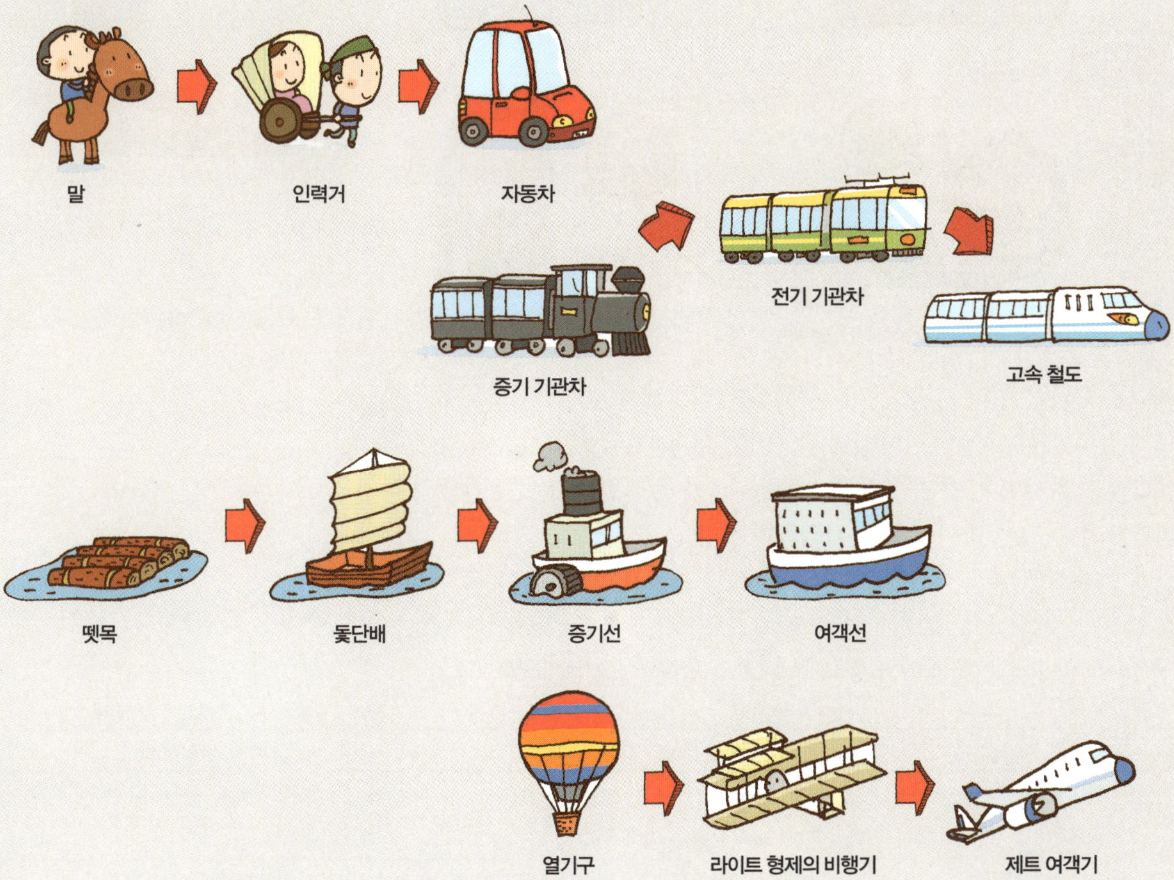

말 → 인력거 → 자동차

증기 기관차 → 전기 기관차 → 고속 철도

뗏목 → 돛단배 → 증기선 → 여객선

열기구 → 라이트 형제의 비행기 → 제트 여객기

36 의사소통 수단

- 사람들 간에 정보와 생각을 전하는 수단.
- 오늘날 의사소통 수단의 발달로 편리하고 빠르게 멀리 있는 사람과 소식이나 정보를 주고받을 수 있다.

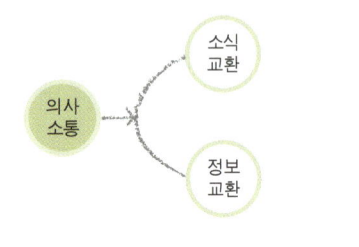

의사소통과 의사소통 수단의 의미

인간의 생각이나 감정을 담은 각종 정보를 주고받는 작용을 '의사소통'이라고 하고, 이러한 의사소통에 이용되는 수단을 '의사소통 수단'이라고 한다. 의사소통 수단은 일반적으로 전화, 팩시밀리, 인터넷 등의 통신 수단을 일컫는다.

통신 수단과 정보화는 어떤 관계가 있을까?

정보화는 정보가 사회와 경제의 중심이 되는 것을 말한다. 통신 수단은 정보를 전달하는 중요한 수단이기 때문에 통신 수단과 정보화는 관계가 깊다. 인터넷이 발달하자 사람들 사이에서 더 많은 정보가 더 빨리 오고 가게 된 것이 바로 그 증거이다.

의사소통 수단은 서로 소식을 나누고 정보를 쉽게 접할 수 있게 돕는다.

의사소통 수단은 여러 가지로 우리 생활을 편리하게 해 준다. 새로운 뉴스를 빠르게 알고 싶을 때에는 인터넷에 접속하면 되고, 외국에 있는 친구와 소식을 주고받으려면 전자 우편을 이용하면 된다. 먼 곳에 떨어져 있는 가족의 목소리가 직접 듣고 싶다면 전화를 이용하면 된다.

이렇게 의사소통 수단은 사람들 사이의 거리를 좁혀서 생각과 마음을 나누는 것을 돕는 역할을 한다. 또 정보가 더 빨리, 더 많이 움직이도록 한다. 정보가 더 빨리, 더 많이 움직일수록 사회는 더욱더 빠르게 변화하게 된다.

구 분	이동 수단	의사소통 수단
차이점	직접 오고 갈 때 이용한다.	직접 가지 않아도 소식을 전할 수 있다.
공통점	멀리 떨어진 지역의 사람들을 이어 준다.	
함께 발달해서 더 편리해	의사소통 수단인 인터넷을 통해 산 물건을 이동 수단인 트럭을 이용해 집까지 배달해 준다.	

36 의사소통 수단

옛날과 오늘날의 의사소통 수단

옛날의 의사소통 수단으로는 북을 치거나 나팔을 불어 소식을 전하는 방법, 높은 산에 봉수대를 설치하고 낮에는 연기, 밤에는 횃불을 이용하여 나라의 급한 일을 알리는 봉수, 파발꾼이 말을 타고 가거나 걸어가서 나라의 중요한 일을 담은 문서를 전달하는 파발 등이 있었다. 이러한 방법은 시간이 많이 걸리고 소식을 자세하게 전하기 어려웠으며, 먼 곳에 있는 사람과 자주 연락을 주고받기 어려웠다.

오늘날 의사소통 수단은 전기를 이용한 신호를 주로 이용하며, 종류로는 유선 전화, 휴대 전화, 팩시밀리, 전자 우편, 우편 등이 있다. 이러한 의사소통 수단의 발달로 옛날에 비하여 보다 편리하고 빠르게 멀리 있는 사람과 소식이나 정보를 주고받을 수 있게 되었다. 또한 생활에 필요한 정보를 쉽게 얻을 수 있고, 시장에 직접 가지 않고도 물건을 사거나 회사에 가지 않고도 집에서 일을 할 수도 있게 되었다.

봉수제는 뭘까?

봉수제는 밤에는 횃불, 낮에는 연기를 피워 국가의 긴급한 사태를 연락하던 옛날의 의사소통 수단이다. 고려 의종 때에 봉수식을 가진 것에서 시작되었고, 조선 시대에는 국가 제도로 채택하여 전국에 있는 주요 산의 정상에 봉수대를 설치하여 서울의 목멱산(오늘날의 남산)에 이르도록 편성되었다.

봉수는 옛날 의사소통 수단 중에서 가장 빠른 것이었는데, 한양까지 12시간 안에 소식을 전할 수 있었다고 한다.

의사소통 수단의 발달에 따른 사회 변화

의사소통 수단의 발달은 우리의 일상생활에 많은 변화를 가져왔다. 휴대 전화나 인터넷, 텔레비전을 통해 집에 가만히 앉아 물건을 사고팔 수 있게 되었고, 다른 나라에서 일어나는 일들도 생생하게 볼 수 있게 되었다. 또한 정치, 경제에도 변화를 가져왔다. 정보가 중요해지면서 좋은 정보와 아이디어로 돈을 버는 사람들이 많아지고, 인터넷을 통해 정치에 참여하기도 한다. 시민들은 인터넷을 통해 서로 의견을 나누고 토론하며, 때로는 적극적인 행동에 나서기도 한다.

개념쌤의 1분 특강

과학 기술의 발달로 인하여 의사소통 수단 또한 과거에 비해 크게 변화하고 있어. 그리고 의사소통 수단의 발달은 우리 사회 전반의 변화로 이어지고 있어.

37 정보화

- 정보를 중심으로 사회나 경제가 운영되고 발전되어 가는 것.
- 농작물을 재배하거나 물건을 만들어 팔아야 하던 시대에서 이제는 정보의 활용이 중요한 시대가 되었다.

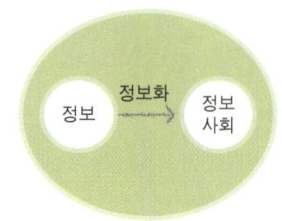

정보화와 정보 사회의 의미

모든 자료가 정보가 되는 것이 아니라 여러 사실이나 자료 중 목적에 맞게 가공된 것들이 정보이다.

정보는 모든 분야에서 매우 중요하다. 기업에서는 물건을 팔아 더 많은 이익을 얻으려면 사람들이 어떤 물건을 원하는지 알아야 하고, 정부에서 나랏일을 할 때에도 국민들이 원하는 것이 무엇인지에 대한 정보가 필요하다.

이렇게 정보가 산업과 사회 발전의 중심이 되어 가는 것을 정보화라고 하고, 그런 사회를 정보 사회라고 한다.

정보 사회의 특징

정보 사회에서는 정보를 충분히 활용하여 생활의 문제를 해결할 수 있다. 과거 산업 사회에서는 정보를 수집하여 활용하는 데 여러 가지 불편한 점이 있어 시행착오를 많이 겪어야 했다. 하지만 정보 사회에서는 다양한 과학 기술과 정보 통신 기술을 바탕으로 정보와 지식을 충분히 수집·활용함으로써 시행착오를 최소화할 수 있게 되었다. 예를 들어, 여행을 가려고 할 때 산업 사회에서는 책이나 다녀온 사람, 라디오나 텔레비전, 신문 등을 이용하여 정보를 수집해야 했고 여행 도중에 필요한 정보는 현지 사람들에게 물어보아야 했다. 하지만 정보 사회에서는 인터넷을 통해 다양한 정보를 쉽게 수집하고, 여행을 다녀온 사람들의 소감까지 블로그 등을 통해 미리 알 수 있다. 또 여행 도중 필요한 정보는 스마트폰을 이용해 직접 알아볼 수 있다.

정보 활용 능력이란?

오늘날에는 정보가 중요해진 만큼 정보의 양도 무척 많아졌다. 그래서 중요해진 것이 바로 정보 활용 능력이다.

정보 활용 능력은 수많은 정보들 중에서 나에게 꼭 필요한 정보를 빠르게 찾아서 알맞게 이용하는 능력을 말한다. 정보 활용 능력이 부족하면 아무리 정보가 많아도 제대로 쓸 수가 없다.

사회 변화

농경 사회 → 산업 사회 → 정보 사회

37 정보화

정보화의 좋은 점과 나쁜 점

정보화로 인하여 우리의 생활은 매우 편리해졌다. 필요한 정보나 소식을 인터넷을 통해 주고받을 수 있게 되면서 교육, 인터넷 뱅킹, 상거래, 여가 활동 등에 다양하게 활용되고 있다. 무선 인터넷 기술을 이용하면 언제 어디서나 필요한 정보를 얻거나 소식을 주고받을 수도 있다.

또한 다양한 사람들이 가상공간에서 서로 관계를 맺으며 의사소통을 할 수 있다. 처음에는 사람들 대부분이 인터넷에 있는 정보를 이용하는 수준에 머물렀으나 차츰 자신이 만든 정보를 다른 사람들과 공유하고, 이러한 정보에 관심이 있는 사람들과 인터넷 또는 스마트폰을 통해 의견을 나누게 되었다.

하지만 수많은 정보들 중에는 사람들에게 해가 되는 나쁜 정보나 거짓 정보도 있으며 크래킹, 개인 정보 유출과 같은 문제가 발생하거나 인터넷 게임에 중독되기도 한다. 따라서 정보를 수집할 때 바른 정보를 선택하여 활용하는 지혜가 필요하며, 인터넷 게임에 중독되지 않게 적절히 정보 기기(컴퓨터)를 노력이 필요하다. 특히, 개인 정보는 범죄에 악용되기도 하므로 유출되지 않도록 주의해야 한다.

정보를 전달하는 방법은 어떻게 변했을까?

종이와 문자가 없었던 시절에는 정보를 주로 말로 전달하였다. 그 후 문자와 종이가 발명되고 인쇄 기술이 발달하면서 책은 아주 중요한 정보 전달 방법이 되었다. 오늘날에는 과학 기술과 정보 통신 기술이 발달하여 인터넷을 비롯한 다양한 방법으로 정보를 전달하고 있다.

정보화로 인해 우리 생활이 편리해지고 의견 교환이 쉬워졌다.

인터넷 중독이나 개인 정보 유출 등 정보화로 인해 나빠진 것도 있다.

소셜 네트워크 서비스(Social Networking Service)

요즘은 인터넷 시대를 넘어 소셜 네트워크 서비스 시대이다. 소셜 네트워크 서비스란 인터넷에서 이용자들이 인적 네트워크(연결망)를 형성할 수 있게 하는 서비스를 말하며, SNS라고도 부른다(우리말로 순화하여 '누리 소통망 서비스'라고도 한다.). 처음에는 사람들을 모아놓고 대화를 하거나 특정 주제에 관심이 있는 사람들끼리 모여 정보를 공유하는 정도였으나 이제는 개인이 중심이 되어 자신의 관심사와 개성을 공유하며 수천만 명의 서비스 사용자를 모을 수 있는 SNS들이 제공되면서 비즈니스와 각종 정보 공유를 위한 생산적 용도로 활용되고 있다. 스마트폰이 보급되면서 급속도로 성장하고 있다.

개념쌤의 1분 특강

우리나라는 지식과 정보가 부가가치 창출의 중심이 되는 정보 사회로 변화하고 있는데, 이러한 과정을 정보화라고 하는 거야.

38 저작권 문제

- 창작물에 대하여 저작자가 갖는 배타적·독점적 권리.
- 저작권은 보호되어야 하므로 다른 사람의 저작물을 불법으로 사용해서는 안 된다.

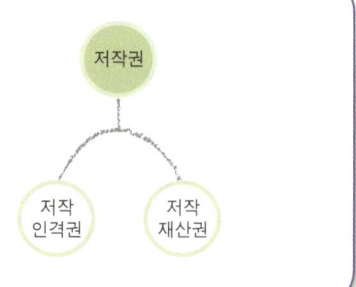

저작권의 의미와 종류

저작권이란 시, 소설, 음악, 미술, 영화, 연극, 컴퓨터 프로그램 등과 같은 저작물에 대하여 창작자가 가지는 권리를 말한다. 예를 들어, 소설가가 소설 작품을 창작한 경우 그 소설을 책으로 출판하거나 영화나 번역물 등 다른 형태로 제작할 수 있는 권리, 연극으로 공연할 수 있는 권리, 방송물로 만들어 방송할 수 있는 권리 등 그 소설과 관련된 모든 권리를 저작권이라고 하고, 이러한 권리는 창작자가 가진다.

저작권은 크게 저작 인격권과 저작 재산권으로 나눈다. 저작 인격권은 정신적인 노력의 산물로 만들어 낸 저작물에 대해 저작자가 인격적으로 갖는 권리로, 이는 다른 사람에게 양도되거나 상속되지 않는 저작자에게만 인정되는 권리이다. 저작 재산권은 저작자가 자신이 만든 저작물을 다양한 방식으로 이용함으로써 재산적 이익을 얻을 수 있는 권리로, 이는 다른 사람에게 양도하거나 상속될 수도 있는 권리이다.

저작권 침해

음악 파일 불법 다운로드, 영화 불법 다운로드, 인기 있는 책 복사, 자신의 블로그에 다른 사람이 찍은 사진이나 동영상을 올려놓는 것 등은 모두 저작권을 침해하는 행위이다. 이는 저작권자에게 경제적인 피해를 줄 수 있으므로 해서는 안 된다. 만일 어떤 사람이 허락을 받지 않고 타인의 저작물을 사용한다면 저작권자는 무단으로 사용한 그 사람에게 손해 배상을 청구할 수 있고, 형사상 처벌을 요구할 수도 있다.

저작물 보호 기간은?

대부분의 저작물들은, 비록 저작자 개인이 창작해 낸 것이기는 하지만 선조로부터 이어져 내려온 문화유산을 바탕으로 만들어지고, 그리고 그렇게 만들어진 저작물도 또다시 문화유산으로 후세에 이어져 새로운 저작물 창작과 문화 발전의 바탕이 된다. 그렇기 때문에 기존의 저작물들을 이용하여 더욱 훌륭한 저작물을 창작하고 문화를 발전시킬 수 있도록 하기 위해 저작권법에서는 저작물이 일정한 기간 동안만 보호되도록 하고 있다. 즉, 보호 기간이 지난 저작물은 누구나 자유롭게 이용할 수 있게 하였다.

사람이 저작자인 경우, 저작권은 저작물을 창작한 때로부터 시작되어 저작자가 살아있는 동안과 죽은 다음해부터 70년 동안 보호된다.

개념쌤의 1분 특강

저작권은 창작자가 가지는 고유의 권리로 동의없이 그 권리를 무단으로 침해해서는 안 되며, 침해할 경우 처벌을 받게 되는 거야.

39 통일

- 나누어진 것들을 합쳐서 하나의 조직 체계로 모이게 함.
- 남북 통일은 남한과 북한으로 갈려 있는 우리 국토와 겨레가 하나가 되는 일이다.

분단

우리나라는 오랜 세월 동안 한반도에서 한민족으로 살아왔으나 1945년 8월 15일 광복 이후, 북위 38도선을 기준으로 북쪽은 구 소련이, 남쪽은 미국이 들어와 개입하면서 한반도가 남과 북으로 나뉘게 되었다. 그리고 하나로 통합되지 못하고 남측은 자유 민주주의를, 북측은 사회주의를 내세우면서 각각 나라를 세우게 되었고, 1950년 6월 25일 새벽에 북한이 남한을 침입하면서 전쟁이 일어났다. 6·25 전쟁은 많은 사람들이 죽거나 다치고 국토가 파괴되고 서로의 마음에 상처를 남긴 채 1953년 7월 휴전 협정을 맺으면서 끝이 났으나, 지금까지도 휴전선을 경계로 남과 북으로 분단되어 있다.

통일은 왜 해야 하는 걸까?

우선 우리 민족이 전쟁의 공포에서 벗어나 안심하고 살기 위해서이다. 엄청난 국방비의 낭비를 막아 국가를 더 발전시킬 수도 있다. 남북한 경제의 통합은 새로운 발전의 계기가 될 것이다. 또, 반만년 동안 이어 온 한민족의 역사를 이어 가기 위해서도 통일은 꼭 필요하다. 마지막으로, 지구촌 최후의 분단국가라는 오명을 벗고 세계 평화에 기여하기 위해서도 통일을 해야 한다. 물론 통일은 반드시 평화적인 방법으로 이루어져야 한다.

통일을 위한 노력

남북 분단으로 인하여 가족들이 흩어지면서 지금까지도 만나지 못하는 아픔을 겪고 있는 이산가족이 많다. 이들의 아픔을 조금이나마 달래기 위해 이산가족 상봉 행사를 꾸준히 열고 있다.

축구 등 남북 단일팀을 만들어서 세계 대회에 참가하기도 하고, 함께 응원을 펼치기도 한다. 또한 남북이 합동해서 애니메이션을 만들거나 공연을 하는 등 체육과 문화 분야에서 교류가 활발히 이루어지고 있다.

남한의 기술력과 자본, 북한의 노동력과 자원을 결합하고자 개성 공단을 만들어 협력하고 있다. 통일을 위해서는 남북한 협력을 통해 서로의 경제를 튼튼하게 할 필요가 있다.

2000년 6월, 분단된 이래로 처음 남한과 북한의 정상이 만나 회담을 하고 6·15 남북 공동 선언을 발표하였다. 통일을 위해서는 이렇게 서로 만나 대화하는 것이 필요하다.

경제 협력

정상 회담

개념샘의 1분 특강

우리나라는 전 세계에서 유일한 분단국가로, 본래 한 국가였어.

40 세계화

- 세계 여러 나라가 서로 영향을 주고받으면서 교류가 많아지는 현상.
- 세계화는 국가 간 자유로운 교류로 경제가 성장하는 등 좋은 면도 있지만 무역 분쟁, 약소국의 피해와 같은 나쁜 면도 있다.

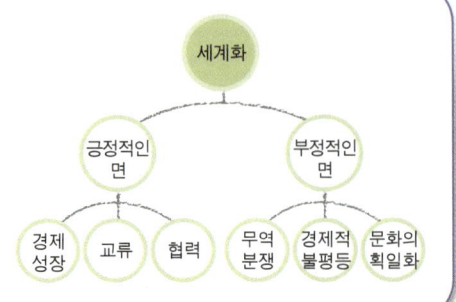

세계화의 의미

세계화란 세계가 점점 더 가까워지면서 이전보다 훨씬 더 많은 영향을 서로 주고받게 되는 변화를 일컫는 말이다. 과학 기술과 교통·통신의 발달로 지구가 하나의 마을처럼 가까워지면서 세계화의 속도가 점점 빨라지고 있다.

세계화는 다양한 분야에서 일어나고 있다. 먼저, 경제적인 면에서 나라 간에 물건을 사고파는 무역이 자유로워졌다. 다른 나라에서 만든 물건을 쉽게 사서 쓸 수 있게 되었고 우리가 만든 물건도 외국에서 쉽게 볼 수 있게 되었다. 물건뿐만 아니라 문화도 교류되면서 우리의 전통문화나 대중문화가 세계 여러 나라에 영향을 미치고, 다른 나라의 문화들이 우리나라에도 영향을 미친다. 또한 이러한 영향으로 새로운 문화가 만들어지기도 한다. 정치적인 면에서도 세계화가 진행되고 있다. 전쟁, 기아, 질병, 지구 온난화 등과 같이 한 국가의 힘만으로는 해결할 수 없는 문제에 대하여 세계 여러 나라가 함께 해결책을 세우고 활동하고 있다.

교통, 통신의 발달은 세계를 더욱 가깝게 했다.

세계에서 활약하는 한국인은?

세계화 시대가 되면서 세계를 무대로 활동하는 한국인도 많아졌다. 조수미, 강수진 등 다양한 예술 분야에서 이름을 빛내고 있고, 김연아 등 스포츠 분야에서도 한국인의 끈기와 투지를 널리 알리고 있다. 또 반기문 UN 사무총장처럼 국제기구의 책임자가 된 사람도 있고, 과학 분야에서 연구를 통해 학문적 업적을 이룬 경우도 많다.

이처럼 한국인들이 이름을 떨칠수록 우리나라의 위상은 높아지고 있다.

세계화의 모습

세계화로 인해 다른 나라의 물건을 쉽게 만날 수 있고, 유행이나 문화도 함께 즐길 수 있게 되었다.

무역 교류가 나라 간 문화에도 영향을 준다.

세계화의 긍정적인 면

세계화로 인해 국가 간의 자유로운 경제 활동이 활발해지면서 경제 성장이 빨라지고, 활발한 문화 교류로 다양한 문화를 접할 수 있게 되었다. 또, 지구 온난화 같은 환경 문제, 전쟁과 같은 국제 정치 문제를 해결하기 위해 여러 나라들이 함께 협력하고 노력하는 등 긍정적인 면이 많다. 특히, 우리나라의 경우 인구에 비해 땅이 그리 넓지 않으나 세계화 시대가 되면서 우리 국토의 범위를 넘어 활동 영역을 넓혀 갈 수 있게 되었다.

세계화의 문제점을 해결하려면?

세계 여러 나라들이 동등한 입장에서 교류할 수 있어야 한다. 또 세계화의 이익을 모두가 누릴 수 있도록 하는 것도 중요하다.
나아가 세계화가 다양한 문화를 발전시키는 통로가 되기 위해서는 여러 나라의 문화를 차별 없이 소개하고 열린 마음으로 각 문화의 특성을 인정할 수 있어야 한다.

경제적인 이익이 늘어날 수 있다.

여러 가지 문제를 해결하기 위해 함께 노력할 수 있다.

세계화의 부정적인 면

세계화로 인해 국가 간에 사람, 물건, 문화, 정보, 돈의 이동과 흐름이 자유로워지면서 문제점도 발생하고 있다.
경제적으로 무역 분쟁이 발생하기도 하고, 어느 한 나라의 경제 위기가 다른 여러 나라의 경제에 악영향을 미치기도 한다. 또 경제적 이익이 모든 나라에 공평하게 돌아가지 않기도 한다. 세계 경제를 강대국이 주도하면서 강대국은 더욱 부강해지는 반면 약소국은 발전이 더디거나 불이익을 겪기도 한다.
문화적으로 세계화는 선진국의 문화를 일방적으로 전달하는 수단이 되는 경우도 있고, 외국 문화를 무분별하게 받아들이면서 자국의 전통문화에 대한 관심이 부족해지거나 외면하는 경우도 있다. 정치적으로는 세계 문제를 해결하는 데 있어 강대국의 입장이 강하게 작용하는 문제점이 있다.

세계화의 이익이 공평하게 돌아가지 않는 경우도 있다.

개념쌤의 1분 특강

세계화는 국가 간의 장벽이 약화되어 전 세계가 하나의 국가와 같이 상호 관계를 맺는 현상으로, 경제 성장이 촉진될 수 있으나 경제적 양극화가 심화될 수도 있어.

41 지구촌 문제

- 지구촌은 지구 전체를 한 마을처럼 여겨 이르는 말.
- 지구촌 곳곳에서 분쟁이 일어나고 있으며 환경 문제, 빈부의 격차, 기아 등으로 고통 받는 사람들이 많이 있다.

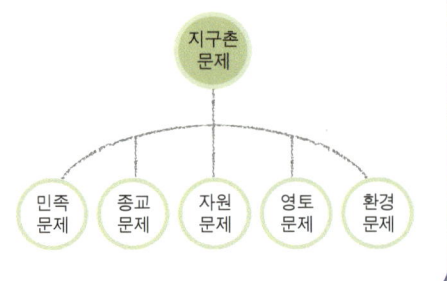

각종 분쟁과 환경 문제

오늘날 지구촌에서는 분쟁이 끊임없이 발생하고 있는데, 이러한 분쟁들의 주요한 원인은 민족 문제, 종교 문제, 영토 문제, 그리고 자원 문제 등이다. 갈등이 심해지면 전쟁이 일어나기도 한다. 전쟁이 일어나면 많은 사람들이 죽거나 다치고, 공장이나 도로 등이 부서져 경제적으로 큰 피해를 입으며, 전쟁에 사용된 무기 때문에 자연환경이 오염되기도 한다. 그리고 전쟁이 끝난 뒤 파괴된 도시를 다시 세우는 데 많은 비용과 노력이 들며, 전쟁 중에 묻어놓은 지뢰로 인한 폭발 사고가 발생하기도 한다.

지구 온난화가 심해짐에 따라 빙하가 녹아서 해수면이 상승하고, 기상 이변이 일어나 지구촌 곳곳에서 그 피해가 커지고 있다. 또 사막화가 진행되는 곳이 늘어나고, 마실 물도 부족해지고 있다.

가난한 나라의 우리 또래 친구들은 어떻게 살고 있을까?

가난으로 인한 가장 큰 피해자는 바로 어린이들이다. 식량이 부족해서 제대로 먹지 못하고 심지어 굶어 죽는 아이들까지 있다. 또 돈이 없어 학교에도 다니지 못하고 아주 어렸을 때부터 일을 해야 하는 경우도 많다.

태어나면서부터 굶주리는 아이들 가운데 약 20% 정도가 다섯 살이 되기 전에 죽고 있으며, 살아 남은 아이들도 충분한 영양을 섭취하지 못하여 병에 걸리기 쉽다. 하지만 병원이나 의사가 없는 데다 간단한 약도 없어 커다란 고통을 겪고 있다.

전쟁은 많은 사람을 죽이고 자연을 파괴한다.

매연 때문에 지구 온난화가 점점 심해지고 있다.

빈부 격차

부유한 나라들은 주로 북반구에, 가난하고 개발이 늦은 나라들은 주로 남반구에 많은데, 이처럼 북반구에 있는 나라들과 남반구에 있는 나라들 간의 경제적 차이가 커지는 것을 '남북 문제'라고 부른다. 남반구에 가난한 나라가 많은 것은 과거 강대국의 지배를 받았던 식민지가 많기 때문이다. 이 나라들은 독립을 한 이후에도 기술력, 자본력이 뒤떨어져 강대국들에게 경제적으로 의지할 수밖에 없었다.

북반구와 남반구의 빈부 격차

41 지구촌 문제

기아

가난한 나라 사람들은 굶주림으로 고통받고 있는데 그 수가 지구의 60억 인구 가운데 12억 명에 달한다. 기아는 전쟁이 오래 계속되어 농사를 지을 수 없거나 가뭄이나 홍수 등 자연재해가 심각할 경우에 생긴다. 지금 아프리카와 아시아의 가난한 나라 사람들이 기아로 커다란 고통을 받고 있으며, 가깝게는 북한에서도 식량난으로 굶주리는 사람이 많아지고 있다.

세계 인구 중 약 12억 명이 굶주림에 시달리고 있다.

문맹

문맹이란 일상생활에 필요한 글을 읽거나 쓰지 못하는 것을 말한다. 교육을 받지 못해 문맹인 사람이 전 세계에 20억 명이 넘는다고 한다. 문맹이 되는 이유는 가난해서 교육을 받을 수 없는 환경 때문인 경우가 대부분이다. 어떤 나라에선 여자는 공부할 필요가 없다고 생각해서 학교에 보내지 않기도 한다. 문제는 가난 때문에 교육을 받지 못해 문맹이 되고, 문맹이라서 좋은 직업을 얻지 못해 더 가난해지는 일이 되풀이된다는 것이다.

전 세계에 글을 읽고 쓰지 못하는 사람이 20억 명이 넘는다.

지구촌 문제 해결을 위한 노력

평화를 위한 노력

전쟁을 없애고 평화로운 세계를 만들기 위해서 '국경없는의사회' 등 많은 단체들이 노력하고 있다. 국경없는의사회 외에 많은 단체들이 전쟁을 완전히 없애기 위하여 다양한 노력을 하고 있다.

환경 보호를 위한 노력

환경 파괴를 막고 생태계를 보전하기 위해 '그린피스(Green Peace)'와 같은 국제 환경 단체들이 활동하고 있다. 국제연합에서는 1972년 국제연합환경계획(UNEP)을 만들어 환경 분야에서 국제적인 협력을 이끌어내기 위해 노력하고 있다.

가난한 사람들을 위한 노력

'유니세프(UNICEF)'라고도 부르는 국제연합아동기금에서는 사랑의 동전 모으기 운동을 통해 굶주리는 어린이들을 돕고 있다.

우리나라는 지구촌 문제를 해결하기 위해 어떤 노력을 하고 있을까?

우리나라도 지구촌 문제의 해결을 위해 여러 가지로 노력하고 있다. 전쟁이나 환경 파괴를 막기 위한 조약에 가입하기도 하고, 한국국제협력단이라는 단체를 만들어 가난한 나라들을 돕고 있다.
한국국제협력단은 경제 발전이 뒤진 개발도상국의 경제 발전을 돕고, 그 나라들과의 관계를 돈독하게 하기 위해 해외 봉사단을 파견하는 등의 활동을 하고 있다.

우리나라도 적극적으로 노력하고 있어.

개념쌤의 1분 특강

지구촌 문제는 어느 한 국가나 개인의 노력으로 해결하기 어렵다는 특징을 가지고 있어. 따라서 모든 국가와 구성원이 함께 노력해야 해결할 수 있어.

42 인권

- 사람으로서 당연히 가지며 누려야 할, 인간답게 살 권리.
- 사람은 누구나 다른 누군가로부터 침해당하지 않을 권리인 천부인권을 가지고 태어난다.

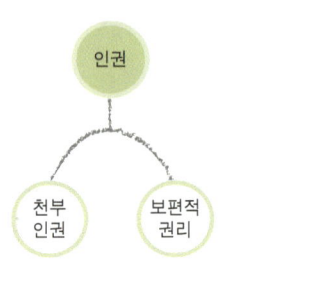

인권의 의미

인권은 인간으로서 당연히 누려야 할 권리를 말한다. 인권은 하늘이 준 권리라는 뜻으로 '천부인권'이라고 한다. 인권은 헌법에 적혀 있기 때문에, 혹은 나라에서 허락했기 때문에 보장되는 것이 아니라 인간이기 때문에 누구에게나 주어지는 것이다. 즉, 가난한 사람이건 부자건, 장애인이건 아니건, 여자건 남자건, 외국인이건 우리나라 사람이건, 사람은 예외 없이 인권을 가지고 있는 것이다.

인권에는 자유로울 권리, 차별받지 않을 권리, 일할 권리 등이 포함되어 있다. 만약 이런 인권들이 보장받지 못한다면 진정한 민주주의를 이루기가 힘들 것이다. 왜냐하면 민주주의는 인간의 존엄성을 지키는 것을 목적으로 하기 때문이다.

하지만 우리 주변을 돌아보면 아직도 인종이나 성별, 장애 등을 이유로 인권을 침해받는 경우가 많이 있다. 인권을 침해받고 있는 사람들은 주로 여성, 아동, 장애인 등 힘이 약하거나 권리에 대해 잘 몰라 스스로를 지키기 어려운 사회적 약자들이다.

세계 인권 선언

제2차 세계 대전을 전후로 인간의 존엄성이 무시되는 일이 많아지자 국제연합은 1948년 '세계 인권 선언'을 선포하면서 인권을 인류가 추구해야 할 보편적인 권리로 채택하였다.

세계 인권 선언은 자유에 대한 권리, 생존과 관련된 권리, 사회 보장에 대한 권리, 노동자의 권리 등에 관해서 자세히 규정하고 있다.

살색일까? 살구색일까?

얼마 전까지만 하더라도 "사람의 얼굴은 무슨 색으로 칠해야 할까?"라는 질문의 대답은 "살색이요."였다. 하지만 '살색'은 인종 차별적인 단어이다. 왜냐하면 백인이나 흑인, 동남아인들의 피부는 우리가 흔히 말하는 살색이 아니기 때문이다. 2001년 국가 인권 위원회는 인종 차별이라는 한 시민의 청원을 받아들여, '살색'이란 색 이름을 바꿀 것을 권고하여 2002년 한국기술표준원은 '연주황'으로 바꿨으나 2004년 초·중등학생 11명이 연주황의 이름을 쉬운 한글로 바꿔달라는 진정서를 제출하여, 2005년 다시 살구색으로 이름이 바뀌었다.

어린이·청소년에 관한 권리 조약

사회적 약자인 어린이·청소년들에 대한 유엔 권리 조약은 1989년 채택되어 1990년에 발효되었다. 이 조약은 어린이와 청소년의 인권을 보호하기 위해 만든 세계적 기준이다. 이 조약은 어린이를 인종이나 성별을 이유로 차별해서는 안 되고, 모든 어린이에게 표현의 자유, 양심의 자유, 휴식을 취할 권리 등이 있다는 내용을 포함하고 있다.

사람에게는 누구나 인간으로서 당연히 누려야 할 인권이 있다.

우리 주변의 인권 문제

말로는 모든 사람의 인권이 소중하다고 하면서도 실제로는 인권이 침해되는 경우가 자주 발생한다. 먼저 장애인의 인권 문제를 생각해 볼 수 있다. 우리 주변을 보면 장애인들이 취직을 하는 데 곤란을 겪거나 장애인을 위한 시설이 부족해 자유롭게 이동하지 못하거나 각종 시설을 이용하기 어려운 경우가 많다. 심지어 학교나 대중교통에도 장애인을 위한 시설이 마련되어 있지 않은 경우가 많다.

외국인 근로자의 인권 문제도 있다. 다른 나라 사람이라는 이유로, 혹은 피부색이 다르다는 이유로 외국인 근로자들을 무시하거나, 일만 시키고 월급을 주지 않는 경우가 있다. 이 외에도 가난한 사람들이나 여성들이 사회에서 차별 대우를 받는 경우도 많다.

인권을 지키기 위한 노력들

우리나라에는 인권을 지키기 위해 노력하는 여러 단체들이 있다. 국가기관인 국가인권위원회가 있고, 시민 단체인 인권운동사랑방, 장애우권익문제연구소 등이 있다.

전 세계적으로는 국제연합이 세계 인권 선언을 통해 모든 인간의 권리를 인정했다. 국제 엠네스티에서는 인권 침해 사례를 전 세계에 알려 인권 침해를 중단시키는 일을 하고 있다. 그 밖에도 세계 곳곳에서 뜻을 같이하는 시민 단체들이 불법 처형, 고문, 양심수 등의 문제에 관심을 갖고 활동 중에 있다.

어린이의 인권을 보호하는 단체에는 어떤 곳이 있을까?

어린이들은 나이가 어리고 어른에 비해 힘이 약하다는 이유로 인권이 무시되는 경우가 많았다. 그래서 어린이의 인권을 보호하기 위한 특별한 노력들이 있어 왔다.

어린이의 인권 보호 단체인 '세이브 더 칠드런(Save the Children)'은 이름 그대로 '아이들을 구하라'라는 뜻을 실천하고 있다. 이 단체는 세계 모든 어린이들의 권리를 보호하기 위해 만들어졌다. 1919년에 설립된 이후, 우리나라를 포함해 전 세계 28개 회원국이 가난과 질병, 학대로 고통 받는 아이들을 위해 활동하고 있는 중이다.

차별없는 평등한 사회를 만들기 위해 노력하고 있다.

개념쌤의 1분 특강

인권 보호를 위해 무엇보다 중요한 것은 모든 사람의 인권을 소중하게 여기는 마음가짐이라는 것을 잊지 매!

43 인종 차별

- 사람들을 여러 인종으로 나누고, 특정한 인종에게 불이익을 주는 것.
- 피부색이 나와 다르다는 것을 인정하고 이해하는 마음을 가질 때 인종 차별 문제는 없어질 것이다.

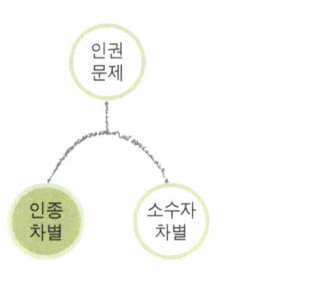

인종 차별의 의미와 사례

인종 차별은 인종에 대한 편견으로 특정한 인종에 대하여 차별하는 태도를 말한다. 자신과 다른 인종의 사람들은 자신들보다 못하다고 생각하는 편견이 의식이나 무의식 가운데 나타난 것으로 볼 수 있다. 그래서 사람을 인종으로 나누고, 특정 인종에 대하여 불이익을 주게 되는 것이다.

1800년대 미국에서는 백인들이 인디언들과 노예로 유입된 흑인들, 유색인종들까지 학대하고 차별하는 노예 제도가 있었다. 이 노예 제도는 1863년 링컨 대통령의 노예 해방 선언으로 폐지되었으나, 흑백 분리 정책은 계속되었다. 1960년대에는 미국 흑인 인권 운동의 절정기였으며, 마틴 루터킹 목사나 맬컴 리틀 같은 운동가들이 흑백평등을 주장했다.

남아프리카공화국에서는 1948년부터 1994년까지 모든 사람을 4가지 인종 등급으로 나누고, 인종에 따라 사는 곳도 다르게 하고 출입할 수 있는 곳도 구분하는 등 백인들 위주의 인종 차별 정책을 썼다. 1994년 넬슨 만델라 대통령이 당선되면서 인종 차별 정책이 폐지되었다.

독일의 히틀러는 세계 제일의 민족이 독일 민족(게르만 민족)이라고 주장하며, 유대인 등 다른 민족에 대한 인종 차별 정책을 펼쳤다. 그 결과 너무나 많은 사람들이 죽거나 고통받았다.

평등한 사회를 위해! 마틴 루터 킹

1955년 미국의 어느 마을, 버스 안에서 큰 소동이 벌어졌다. 경찰이 백인들만 앉을 수 있는 자리에 앉았다는 이유로 한 흑인 여성을 체포한 것이다. 당시에 미국은 인종 차별이 아주 심해서 버스 좌석까지도 따로 구분했다.

이 일이 있은 뒤 흑인들은 평등한 권리를 찾기 위해 운동을 일으켰다. 이 운동을 이끈 대표적인 인물이 마틴 루터 킹 목사다. 인종 차별이 없는 평등한 사회를 위해 노력한 그는 1964년에 노벨 평화상을 받았지만, 1968년에 암살당했다.

인종 차별에 대한 대책

오늘날, 세계는 다민족·다문화 사회에 접어들었기 때문에 나와 다른 것을 인정하고 이해해야 하는 시대가 왔다. 그래서 다른 문화와 인종에 대해 개방적이고 이해하는 마음으로 그 문화를 함께 나눌 수 있도록 하는 다문화 교육을 강화하고 있다. 미국이나 유럽의 백인들에게는 상당히 우호적인 반면 동남아시아 인이나 흑인들을 멸시하는 이중적 잣대를 버려야 하며, 인종 차별을 금지하는 법률을 마련해야 한다.

> **개념쌤의 1분 특강**
>
> 인종에 따라 피부색이 달라. 하지만 피부색은 신체적인 특징일 뿐, 모두 똑같은 사람이야.

44 비정부 기구

- 정부와 관련 없는 민간 주도로 조직된 자발적인 비영리 시민 단체.
- 비정부 기구는 정치, 인권, 환경, 의료 사업 등 많은 분야에서 활동하고 있다.

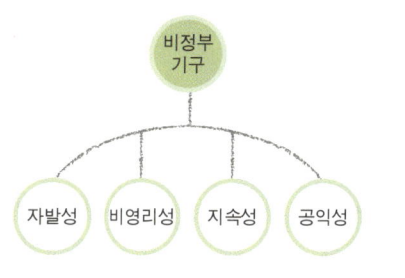

비정부 기구(NGO)

비정부 기구는 정부가 아닌 민간(일반 사람들)이 설립하고 운영하는 조직이며 이윤을 추구하지 않는다. 따라서 외부의 압력을 받지 않고 스스로 자신들의 운명을 결정하고 활동할 수 있는 자치 조직이다. 또한 비정부 기구는 시민들의 자발적인 참여를 기반으로 만들어진 조직이며 지속성이 있는 조직이다.

비정부 기구는 전체 사회의 편익 증진이나 공공 가치를 궁극적인 목표로 삼는다. 즉, 공익을 추구하는 단체이다. 그래서 인권, 환경, 보건, 빈곤 추방, 부패 방지, 성차별 철폐 등 다양한 목적을 위해 활동한다.

왜 NGO라고 할까?

시민 단체는 정부와 관련 없는 기구라는 뜻에서 비정부 기구라고 하고, 영문으로 NGO(Non-Government Organization)라고 쓴다. 또한 시민 사회 단체라는 뜻에서 CSO(Civil Society Organization)라고 부르기도 한다.

대표적 비정부 기구

국경없는의사회

국경없는의사회는 전쟁이나 자연재해 등으로 고통받는 사람들을 돕는 활동을 하고 있다. 이들은 전쟁을 완전히 없애려면 서로 다른 민족 간의 문화나 전통을 이해하고 조화를 이루어야 한다고 보고 노력하고 있다.

그린피스

그린피스는 환경 파괴를 막고 생태계를 보전하기 위해 활동하고 있는 환경 단체이다. 이들은 고래 등 멸종 위기에 처한 동식물에 대하여 사람들에게 알리는 등의 활동으로도 유명하다.

유니세프

아프리카와 아시아의 가난한 나라들이 기아로 커다란 고통을 받고 있는데, 유니세프(국제연합아동기금)에서는 '사랑의 동전 모으기' 행사 등을 통해 기금을 모아 굶주리는 아이들을 돕고 있다.

해비타트

해비타트는 사람의 집짓기 운동을 벌이는 단체이다. 직접 집을 지어 가난한 지역 또는 자연재해로 터전을 잃어버린 곳에 집을 지어 주고 있다.

국제 엠네스티

국제 엠네스티는 전 세계인의 인권을 보호하기 위해 활동하는 단체이다. 특히, 언론의 자유와 종교의 자유에 대한 탄압과 정치적으로 탄압받은 사람들을 구제하기 위해 노력하고 있다.

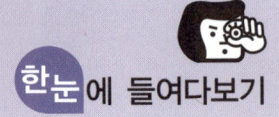

한눈에 들여다보기: 세계의 다양한 문화

지역 사회의 구성원들이 주변 환경과 상호 작용하면서 만들어 낸 공통의 생활 양식 및 행동 양식이 문화이다. 그렇다면 세계의 의식주 문화는 어떻게 다를까?

의복 문화

의복은 기온, 강수량(습도), 일사량 등 그 지역의 기후 환경에 영향을 받는다. 겨울이 매우 추운 냉대, 한대 지역에서는 보온성이 뛰어난 동물의 가죽이나 털로 만든 의복을 입는다. 일교차가 크고 햇볕이 뜨거운 사막에서는 얇은 천으로 만든 온몸을 둘러싸는 옷을 입는다.

또 의복은 종교의 영향을 받기도 한다. 이슬람교의 경전인 쿠란에서는 여성들이 가족 외의 남자에게 얼굴 등을 보여줘서는 안 된다고 나와 있다. 그래서 이슬람교를 믿는 무슬림 여성들은 얼굴이나 몸이 보이지 않도록 히잡, 차도르를 착용한다.

문화권은 보통 산맥, 하천, 사막, 바다 등 자연적 경계로 나뉘며 같은 문화권에 속하는 나라들은 기후, 종교, 민족, 언어 등의 요소에서 통일성이 유지되는 곳이야.

북극의 털옷

사막의 흰옷

차도르

주거 문화

주거 문화는 기후 및 식생과 밀접한 관련이 있다. 주변에서 구하기 쉬운 재료로 집을 짓기 때문이다. 그래서 대륙이 아니고 바다가 얼어 있는 북극 지역에서는 얼음을 블록 모양으로 잘라 쌓아서 만든 이글루를 지어 생활하였고, 몽골, 중앙아시아, 사하라 사막 주변처럼 건조하며 유목 생활을 하는 지역에서는 이동이 편한 천막집을 지어 생활하였다. 핀란드, 캐나다 등과 같이 침엽수림이 발달한 냉대 기후 지역에서는 통나무집을 지어 생활하였고, 히말라야 산간 지역처럼 나무가 자라지 않는 고도가 높은 지역에서는 돌집을 지어 생활하였다.

이글루 · 게르 · 통나무집

음식 문화

음식 문화 역시 기후의 영향을 많이 받는다. 그 지역의 기후에 적합한 농작물을 많이 재배하게 되므로, 이를 이용한 음식 문화가 발달하게 되는 것이다. 벼는 기온이 높고 강수량이 많은 지역에서 잘 자란다. 그래서 여름철이 무덥고 강수량이 많은 아시아 지역에서 벼를 주로 재배하며, 이에 따라 아시아에서는 쌀을 주식으로 하는 식생활 문화가 발달하였다. 밀은 벼에 비해 가뭄과 추위에 강해 재배 지역이 넓다. 그래서 유럽과 북아메리카의 냉온대 지역과 오세아니아 지역에서 많이 재배하며, 이에 따라 빵을 주식으로 하는 식생활 문화가 발달하였다. 고산 지대인 아프리카 동부, 멕시코, 안데스 산지 지역은 감자류(타로, 얌, 카사바 등)와 옥수수를 주식으로 한다. 또 건조 지역에서는 밀과 유제품을, 열대 지역에서는 감자, 카사바, 타로 등을 주식으로 한다.

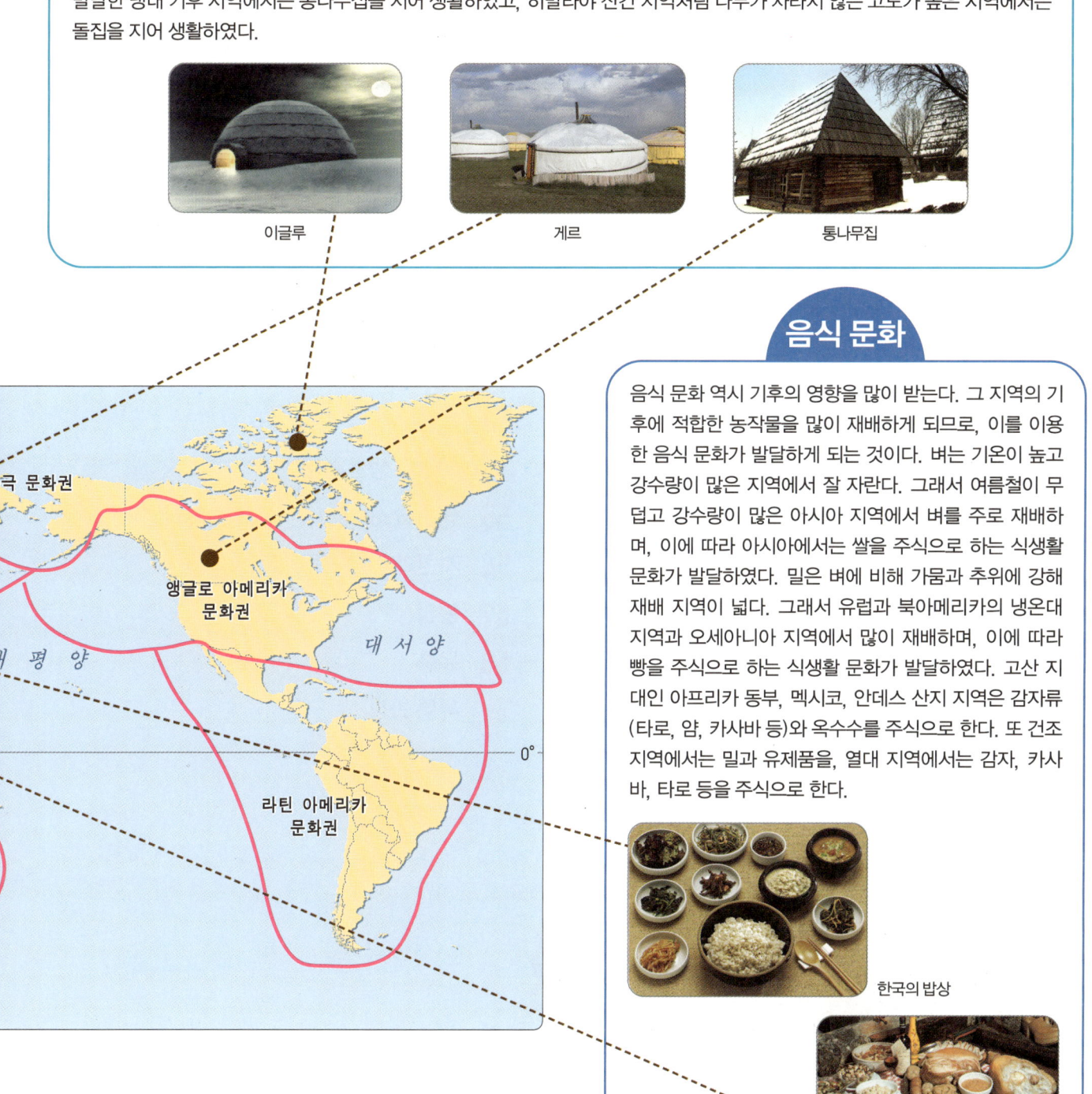

한국의 밥상

유럽의 밥상

초등사회 개념사전 **75**

경제

- 45 경제와 경제 주체
- 46 경제적 선택의 문제
- 47 경제 활동
- 48 돈
- 49 돈의 흐름
- 50 시장
- 51 자유와 경쟁
- 52 수요와 공급
- 53 가격
- 54 생산과 생산 활동
- 55 생산 요소
- 56 자원과 생산 활동
- 57 분업
- 58 유통
- 59 유통 과정

- 60 분배
- 61 직업(일)
- 62 소비
- 63 저축
- 64 소비자 권리
- 65 세금
- 66 공공시설
- 67 금융기관
- 68 예금
- 69 부채와 신용
- 70 주식과 펀드
- 71 보험
- 72 산업
- 73 미래 산업
- 74 국민 경제
- 75 국민 소득
- 76 경제 성장
- 77 인플레이션
- 78 환율
- 79 무역
- 80 우리나라의 무역
- 81 자유 무역
- ● 한눈에 들여다보기

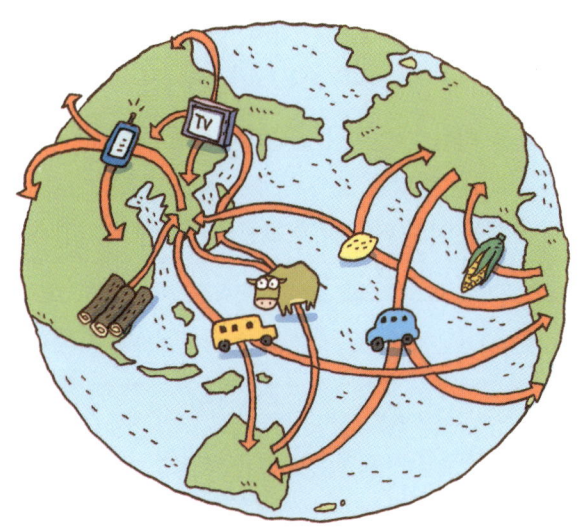

45 경제와 경제 주체

- 생활에 필요한 재화나 서비스를 생산·분배·소비하는 모든 활동이나 사회적 관계.
- 경제 주체는 경제 활동을 하는 개인이나 집단으로, 가계, 기업, 정부가 있다.

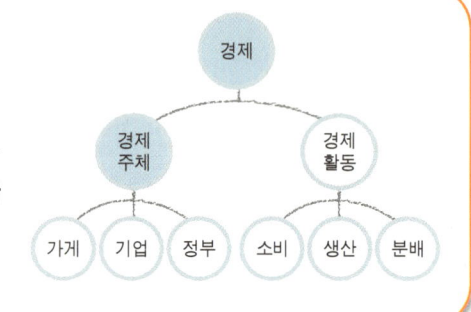

경제의 의미

쌀과 옷, 책처럼 우리가 만질 수 있는 것을 '재화'라고 하고, 의사 선생님의 진찰과 같이 사람들이 만족을 느끼도록 하는 노력을 '서비스'라고 한다. 그리고 인간의 생활에 필요한 재화나 서비스를 만들고 나누고 쓰는 모든 활동을 '경제'라고 하고, 그런 활동을 통틀어 '경제 활동'이라고 한다.

예를 들어, 자동차 공장에서 자동차를 만드는 활동, 만든 자동차를 운반하는 활동, 운반한 자동차를 사는 활동 모두가 경제 활동에 포함된다. 또한 우리가 밥을 먹는 활동, 텔레비전을 보는 활동도 모두 경제 활동이다. 밥을 먹는 활동은 재화를 쓰는 활동이고, 텔레비전을 보는 활동은 서비스를 이용하는 활동이다. 이처럼 경제 활동 중에서 재화를 쓰거나 서비스를 이용하는 활동을 '소비 활동', 만드는 활동을 '생산 활동', 나누는 활동을 '분배 활동'이라고 한다.

가계·기업·정부는 서로 어떻게 관련되어 있을까?

기업과 가계가 정부에 세금을 내면 정부는 그 돈으로 다리도 만들고, 국민들의 안전을 지키기 위해 경찰서도 운영한다. 가계는 기업이 생산 활동을 할 때 일손을 제공한다. 그러면 기업은 대가로 임금을 줘서 가계가 소득을 얻을 수 있도록 한다. 또 기업은 각종 재화와 서비스를 만들고, 가계는 기업에 물건값을 지불하고 그것을 소비한다.

경제 주체

경제 활동을 하는 개인이나 집단을 '경제 주체'라고 하며 가계, 기업, 정부가 있다. 가계는 가정을 경제 활동을 하는 단위로 볼 때 부르는 말이다. 각각의 경제 주체는 서로 다른 경제 활동을 하면서도 가깝게 연결되어 있다.

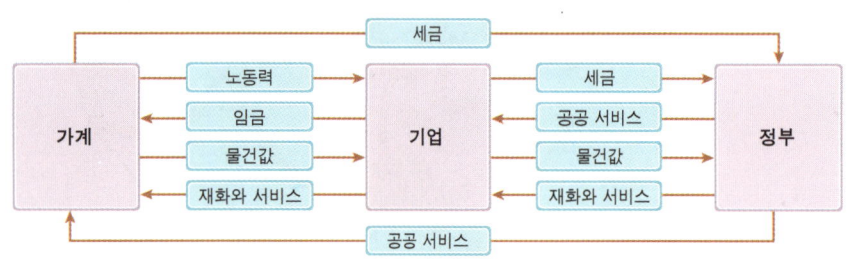

'경제'는 경제 활동뿐 아니라 경제 활동을 둘러싼 모든 질서나 제도를 포함하는 뜻으로 쓰이기도 해.

46 경제적 선택의 문제

- 경제생활을 하면서 겪게 되는 선택의 문제.
- 자원의 희소성 때문에 경제적 선택의 문제가 발생하며, 가장 큰 만족을 얻을 수 있도록 합리적인 선택을 하여야 한다.

경제 문제

경제 문제란 경제 생활을 하면서 겪게 되는 문제를 말한다. 무엇을 얼마나, 어떤 방식으로 만들 것인가, 만든 것을 어떻게 나눌 것인가, 나눈 것을 누구에게 얼마만큼 줄 것인가, 나눠 가진 것을 무엇에 쓸 것인가 등과 같은 것들이 모두 경제 문제이다.

자원의 희소성과 합리적 선택

무언가를 하고 싶어 하거나, 갖고 싶어 하는 마음을 '욕구'라고 한다. 예를 들어, 밥을 먹고 싶거나 게임을 하고 싶은 마음이 바로 욕구인 것이다.

욕구를 만족시키려면 재화와 서비스가 필요하다. 그런데 재화나 서비스를 만드는 데 필요한 자원은 무한정 있는 것은 아니다. 즉, 물건을 만드는 데 필요한 재료나 돈, 사람의 힘 같은 것은 필요한 만큼 계속해서 생겨나지 않는 반면 갖고 싶거나 하고 싶은 마음은 끝이 없다.

이렇게 사람의 욕구에 비해 자원의 양이 한정되어 있는 것을 '자원의 희소성'이라고 하며 자원의 희소성 때문에 선택의 문제가 발생한다.

돈은 조금 밖에 없는데, 차비도 필요하고 게임도 하고 싶다면 어느 것을 하는 데 돈을 쓸지 선택의 문제가 발생한다. 이럴 경우 더 큰 만족을 주는 쪽으로 선택해야 한다. 만약 게임을 해서 얻을 수 있는 만족보다 버스를 타고 집에 갈 때 얻을 수 있는 만족이 크다면, 버스를 타고 집에 가는 것이 합리적인 선택이다. 이렇듯 가지고 있는 자원으로 가장 큰 만족을 얻을 수 있는 합리적 선택을 하여야 한다.

기회비용은 무엇일까?

우리는 매일매일 경제생활을 하면서 수많은 선택을 하고 있다. 때로는 잘못된 선택으로 크게 후회를 하기도 한다. 이렇듯 후회하지 않고 합리적으로 선택하기 위해서는 기회비용이 가장 적게 드는 선택을 하면 된다.

경제생활에서 어느 한 가지를 선택하기 때문에 포기하게 된 것의 가치를 '기회비용'이라고 한다. 포기하게 되는 것이 여러 가지라면 그 중 가치가 가장 큰 것이 기회비용이 된다. 즉 '군것질하기'를 선택하였을 때 '버스를 타고 집에 가는 것'의 가치가 바로 기회비용인 것이다.

내가 가진 돈으로 무엇을 하는 게 합리적인 선택일까? / 버스 타는 것의 만족도가 100이고 게임하는 것의 만족도가 50이라면, / 버스 타고 오길 잘했어. / 에이, 괜히 게임을 했네. / 버스 타는 것을 선택한 아이는 합리적인 선택을 했고, 게임하는 것을 선택한 아이는 합리적인 선택을 하지 못한 것이다.

47 경제 활동

- 재화나 서비스의 생산과 소비, 부(富)의 분배에 관련된 모든 행동.
- 가계는 소비 활동을, 기업은 생산 활동을, 정부는 경제가 잘 돌아가도록 조절하는 활동을 주로 한다.

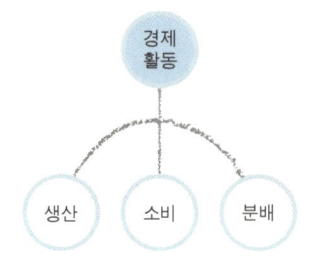

가계의 경제 활동

가계는 가족 모두가 행복하고 만족스러운 삶을 사는 것을 목표로, 주로 소비 중심의 경제 활동을 한다.

가계는 소비를 위해서 소득을 얻고, 소득으로 먹을 것과 입을 것을 사거나 세금을 내며 저축을 하기도 한다. 즉, 가계는 소득을 얻어, 그 소득으로 물건을 사서 쓰거나 저축을 하는 등의 경제 활동을 한다.

가계는 어떻게 소득을 얻을까? 회사에 노동력을 제공하고 그 대가로 임금을 받아 오거나 땅을 빌려주고 그 대가로 임대료를 받을 수도 있다. 또 은행에 돈을 맡겨 그 대가로 이자를 받을 수도 있다.

가계의 소득과 소비

가계는 생산 요소인 노동력, 토지, 자본을 생산 과정에 제공하고 그 대가로 소득을 얻는다.

소득으로 생활에 필요한 것을 사서 쓰거나 저축을 하기도 한다.

가계가 탄탄해야 나라 경제가 탄탄하다고?

가계는 국민 경제의 가장 작은 단위이면서 중요한 출발점이기 때문에 가계가 탄탄하지 않으면 나라의 경제도 어려워지게 된다.

만일 가계가 생산 과정에 참여하지 않는다면 물건을 만들어 내는 등의 기업의 생산 활동에 문제가 생기게 되고, 가계는 소득을 얻지 못하므로 세금을 내거나 물건 등을 살 수 없게 된다. 한마디로 가계가 자기 역할을 제대로 하지 못하면 국민 경제 전체가 원활하게 돌아갈 수 없게 된다.

기업의 경제 활동

기업이 경제 활동을 하는 주된 목적은 이윤(기업이 벌어들인 전체 돈 중에서 생산 활동에 들어간 모든 비용을 빼고 남는 나머지)을 얻는 것으로, 기업은 많은 이윤을 얻기 위해 더 새롭고 좋은 제품을 생산하려고 노력한다.

기업이 하는 가장 중요한 경제 활동은 생산 활동이다. 기업은 생산 활동을 통해 만든 물건을 팔고, 그렇게 벌어들인 돈으로 직원들에게 임금을 주며, 땅이나 건물을 빌린 임대료도 내고, 은행에 빌린 돈과 그 이자도 갚는다. 또 정부에 세금을 내고, 남는 돈으로 새로운 사업에 투자하거나 새로운 공장을 짓기도 한다. 그래서 기업의 생산 활동이 활발해지면 가계의 소득이 늘어나고 정부도 더 많은 세금을 걷을 수 있어 살림살이가 넉넉해지게 된다.

기업의 경제 활동

공장에서 재화를 생산하고 백화점에서 서비스를 생산하는 등 기업은 생산 활동을 통해 이윤을 얻는다.

기업은 여러 가지로 나라의 경제에 중요한 역할을 한다. 먼저 사람들이 필요로 하는 재화와 서비스를 생산하여 이를 가계와 정부에 공급한다. 또 기업은 생산 활동을 하면서 일자리를 만들어 낸다. 그리고 정부에 세금을 냄으로써 정부가 여러 가지 일을 할 수 있게 한다. 이렇게 기업이 열심히 경제 활동을 하는 것은 나라의 경제에 큰 도움이 된다.

정부의 역할은 뭘까?

정부는 경제 주체들이 경제 활동을 하는 데 필요한 도로, 항구, 공항 등 기본적인 시설을 세우고, 경제 활동을 둘러싼 다툼을 중재하는 규칙을 만들며, 여러 경제 주체들이 경제에 관한 규칙을 잘 지키도록 감시하면서 우리 경제가 잘 돌아가도록 조절하는 역할을 한다.

정부의 경제 활동

정부는 국민 생활에 꼭 필요한 일인데 이익을 추구하는 일반 기업에는 맡길 수 없는 일을 한다. 군인을 훈련시켜서 나라를 지키는 일, 경찰을 뽑아서 도둑이나 범죄를 막는 일, 도로·다리·항구를 건설해서 교통을 편리하게 만드는 일, 환경 관련 법을 만들어 환경을 지키는 일, 생활이 어려운 사람을 돕는 일, 장애인을 위한 시설을 만들고 관리하는 일, 전염병을 막는 일, 나라의 경제 성장을 돕는 일 등이 대표적으로 정부에서 하는 일이다.

정부가 만들어 내는 이런 것들을 '공공 서비스'라고 하며, 공공 서비스는 가계와 기업이 낸 세금으로 만들어진다. 즉, 정부는 가계와 기업에게 세금을 거둬들여 공공 서비스를 만드는 데 돈을 쓰는 경제 활동을 한다.

정부의 경제 활동

정부는 세금을 통해 수입을 얻는다.

정부는 세금으로 여러 가지 공공 서비스를 제공한다.

48 돈

- 일정한 가치를 가지고 사람과 사람 사이의 교환을 매개하는 수단.
- 돈은 교환하기 편리한 방향으로 발달하였으며 오늘날에는 화폐의 가치를 전자 기호로 저장한 전자 화폐가 많이 사용되고 있다.

물품 화폐 → 금속 화폐 → 명목 화폐 → 전자 화폐

돈의 역사

먼 옛날에는 물건과 물건을 직접 맞바꾸는 물물 교환을 했다. 물물 교환은 여러 가지 불편한 점이 많았다. 내게 필요한 물건을 가진 사람을 찾기도 힘들었고, 찾았더라도 그 사람이 내가 만든 물건을 필요로 하지 않으면 교환을 할 수가 없었다. 게다가 물건이 무겁거나 잘 상하는 것은 가지고 다니기가 어려웠다. 또 물건의 가치를 따지는 잣대가 서로 다른 경우도 많았다. 예를 들면, 나는 돼지 한 마리와 쌀 두 가마를 바꾸고 싶은데 상대방은 돼지 한 마리와 쌀 한 가마를 바꾸고 싶어 할 경우 교환을 할 수가 없었다. 이와 같은 물물 교환의 불편한 점을 없애기 위해 돈이 등장하게 되었다.

돈의 발달 과정

돈은 오랜 기간 동안 다양한 모습으로 변해 왔다. 처음엔 쌀, 소금, 조개 껍데기 등의 물품 화폐가 있었다. 하지만 물품 화폐도 들고 다니기 불편하고 상하기 쉬운 건 마찬가지였다. 그래서 금이나 은으로 금속 화폐를 만들었다. 뒤이어 오늘날 쓰이는 동전, 지폐, 수표, 신용카드, 전자 화폐 등이 차례로 나타났다. 요즘은 신용카드, 전자 화폐를 많이 사용하면서 동전과 지폐를 사용하는 양이 줄고 있다.

돈이 하는 일은 뭘까?

첫째, 물건과 물건을 교환하도록 중간에서 도와준다.

둘째, 가치를 저장할 수 있도록 도와준다. 오늘 번 돈을 다음에 필요할 때 꺼내 쓸 수 있다.

셋째, 가치를 재는 잣대가 되어 준다. 예를 들면, 과자 한 봉지는 천 원의 가치가 있다는 식으로 물건의 가치를 따질 수 있게 한다.

넷째, 다른 사람의 수고나 도움에 대해서 갚거나 보상할 때 쓸 수 있다.

돈으로 물건값 치르기

물건과 물건 맞바꾸기

신용카드로 물건값 치르기

49 돈의 흐름

- 돈이 경제 활동에 따라 돌고 도는 과정.
- 돈이 발행, 유통, 폐기되는 일생을 살펴보면 우리 경제의 흐름을 한눈에 알 수가 있다.

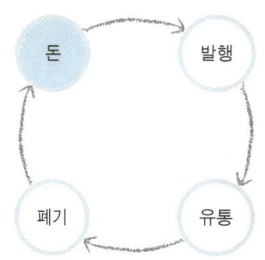

돈의 유통 과정

우리가 현재 가장 많이 쓰고 있는 동전과 지폐는 우리나라의 중앙은행인 한국은행에서 관리한다. 한국은행에선 돈의 모양과 찍어 낼 돈의 양을 결정한다. 그러면 조폐 공사라는 공장에서 돈을 찍어 내고 한국은행에서는 그 돈을 사회로 내보내게 되는데, 이를 '발행' 이라고 한다. 이렇게 발행된 돈을 사람들이 수도 없이 교환하며, 돈은 그 과정에 따라 사람들 사이를 돌고 돌게 된다. 그렇게 돌고 돌다 낡아 버린 돈은 한국은행이 다시 거둬들여 폐기 처분하게 된다. 우리나라 천원짜리 지폐의 평균 수명이 2년 밖에 되지 않는 걸 보면 돈을 좀 더 소중히 다룰 필요가 있다.

모두가 좋아하는 돈, 많이 찍어 내면 어떨까?

돈을 너무 많이 찍어 내면 돌고 도는 돈의 양이 많아지고, 그렇게 되면 돈이 너무 흔해져 돈의 가치가 떨어지게 된다.
돈의 가치가 떨어진다는 의미를 예로 들어 보면, 전에는 천 원에 과자 두 개를 살 수 있었는데 과자를 한 개 밖에 살 수 없게 되는 것을 말한다. 즉, 물가가 올라간다는 의미이다. 물가란 물건의 가격을 평균한 것을 말한다. 제1차 세계 대전이 끝난 후 독일에서는 돈의 가치가 너무 떨어져 이발을 하기 위해서 돈을 손수레에 싣고 가야 하는 웃지 못할 사례도 있었다고 한다.

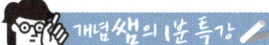

사람들은 수도 없이 교환을 하며 살고 있고, 돈은 그 과정을 따라 사람들 사이를 돌고 돌아. 돈의 흐름이 원활해야 경제가 잘 굴러가!

50 시장

- 물건을 사려는 사람과 팔려는 사람들이 만나서 거래가 이루어지는 장소.
- 시장은 사는 사람과 파는 사람을 연결해 주는 기능, 수요와 공급에 의해 물건값을 정해 주는 기능을 한다.

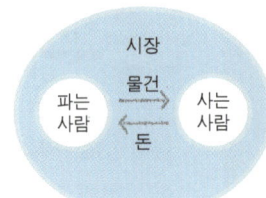

시장의 의미와 기능

먼 옛날 사람들은 살아가는 데 필요한 모든 물건을 스스로 만들거나 자연에서 직접 구해서 썼다. 이런 것을 '자급자족'이라고 한다. 그러다가 각자가 가장 잘 만들 수 있는 것 한두 가지를 만들어 다른 사람과 바꾸어 쓰면 훨씬 더 편하고 풍요로운 생활을 할 수 있다는 사실을 알게 되었다. 이때부터 '물물 교환'이 이루어지기 시작했다. 그런데 내가 원하는 물건을 가지고 있는 사람을 일일이 찾아다니기는 힘든 일이었다. 그래서 정해진 날짜와 정해진 장소에 모여 각자 가지고 있는 물건을 교환하기로 했다. 이렇게 해서 '시장'이 생겨나게 되었다.

시장은 물건을 파는 사람과 사는 사람을 연결해 준다. 시장 때문에 파는 사람은 물건을 팔기 위해 여기저기 헤매고 다니지 않아도 되고, 사는 사람은 질 좋고 다양한 물건들을 한곳에서 손쉽게 구할 수 있게 된다.

또한 시장은 적당한 물건값을 정해 준다. 예를 들어, 고추 농사가 풍년이 들면 공급이 많아지고, 파는 사람 간의 경쟁으로 고추 가격은 사는 사람이 원하는 가격까지 떨어지게 된다.

시장은 어디에 생길까?

시장은 교통이 편리한 곳에 만들어진다. 그래야 물건을 운반하거나 사람들이 찾아오기 쉽기 때문이다. 그래서 주로 기차역이나 지하철역, 버스 정류장 근처에 시장이 생긴다. 옛날에는 왕이나 영주가 사는 성벽 옆에 시장이 열리곤 했다. 기록에 남아 있는 우리나라 최초의 시장도 신라의 임금님이 살던 경주에 있었다.

시장의 발달

요즘은 교통과 통신이 발달하면서 사람들이 북적되는 전통 시장은 쇠퇴해 가고, 인터넷 쇼핑이나 TV 홈쇼핑처럼 아예 일정한 장소가 필요 없는 시장들도 생겨나 인기를 끌고 있다. 또한, 사고파는 상품이 눈에 보이지는 않지만 수요와 공급에 의한 거래가 이루어지는 증권 시장, 외환 시장, 금융 시장도 있다.

개념쌤의 1분 특강

시장은 꼭 땅이 있어야 하는 것은 아니야. 눈에 보이지는 않아도 사고팔 수 있는 곳은 모두 시장이라고 할 수 있어.

51 자유와 경쟁

- 경제적 자유는 직업 선택, 이윤 추구 등의 자유를 인정하는 것.
- 경쟁은 경제적 자유를 인정하고 각자 그 기능을 충분히 발휘하게 하여 서로 자신의 이익을 추구하게 하는 것이다.

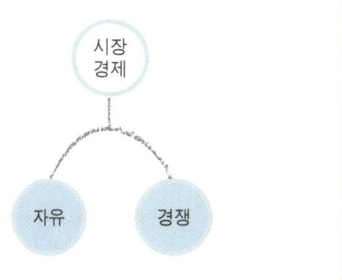

자유와 경쟁의 장단점

우리에게는 만들고, 쓰고, 파는 등의 '경제 활동의 자유'가 있다. 여기서 자유롭다는 말은 누구의 간섭도 받지 않고 내 뜻대로 결정하고 행동한다는 뜻이다. 경제 활동의 자유에는 직업을 선택할 자유, 직업 활동의 자유, 기업 활동의 자유, 소득을 자유롭게 사용할 자유 등이 있다. 물론 경제 활동의 자유가 보장된다고 해서 도둑질할 자유, 환경을 오염시키며 기업 활동을 할 자유까지 보장되는 것은 아니다.

기업은 더 좋은 물건을 만들기 위한 품질 경쟁, 물건을 많이 팔려는 가격 경쟁, 더 친절한 서비스를 하려는 서비스 경쟁, 상품에 대해 널리 알리려는 광고 경쟁 등을 한다. 이렇게 기업들이 경쟁을 하게 되면 소비자는 더 좋은 대접을 받을 수 있고 기업은 더 큰 이익을 남길 수 있게 되며, 나아가 우리나라 전체의 경제도 발전할 수 있게 된다.

그러나 가격 경쟁이 심해지면 기업들이 가격을 낮추기 위해 나쁜 재료를 사용하여 그 물건을 산 소비자들은 피해를 보게 될 수도 있다. 또 광고 경쟁이 심해지면 허위 광고나 과장 광고로 소비자가 피해를 볼 수 있고, 광고를 만드는 비용 때문에 오히려 물건의 가격이 오를 수도 있다.

자유 시장 경제와 사회주의 경제는 뭐가 다를까?

우리나라의 경제 제도는 자유와 경쟁을 원리로 하는 자유 시장 경제 제도이다. 자유 시장 경제 제도 아래에서는 개인이 자기 재산을 가질 수 있고, 자유롭게 경제 활동을 할 수 있다.

반면, 생산한 것을 고르게 나누는 것을 중시하는 사회주의 경제 제도도 있다. 이 경제 제도에서는 개인이 재산을 가지는 것을 인정하지 않는다. 그래서 자유와 경쟁이 없으므로 일할 의욕이 줄어들어 경제에 활기가 사라질 수 있다는 단점이 있다.

52 수요와 공급

- 재화나 서비스를 사려고 하는 욕구와 팔기 위해 시장에 제공하는 일.
- 수요와 공급이 일치하는 상태에서 가격과 거래량이 결정된다는 원리를 수요와 공급의 법칙이라고 한다.

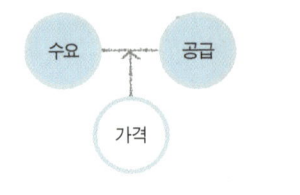

수요와 공급의 의미

수요는 재화나 서비스를 사고자 하는 것을 말한다. 수박을 사고자 하는 것이 수박에 대한 수요이고, 이때 사고자 하는 수박의 양이 수박에 대한 수요량이다. 사람들이 더 많은 수박을 사려고 하면 수박에 대한 수요가 많다고 한다. 반대로 공급은 재화나 서비스를 팔고자 하는 것을 말하고, 팔고자 하는 물건의 양을 공급량이라고 한다. 좀 더 많은 수박을 팔고자 한다면 수박에 대한 공급이 많다고 한다.

수요 곡선과 공급 곡선은 어떨까?

수요 곡선은 왼쪽에서 오른쪽으로 갈수록 아래로 향하는 우하향의 곡선으로 그려진다.

공급 곡선은 왼쪽에서 오른쪽으로 갈수록 위로 향하는 우상향의 곡선으로 그려진다.

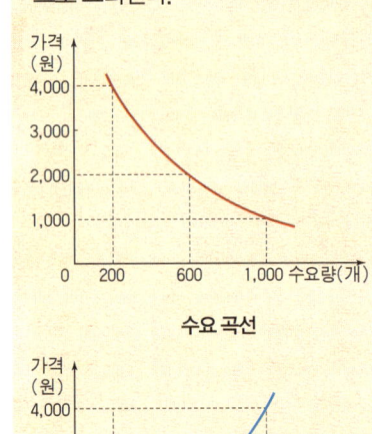

수요 곡선

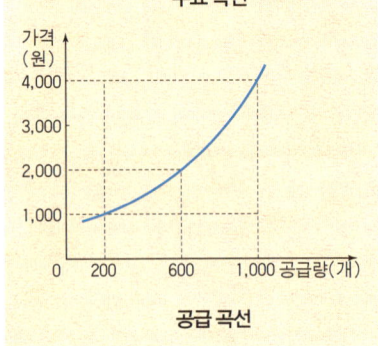

공급 곡선

수요의 법칙

공책 한 권의 가격이 10,000원 이상이라면 아무리 예뻐도 비싸기 때문에 공책을 사지 않을 것이다. 만약 똑같은 공책이 3,000원이면 '한 권은 살 수 있겠다'고 생각할 것이고, 그 공책이 500원이라면 '많이 살 수 있겠는 걸!' 이라고 보통 사람이라면 생각할 것이다.

이와 같이 가격이 높아지면 사고자 하는 양인 수요량이 줄어들고, 가격이 낮아지면 수요량이 늘어나게 된다. 즉, 물건의 가격과 수요량 사이에는 역(逆)의 관계가 성립한다. 이처럼 가격에 따라 수요량이 변화하는 것을 '수요의 법칙'이라고 한다.

공급의 법칙

공책을 파는 사람의 입장에서 보면, 이윤을 많이 남기기 위해 싸게 팔고 싶지 않을 것이다. 따라서 공책 한 권 가격이 비쌀수록 더 많이 팔고 싶어 할 것이다. 이와 같이 가격이 높아지면 팔고자 하는 양인 공급량이 늘어나고, 가격이 낮아지면 공급량이 줄어들게 된다. 즉, 물건의 가격과 공급량 사이에는 정(正)의 관계가 성립한다. 이처럼 가격에 따라 공급량이 변화하는 것을 '공급의 법칙'이라고 한다.

52 수요와 공급

수요와 공급의 법칙

사고자 하는 양(수요량)이 팔고자 하는 양(공급량)을 초과할 경우, 물건이 부족하게 되어 수요자들끼리 경쟁하면서 물건의 가격이 오르기 시작하고, 가격이 상승함에 따라 점차 수요량은 감소하고 공급량은 증가하면서 초과 수요량이 완전히 없어질 때에 균형 가격이 형성된다.

반대로 팔고자 하는 양(공급량)이 사고자 하는 양(수요량)을 초과할 경우, 물건이 남게 되어 공급자들이 가격을 낮추는 경쟁을 벌이게 되며, 가격이 낮아짐에 따라 수요량은 증가하고 공급량은 감소하면서 초과 공급량이 완전히 없어질 때에 균형 가격이 형성된다.

이렇게 수요와 공급이 일치하는 상태에서 가격과 거래량이 결정된다는 원리를 '수요와 공급의 법칙'이라고 한다.

> **대체재와 보완재는 뭘까?**
> 한 재화의 가격이 상승함에 따라 다른 한 재화의 수요량이 증가하는 경우 두 재화를 '대체재'라 한다. 예를 들어, 쇠고기 가격이 비싸면 대신 돼지고기를 사 먹게 되는 데, 이와 같은 경우 쇠고기와 돼지고기를 대체재라고 한다.
> 두 재화가 결합하여 더 큰 만족을 주는 서로 보완적인 역할을 하는 재화도 있는데, 이를 '보완재'라고 한다. 예를 들어, 커피와 설탕, 빵과 버터, 바늘과 실 등이 보완재이다.

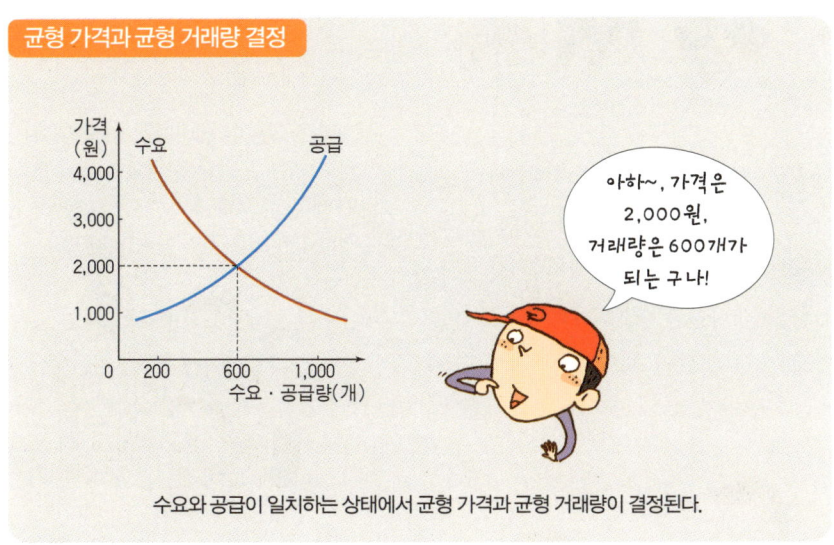

균형 가격과 균형 거래량 결정

아하~, 가격은 2,000원, 거래량은 600개가 되는 구나!

수요와 공급이 일치하는 상태에서 균형 가격과 균형 거래량이 결정된다.

수요의 변화

물건의 가격은 변하지 않는데도 수요가 변화하는 경우가 있는데, 이를 '수요의 변화'라고 한다. 수요량이 변화하는 요인은 그 물건의 가격이지만 수요 변화의 요인은 소득의 변화, 기호의 변화, 대체재의 가격 변화 등이다. 따라서 수요량 변화는 수요 곡선 상에서 이동하는 것으로 나타나지만 수요의 변화는 수요 곡선 자체의 이동으로 나타난다.

공급의 변화

물건의 가격은 변화하지 않았는데 공급이 변화하는 경우가 있는데, 이를 '공급의 변화'라고 한다. 공급량이 변화하는 요인은 그 물건의 가격이지만 공급 변화의 요인은 생산 요소의 가격 변화, 생산 기술의 향상, 정부 정책 변화 등이다. 따라서 공급량 변화는 공급 곡선 상에서 이동하는 것으로 나타나지만 공급의 변화는 공급 곡선 자체의 이동으로 나타난다.

> **개념쌤의 1분 특강**
> 물건을 사고팔 때 팔려는 사람은 되도록 비싸게 팔고, 사려는 사람은 되도록 싸게 사려고 해. 그래서 수요량과 공급량이 변화하는 거야.

53 가격

- 교환 가치를 돈으로 나타낸 것.
- 팔려는 사람은 되도록 비싸게, 사려는 사람은 되도록 싸게 사려고 하므로 가격은 팔려는 사람과 사려는 사람이 동의하는 수준에서 결정된다.

가격의 의미

사람들이 생활에 필요한 물건을 사고팔 때는 그 물건의 가격만큼 돈을 주고받는다. 이처럼 가격은 물건의 가치를 돈으로 나타낸 것이다. 과자 한 봉지의 가치를 1,000원이라고 하면 과자를 사는 사람과 파는 사람은 1,000원이라는 돈과 과자를 서로 맞바꾸는 셈이 되는 것이다.

가격

가격은 물건에만 있는 것은 아니다. 연극 배우의 공연이나 미용사의 머리 손질처럼 다른 사람들이 만족을 느끼게 하는 일, 즉 서비스에도 가격이 있다. 연극을 볼 때 내는 입장료는 배우들이 만들어 내는 서비스의 가치인 것이다. 또, 머리를 자르는 대가로 받는 돈은 그 일의 가치를 돈으로 나타낸 것이다. 그런데 가격은 고정되어 있지 않기 때문에 물건의 값은 때에 따라 오르기도 하고 내리기도 한다.

아파트 가격이 오르는 이유는 뭘까?

근처에 지하철역이 생기자 1억 원 하던 방 두 개 짜리 아파트의 가격이 갑자기 1억 5천만 원이 되었다. 방이 세 개로 늘어난 것도 아닌데 아파트 가격이 오른 이유는 무엇일까?

그것은 교통이 편리해진 이 아파트를 사려는 사람들의 수요가 많아졌기 때문이다. 즉 초과 수요가 발생하였기 때문에 가격이 상승한 것이다.

과자의 가치 = 1,000원 = 과자의 가격　　머리를 손질하는 일의 가치 = 5,000원 = 머리 손질의 가격

가격의 형성 과정

소비자(사려는 사람)는 가격을 내리고 싶어 하고 생산자(팔려는 사람)는 가격을 올리고 싶어 한다. 그렇게 밀고 당기던 소비자와 생산자가 모두 동의하고 만족하는 수준에서 가격은 결정된다. 다시 말해 수요와 공급이 일치하는 곳에서 가격이 결정되는 것이다. 즉, 수요량이 공급량보다 많을 경우에는 초과 수요가 발생하여 가격은 상승하게 된다. 반면 공급량이 수요량보다 많을 경우에는 초과 공급이 발생하여 가격이 하락하게 된다. 이런 과정을 거쳐 마침내 수요량과 공급량이 일치하는 균형 상태를 이루는데, 이때 가격이 결정되는 것이다.

예를 들어, 문구점에서 100원짜리 연필 1000개를 사고자 하는 손님이 있다고 하자. 그런데 가게에 연필이 200개 밖에 없다면 초과 수요가 발생한 것이다. 이렇게 100원짜리 연필을 사고 싶어 하는 소비자가 많다면, 연필의 가격은 자연히 오르게 된다. 가게 주인은 더 비싸게 물건을 팔고 싶어 하기 때문이다. 반면, 400원짜리 연필 1000개를 팔고 싶은 가게 주인이 있는데, 손님은 200개만 사려고 한다면 초과 공급이 발생한다. 따라서 연필 가격은 하락하게 된다. 결국 가격이 200원일 때 소비자가 600개의 연필을 사려고 하고, 공급자도 600개를 공급하고자 하므로 가격이 균형을 이루게 된다. 그리고, 그 200원이 바로 연필의 시장 가격이 되는 것이다.

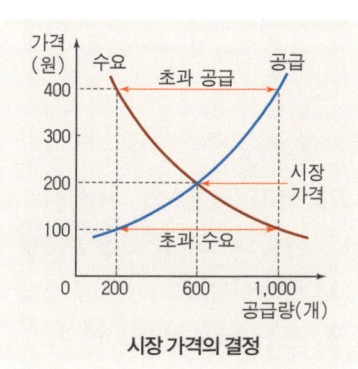

시장 가격의 결정

가격의 기능

가격은 생산자에게 무엇을 얼마만큼 생산할 것인가, 소비자에게 무엇을 얼마만큼 소비할 것인가에 대해 미리 알려주는 신호등 역할을 한다. 예를 들어, 가격 상승은 생산자들에게는 공급량을 증가시키라는 신호이고, 소비자들에게는 소비량을 줄이라는 신호이다.

가격은 효율적으로 자원이 배분되도록 생산자와 소비자에게 시장 정보를 제공한다. 가격은 재화의 생산량과 재화 생산에 필요한 자원들의 종류와 양을 결정하는 기능도 한다. 가격은 시장 경제 질서를 안정되게 유지하는 기능도 한다. 과소비는 가격 상승을 가져와 소비가 감소되도록 하고, 과잉 생산은 가격 하락을 가져와 생산이 감소되도록 한다. 이러한 과정을 거쳐 가격은 결국 희소한 자원이 꼭 필요한 곳에 꼭 필요한 양만큼 생산, 분배, 소비되도록 하여 시장 경제 질서를 유지한다.

가격을 생산자가 마음대로 결정한다고?

오직 한 사람이나 한 기업이 만든 재화나 서비스만 거래되는 시장이 있는데, 이러한 시장을 '독점 시장'이라고 한다.
독점 시장에서는 생산자가 시장을 장악하고 공급을 조정하기 때문에 가격도 마음대로 결정한다.

개념쌤의 1분 특강

'수요량=공급량'이 되는 때의 가격이 바로 시장가격이야. 이처럼 시장에서는 수요와 공급이 서로 작용하여 가격을 결정하게 돼.

54 생산과 생산 활동

- 사람이 살아가는 데 필요한 재화나 서비스를 만들어 내는 활동.
- 각 생산 활동은 서로 밀접하게 연관되어 있어 어느 한 생산 활동에 문제가 생기면 다른 모든 생산 활동에도 영향을 미친다.

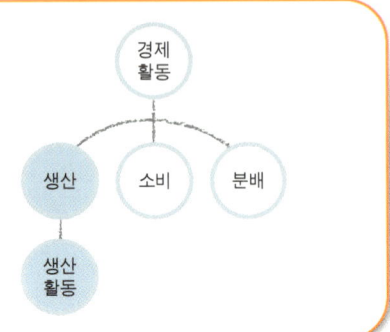

생산과 생산 활동의 의미

우리가 살아가는 데 필요한 물건을 '재화'라고 하고, 사람들이 필요로 하는 것을 만족시키기 위해 하는 활동을 '서비스'라고 한다. 재화와 서비스는 우리 주변에 무한하게 널려 있는 게 아니라 사람들의 노력으로 끊임없이 만들어 내고 있다. 이렇게 사람들이 생활하는 데 필요한 재화와 서비스를 만들어 내는 것을 '생산'이라고 하고, 이런 활동을 '생산 활동'이라고 한다.

생산 활동의 종류

생산 활동은 생활에 필요한 것을 자연에서 직접 얻는 생산 활동, 생활에 필요한 것을 만드는 생산 활동, 물건을 직접 만들지는 않지만 사람들의 생활을 편리하고 즐겁게 해 주는 생산 활동으로 나뉜다.

자연에서 직접 얻는 생산 활동은 농사를 짓는 일, 과일을 재배하는 일, 바다에서 고기를 잡는 일, 산에서 버섯을 캐는 일 등이며, 이러한 농업, 수산업, 임업 등은 1차 산업에 해당된다.

생활에 필요한 것을 만드는 생산 활동은 자동차를 만드는 일, 배를 만드는 일, 과자를 만드는 일 등이며, 이러한 제조업은 2차 산업에 해당된다.

사람들의 생활을 편리하고 즐겁게 해 주는 생산 활동은 물건을 운반하는 일, 환자를 진료하는 일, 물건을 판매하는 일, 야구 선수가 야구를 하는 일, 연예인이 공연을 하는 일 등이며, 이러한 서비스업은 3차 산업에 해당된다.

생산성이 높다는 것은 무슨 뜻일까?

생산성이란 토지, 자원, 노동력 등의 여러 요소들을 들인 양과 그것을 통해 만든 생산물 양의 비율을 말한다. 기계 대수나 근로자 수 등 모든 생산 조건이 같은 두 자동차 공장이 있다고 가정해 보자. 달려라 자동차 공장에서는 1년간 근로자 한 명이 평균 48대의 자동차를 생산하고 붕붕 자동차 공장에서는 60대를 생산한다면 이중에서 생산성이 더 높은 공장은 붕붕 자동차 공장이다. 그런데 이와 같이 생산성이 차이나는 이유는 무엇일까? 여러 가지 이유가 있을 수 있는데, 기계의 성능이 좀 더 좋다든가, 근로자의 기술이 좀 더 좋다든가 하면 생산성이 높아지게 된다.

다양한 생산 활동

생산 과정과 생산 활동

사탕을 만들기 위해서는 먼저 동남아시아에서 자라는 사탕수수를 우리나라로 수입하여야 한다. 이렇게 수입된 사탕수수로 설탕을 만들고, 만들어진 설탕과 여러 재료를 섞어 사탕을 만든다. 사탕이 만들어지면 봉지에 넣어 포장을 하고, 포장이 끝나면 트럭을 이용하여 사탕을 사탕가게로 보낸다. 그러면 사탕가게에서 사탕을 사고팔게 된다. 이처럼 물건을 만드는 활동, 물건을 유통하는 활동, 물건을 사고파는 활동 등 물건이 우리 손에 오기까지 많은 생산 활동이 일어난다.

점점 다양해지는 생산 활동!
사회가 발전할수록 사람들이 필요로 하는 재화와 서비스의 종류가 많아지기 때문에 생산 활동도 다양해질 수밖에 없다. 예를 들어 애완견 옷을 만드는 일이라든가, 온라인 게임을 개발하는 일, 손톱과 발톱을 관리하는 일 등은 최근 들어 인기를 끌고 있는 생산 활동이다.

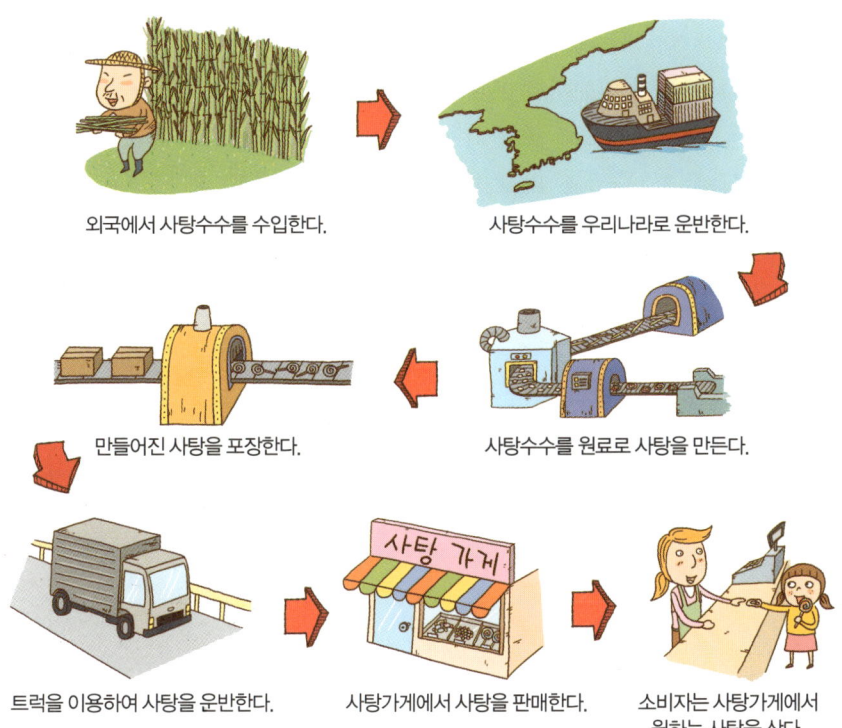

외국에서 사탕수수를 수입한다. / 사탕수수를 우리나라로 운반한다. / 사탕수수를 원료로 사탕을 만든다. / 만들어진 사탕을 포장한다. / 트럭을 이용하여 사탕을 운반한다. / 사탕가게에서 사탕을 판매한다. / 소비자는 사탕가게에서 원하는 사탕을 산다.

생산 활동의 중요성

생산 과정에서 일어나는 여러 생산 활동들은 서로 밀접하게 관련되어 있다. 그래서 어느 한 생산 활동에 문제가 생기면 다른 생산 활동도 어려움을 겪게 되고 물건을 만든 사람이나 물건을 사용할 사람도 어려움을 겪게 된다. 예를 들어, 조류 독감이 유행하여 닭이 병들어 많이 죽게 되면 닭과 계란의 생산이 제대로 이루어지지 않는다. 그러면 닭이나 계란을 주원료로 하는 치킨, 빵 등을 만드는 공장의 생산 활동도 제대로 이루어지지 못하게 된다. 그리고 그곳에서 일하는 사람들이 일자리를 잃게 될 수 있고, 물건을 운반하는 유통업체의 매출도 줄어들게 된다. 또, 상점에서는 물건이 없어 팔지 못하게 되어 매출이 줄어들게 된다. 이렇게 되면 소비자도 물건을 사지 못하는 피해를 입게 된다. 이렇듯 하나의 생산 활동에 문제가 생기면 경제생활 전체에 영향을 끼치게 되어 경제가 어려워질 수도 있다.

개념쌤의 1분 특강
꼭 눈에 보이는 물건을 만드는 것만이 생산은 아니야. 서비스와 같이 우리의 생활을 편리하고 즐겁게 해 주는 것도 생산이야.

55 생산 요소

- 생산을 하는 데 필요한 요소.
- 생산을 하기 위해 반드시 필요한 생산의 요소는 노동, 토지, 자본이고, 이를 생산의 3요소라 한다.

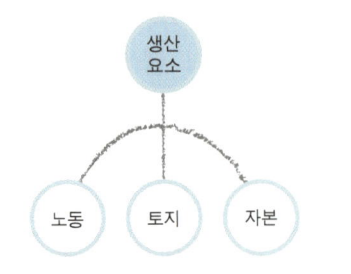

생산 요소의 의미

참치 통조림 공장에서 통조림을 만들기 위해서는 참치, 식용유, 통조림 만드는 기계, 전기, 공장 건물, 공장을 지을 땅, 그리고 공장에서 일할 사람들이 필요하다. 항공 회사에서 손님들에게 서비스를 제공하기 위해서도 조종사, 승무원, 비행기와 비행기 연료 등이 필요하다. 이처럼 생산 활동을 하기 위해서 반드시 필요한 것들이 많이 있는데, 이런 것들을 '생산 요소'라고 한다.

노동, 토지, 자본

생산을 하기 위해서는 많은 생산 요소가 필요한데, 생산 요소 중에서도 특히 중요한 세 가지 노동, 토지, 자본을 생산의 3요소라고 한다.

노동은 재화나 서비스를 생산하는 데 필요한 사람의 노력을 말한다. 몸을 이용해 일하는 육체 노동, 특별한 기술을 이용해 일하는 기술 노동, 머리를 써서 일하는 정신 노동이 모두 노동에 해당한다.

토지는 생산을 하기 위해 필요한 땅을 말한다. 농사를 짓기 위해서는 농지가 필요하고, 공장을 짓기 위해서는 공장 터가 필요하며, 가게를 운영하려고 할 때에도 당연히 가게 터가 필요하다.

마지막으로, 자본은 생산 활동을 하기 위해 필요한 재료, 기계, 시설 등이나 그것들을 마련하는 데 들어가는 돈을 말한다. 학교에서 교육 활동을 하는데 사용하는 교실, 칠판, 책상, 컴퓨터 등도 자본에 속한다.

1차 산업에서는 자연환경이 중요해!

자연에서 생산물을 직접 얻는 농업, 어업, 임업 등은 자연환경에 영향을 많이 받는다. 넓은 들이 많은 지역에서는 곡식과 채소를 재배하기 좋으므로 농업이, 바다가 있는 지역에서는 고기잡이를 하기 좋으므로 어업이, 산으로 둘러싸인 지역에서는 목재나 약재, 산나물 등을 얻을 수 있으므로 임업이 발달한다.

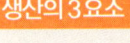 생산의 3요소

공장에서 일하는 사람(노동)

공장을 짓기 위한 공장 터(토지)

공장의 기계와 시설(자본)

56 자원과 생산 활동

- 인간 생활 및 생산에 이용되는 원료, 노동력, 기술.
- 자원은 생산 요소보다 좀 더 넓은 의미로 인간 생활에 필요한 모든 것들을 통틀어 말한다.

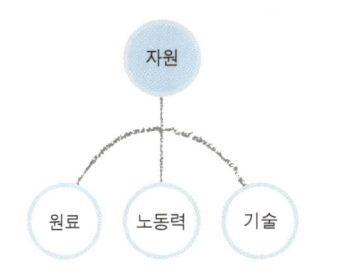

자원의 의미

자원은 인간 생활에서 가치 있게 쓰이는 모든 것들을 말한다. 물론 여기에는 생산 활동에 필요한 원료들도 포함된다. 자원에는 땅이나 물, 석유, 광물, 수산물, 나무 등과 같이 자연으로부터 얻을 수 있는 '천연자원' 뿐만 아니라, 사람의 능력도 자원으로 본다. 사람들의 노동력과 기술 같은 것을 보통 '인적 자원'이라고 한다. 자원은 경제에서 아주 중요하다. 생산을 위해서는 꼭 필요하기 때문이다. 사람들은 자원을 이용해 필요한 것을 만드는 생산 활동을 하고, 또 생산 활동을 통해 만든 것을 소비하며 살아간다.

지역마다 다른 자원

자원이 풍부하면 산업이 발전하기 좋다. 그렇지만 모든 지역에 같은 자원이 있는 것은 아니다. 중동 지역에서는 석유가 많이 생산되지만 우리나라에서는 석유가 한 방울도 나지 않는다. 대신 우리나라는 반도체 기술이나 통신 기술이 중동 지역보다 훨씬 앞서 있다.

이처럼 자원은 지역에 따라 각각 다르게 나타난다. 넓은 논과 밭이 많은 농촌에서는 곡식과 채소가 많이 나고, 바다를 끼고 있는 어촌에서는 수산물을 많이 얻을 수 있다. 산으로 둘러싸인 산촌에는 나무나 약재 등이 풍부할 테고, 기술을 가진 사람들이 모여 있는 도시에서는 기계나 가공품이 많이 생산된다. 생산물은 자원을 이용하여 만들어 내는 것이므로 당연히 그 지역의 자원에 따라 달라진다.

어촌의 자원과 생산물

바다가 있는 어촌에는 수산물이 풍부하다.

자원의 가치는 나라마다 달라!

우리에게 돼지고기와 쇠고기는 훌륭한 식량 자원이지만, 이슬람교를 믿는 아랍인들은 돼지고기를, 또 힌두교를 믿는 인도인들은 쇠고기를 먹지 않는다. 종교적 믿음 때문이다. 이렇게 자원은 어느 나라에서는 가치 있고 소중한 것이지만 어느 나라에서는 쓸모 없거나 반드시 없애야 하는 것이 될 수도 있다. 예를 들어, 쇠똥은 냄새 나고 보기에도 안 좋아 더러운 것으로 생각되지만, 아프리카의 건조한 초원 지대에 사는 사람들은 쇠똥을 뭉쳐 주택을 짓는 자원으로 사용한다. 그곳은 주위에 나무나 돌멩이가 드물어 쇠똥이 아주 중요한 건축 재료가 되기 때문이다.

개념쌤의 1분 특강

보통 '자원'이라고 하면 천연자원만을 떠올리지? 그렇지 않아 자원은 우리 생활에 필요한 모든 것들을 일컫는 거야.

57 분업

- 생산 과정에서 여러 사람이 일을 나누어서 하는 것.
- 분업을 하게 되면 혼자서 모든 것을 하는 것보다 훨씬 빠르고 효과적으로 일을 할 수 있다.

분업 → 상품 생산 → 유통

분업의 의미와 장단점

분업이란 생산을 할 때 효과적으로 일을 하기 위해 각각의 일을 나누어 맡아 하는 것을 말한다. 예를 들어, 집을 지을 때 혼자서 하지 않고 설계를 하는 사람, 벽돌을 쌓는 사람, 페인트를 칠하는 사람, 벽지를 바르는 사람 등이 각자의 일을 나누어 맡아서 하는 것이다.

분업을 하게 되면 혼자서 모든 것을 하는 것보다 훨씬 빨리, 효과적으로 일을 할 수가 있다. 왜냐하면 분업을 하다 보면 각자가 맡은 일의 전문가가 되고, 그 일에 익숙해지면서 일하는 속도가 빨라져 다음 단계로 진행되는 시간도 절약되기 때문이다. 사람들마다 각기 다른 재능이 있어서 남들보다 더 잘할 수 있는 일들이 따로 있기 때문에 각자가 가장 잘하는 일을 하는 것이 훨씬 효율적이다.

그렇다고 분업이 장점만 있는 것은 아니다. 노동자들이 하루 종일 한 가지 일만 하다 보니 지루해질 수 있고, 직업병이 생길 수도 있다. 또 어느 한 사람이 실수하면 전체적으로 문제가 생겨서 불량품을 만들어 낼 가능성도 있다. 그리고 자기가 맡은 일만 하다 보면 동료들 사이에 협동심이 떨어질 수 있다.

분업과 직업의 관계

사회가 발전하면 해야 할 일도 많아지고, 전문가의 손길이 필요할 때가 많아지기 때문에 분업이 더욱 활발하게 이루어진다. 분업이 활발해지면 일이 다양해지고 일이 다양해지면서 직업도 다양해진다. 즉, 예전에는 한 사람이 맡아 하던 일도 요즘엔 여러 사람이 나눠서 하다 보니 직업의 종류가 그만큼 많아지게 되는 것이다.

애덤 스미스가 발견한 분업의 효과?

18세에 살던 영국의 경제학자 애덤 스미스는 옷핀을 만드는 공장에서 사람들이 일하는 것을 보고 놀라운 사실을 발견했다.

아주 능숙하게 일을 하는 일꾼도 하루에 20개 정도밖에 못 만드는데, 철사를 운반하는 사람, 알맞은 길이로 자르는 사람, 끝을 날카롭게 다듬는 사람 등 작업 과정을 20단계로 나누어 일을 하니 하루에 일꾼 한 명당 4,800개의 핀을 생산할 수 있었다. 이에 대해 애덤 스미스는 노동자가 자신에게 주어진 작업을 하는 동안 전문가가 되고, 작업을 위해 이동하는 시간이 절약되며, 작업 과정이 단순해져 기계를 발명하고 이용하는 것이 가능했기 때문이라고 설명했다.

분업을 하지 않았을 경우 / 분업을 하였을 경우

58 유통

- 물건이 생산자에서 소비자에게 전달되는 과정.
- 유통은 생산자와 소비자를 연결해 주어 소비자가 필요한 물건을 손쉽게 구할 수 있게 해 준다.

분업 → 상품 생산 → 유통

유통의 의미와 필요성

쌀은 비옥한 평야가 있는 농촌에서 많이 생산되고, 자동차 부품이나 전자 제품은 공장이 모여 있는 도시에서 많이 만들어진다. 그럼, 이러한 것들을 사기 위해 생산지로 가야만 한다면 어떨까? 채소를 살 때는 농촌으로, 생선을 살 때는 어촌으로, 텔레비전을 살 때는 도시로, 각 생산지를 직접 찾아가야 한다면 정말 불편할 것이다.

유통은 각기 다른 지역에서 생산된 물건을 소비자에게 전달해 줌으로써 이러한 불편을 해소해 준다. 만약 유통이 없다면 농민들은 수확한 곡식과 채소를 팔기 위해 곡식과 채소가 필요한 사람들을 직접 찾아 다녀야 할 테고, 곡식과 채소가 필요한 사람들 또한 곡식과 채소를 구하기 위해 직접 농촌을 찾아 다녀야 할 것이다.

수박의 유통 과정

원산지종합관리시스템은 뭘까?

우리나라는 유통의 투명성을 확보하여 소비자가 안심하고 구매할 수 있도록 원산지종합관리시스템을 운영하고 있다. 이 시스템에는 원산지표시제, 음식점원산지표시제, 쇠고기이력추적표시제가 있다.

원산지표시제는 수입 개방화로 값싼 외국산 농산물이 무분별하게 수입되고, 이들 농산물이 국산으로 둔갑·판매되는 등 부정 유통 사례가 늘어나, 공정한 거래 질서를 확립하고 생산농업인과 소비자를 보호하기 위하여 시행된 제도이다.

음식점원산지표시제는 일반음식점, 휴게음식점, 급식소 등에서 사용하는 쇠고기, 돼지고기, 김치, 고춧가루 등의 원료의 원산지를 표시하는 제도이다.

쇠고기이력추적표시제는 소의 출생에서부터 도축·가공·판매에 이르기까지의 정보를 기록·관리하여 위생·안전에 문제가 발생할 경우 그 이력을 추적하여 신속하게 대처하기 위한 제도이다.

생산 활동의 일부분인 유통

물건을 만들어 내는 것만이 생산은 아니다. 만들어진 물건에 가치를 더하는 것도 생산이다. 소비자 입장에서 보면 전북 고창 있는 수박보다 집 앞 과일 가게에 있는 수박의 가치가 훨씬 더 높다. 고창에 아무리 싱싱하고 맛있는 수박이 많이 있더라도 수박 한 통을 사기 위해 고창까지 직접 가기는 힘들기 때문이다. 그러나 집 앞 과일 가게에 있는 수박은 우리가 필요할 때 쉽게 살 수가 있다. 바로 이것이 유통이 생산해 낸 가치인 것이다.

개념쌤의 1분 특강

유통이 잘 되야 경제도 성장해. 물건이 소비자에게 전달되는 과정이 잘 이루어진다면 그 만큼 경제 활동이 활발하게 이루어지기 때문이야.

59 유통 과정

- 물건이 생산자에서 소비자에 전달되는 과정은 다양함.
- 유통 단계가 많아질수록 생산자는 물건을 싼 가격에 팔게 되고, 소비자는 비싼 가격에 사게 된다.

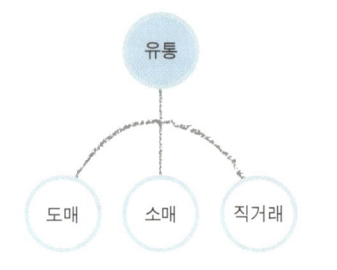

다양한 유통 과정

우리 생활에서 이루어지는 유통 과정은 다양하다. 생산지를 출발한 물건은 소비자에게 직접 오기도 하고, 시장을 거쳐 소비자에게 오기도 하며, 인터넷 쇼핑과 같은 통신 판매를 거쳐 오기도 한다.

유통이 이루어지는 단계에도 여러 종류가 있다. 중간 단계가 없이 물건이 생산자에서 소비자에게 바로 전달되기도 하고, 생산자에서 도매업자와 소매업자를 거쳐 소비자에게 전달되기도 한다. 또 도매업자를 거치지 않고 물건이 생산자로부터 소매업자를 거쳐 소비자에게 전달되는 경우도 있다.

생산자로부터 도매업자로, 도매업자에서 소매업자로 물건이 넘어가다 보면 물건을 옮기는 비용인 운반비, 물건을 보관하는 비용인 보관비가 발생한다. 또 도매업자나 소매업자도 이익을 남겨야 하므로 비용이 발생한다. 그래서 물건이 유통될 때 중간에 거치는 단계가 많으면 많을수록 가격이 비싸지게 된다. 결국 유통 단계가 많아질수록 생산자는 물건을 싼 가격에 팔게 되고, 소비자는 비싼 가격에 사게 되는 것이다.

물론, 여러 가지 유통 단계가 꼭 필요한 경우도 있다. 하지만 가능한 한 불필요한 유통 단계를 줄여 가격이 지나치게 높아지는 것을 줄이려는 노력이 필요하다.

직거래가 늘어나는 이유는 뭘까?

'직거래'란 도매업자, 소매업자 등을 거치지 아니하고 생산자와 소비자가 직접 만나 거래하는 것을 말한다. 유통 단계가 지나치게 많거나 복잡하면 생산자는 물건을 싸게 팔게 되고 소비자는 비싸게 사게 되기 때문에 모두 불리하게 된다. 그래서 생산자와 소비자가 직접 만나 거래를 하면 유통 단계가 크게 줄어들어 생산자와 소비자 모두에게 이득이 된다. 요즘엔 농산물 직거래 장터를 열거나 인터넷 쇼핑, 텔레비전 홈쇼핑 등을 통해 직접 사고파는 사람들이 점점 늘어나고 있다.

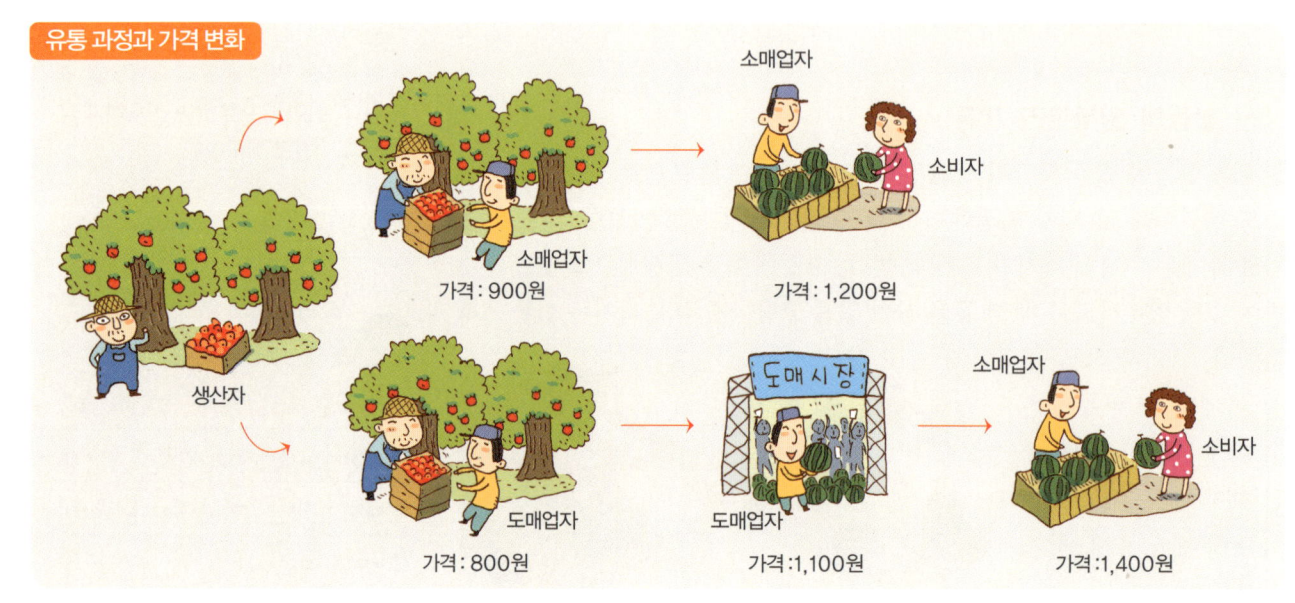

유통 과정과 가격 변화

60 분배

- 생산 과정에 참여한 사람들이 생산물을 나누는 일.
- 분배는 생산과 소비를 연결해 주는 중요한 경제 활동이며, 분배는 주로 소득을 통해서 이루어진다.

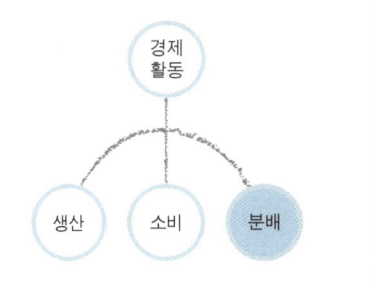

분배와 소득

생산 활동을 하고 그 대가로 받은 돈을 '소득'이라고 하고, 분배는 주로 소득을 통해서 이루어진다. 누구에게 얼마만큼 나누어 줄 것인지, 즉 어떻게 분배할 것인지를 결정해야 한다. 사람은 분배를 통해 얻은 것으로 소비를 하기 때문에 분배는 생산과 소비를 연결해 주는 중요한 경제 활동이다.

분배의 불평등과 양극화 현상

사람들마다 분배 받는 몫은 다 다르다. 생산 과정에서 하는 역할, 교육 받은 정도의 차이, 사회적인 차별, 물려받은 재산의 차이, 개인의 타고난 능력의 차이, 노력의 차이 등이 그 원인이다. 소득과 재산의 차이는 어느 사회에서나 있을 수 있지만, 이 차이가 너무 커지면 사회적으로 문제가 되기도 한다. 돈이 많은 사람은 갖고 있는 돈을 이용하여 재산을 점점 더 불려 가고, 가난한 사람은 돈이 없어 교육받을 기회를 잃거나 좋은 일자리를 찾을 기회를 얻지 못하는 것과 같은 경우이다.

이처럼 가난한 사람과 부유한 사람 간의 소득 격차가 점점 더 커지는 것을 '양극화'라고 한다. 양극화 현상이 심해지면 많은 사람들이 미래에 대한 희망을 갖지 못하고 불만이 쌓이게 된다. 이러한 양극화 문제는 개인의 노력만으로는 해결하기 어렵기 때문에 국가가 적극적으로 나서서 해결하기 위해 노력해야 한다.

소득을 재분배한다는 것은 무슨 뜻일까?

예전에는 빈부 격차를 개인의 책임으로 생각했었다. 하지만 오늘날에는 빈부 격차 문제를 개인의 탓으로만 돌리지 않고 사회 구조의 문제로 인식하여 정부가 나서서 적극적으로 해결하려는 노력을 기울이고 있다. 소득이나 재산이 많은 사람들에게 더 많은 세금을 거둬 가난한 사람들의 생활비나 의료비, 교육비를 지원하는 등의 일을 하고 있다. 정부의 이런 활동을 '소득의 재분배'라고 한다.

양극화 현상

61 직업(일)

- 살아가는 데 필요한 돈을 벌기 위해 일정한 기간 동안 종사하는 일.
- 직업을 통해 소득을 얻어 생활하며, 행복과 보람을 느낄 수도 있으므로 직업은 자신의 능력과 적성을 고려하여 선택해야 한다.

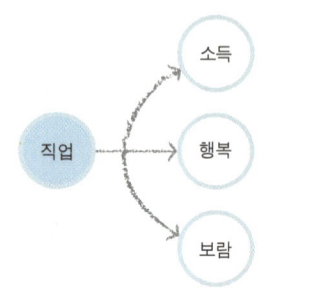

직업의 필요성

직업이란 생계를 유지하기 위하여 자신의 적성과 능력에 따라 일정한 기간 동안 계속해서 하는 일을 말한다.

직업을 가져야 하는 가장 큰 이유는 소득을 얻기 위해서이다. 소득이 있어야 필요한 물건도 사고, 음식도 사서 먹고 교육도 받고, 아플 때 병원에도 갈 수 있기 때문이다. 그렇다고 직업을 갖는 이유가 돈을 벌기 위해서만은 아니다. 직업은 우리에게 행복과 보람도 느끼게 해 준다. 따라서 자신의 적성이나 능력을 잘 생각해서 직업을 선택해야 한다.

옛날에는 이런 직업도 있었다고?

직업은 시대에 따라서도 달라진다. 사회가 발전하면서 예전에 없던 직업이 새로 생기거나, 과거에는 중요한 직업 중 하나였지만 지금은 사라진 경우도 있다. 옛날에는 인력거를 끄는 인력거꾼이라는 직업이 있었지만 인력거가 사라지면서 인력거꾼이라는 직업도 사라졌다. 반면에 컴퓨터가 나오면서 옛날에 없던 컴퓨터 프로그래머라는 직업이 생겨났다.

직업과 환경의 관계

직업은 자연환경에 따라 달라진다. 우리 지역의 자연환경이 어떤 일을 하기에 알맞은 조건을 갖추고 있다면 그 일을 하는 것이 가장 유리하기 때문이다. 예를 들어, 기름진 평야와 강이 있는 곳은 농사를 짓기에 알맞은 자연환경을 갖추고 있으므로 농부가 많을 것이고, 바다가 펼쳐진 곳에서는 물고기를 잡거나 양식장을 하는 편이 훨씬 유리할 테며, 인구가 많은 도시에서는 공장이나 사무실에서 일하는 직업이 많을 것이다.

직업은 나라에 따라서도 달라진다. 남아프리카공화국 같이 금과 다이아몬드가 아주 많이 생산되는 나라에서는 광산에서 일하는 광부가 많다. 동남아시아 지역은 아름다운 경치를 이용한 관광 산업이 발달해 이와 관련된 일을 하는 사람이 많다.

개념쌤의 1눈 특강

오늘날 직업은 돈만 벌기 위해서 선택하는 것이 아니야. 그러니 직업을 선택할 때에는 돈을 벌면서도 자신의 꿈도 이룰 수 있는 일이 무엇인지 잘 생각해서 골라야 해.

62 소비

- 필요한 물건을 사기 위해 돈을 쓰는 것.
- 소비는 가정의 경제뿐 아니라 나라의 경제와도 관계가 깊기 때문에 합리적인 소비를 하여야 한다.

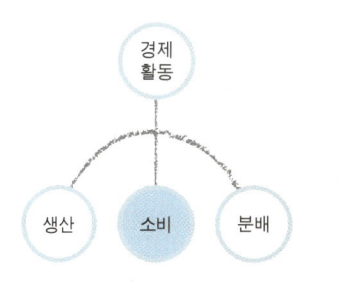

소비의 뜻과 합리적인 소비

생산한 물건을 사서 쓰는 것을 '소비'라고 한다. 물건뿐만 아니라 눈에 보이지 않는 서비스에 돈을 지불하는 것도 소비이다. 연필과 공책을 사는 것, 가족과 식당에 가서 외식을 하는 것처럼 살아가는 데 필요한 여러 가지 것들을 쓰는 활동을 일컬어 '소비 활동'이라고 한다.

살아가다 보면 먹고 싶은 것도 많고, 갖고 싶은 것도 많다. 그렇다고 먹고 싶고 갖고 싶은 모든 것을 산다면 정작 필요할 때 돈이 부족해 필요한 것을 살 수 없을 수도 있다. 따라서 소비를 할 때는 합리적으로 해야 한다. 합리적인 소비를 하기 위해서는 사려고 하는 물건이 내게 꼭 필요한 것인지, 물건에 대해 충분히 알고 있는지, 똑같은 물건을 더 싸게 살 수 있는 곳이나 방법은 없는지 살펴보아야 한다.

어렸을 때부터 합리적이고 계획적인 소비 습관을 들이면 어른이 되어서도 소비를 잘할 수 있다.

소비와 국가 경제

소비가 많아져 기업이 만든 물건이 팔리면 기업은 번 돈으로 더 많은 물건을 만들어 내거나 새로운 사업을 할 수 있다. 이 과정에서 일할 사람이 새로 필요하게 되므로 더 많은 사람들이 일자리를 얻게 되어 가정의 소득이 늘어나게 된다. 가정의 소득이 늘어나 소비가 늘어나면 또다시 기업의 이익과 가정의 소득이 늘어나는 과정이 반복된다. 이는 결국 나라 전체의 경제가 발전하게 된다.

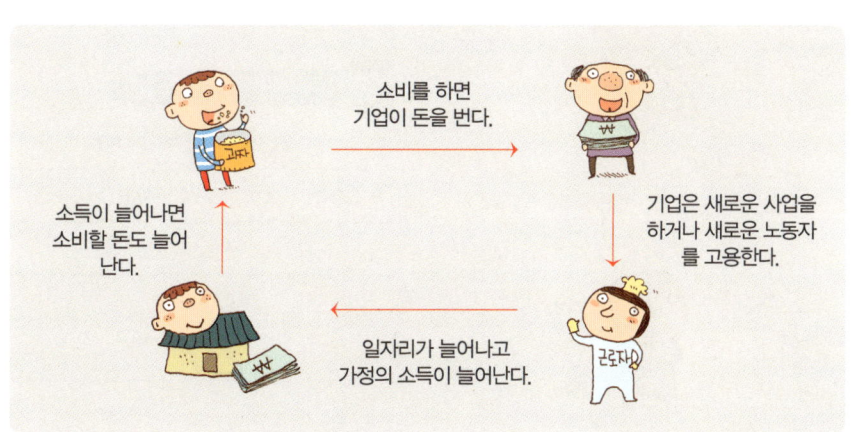

소비를 강조한 조선 시대 실학자 박제가!

조선 후기 실학자 박제가가 청나라를 다녀와 쓴 『북학의』라는 책에 '소비는 우물과 같아서 퍼내면 퍼낼수록 물이 솟아나고, 퍼내지 않으면 물이 고여 썩는 것과 같이 썩는다.'란 말이 있다. 나라가 잘살기 위해서는 상업이 발달해야 하고, 상업이 발달하려면 물건을 많이 만들어야 하며, 물건을 많이 만들려면 국민이 잘살아 소비를 많이 해야 한다는 뜻이다. 농업 중심이던 조선 시대에는 과소비를 조장하는 말이라고 비난받았지만 현대 사회에서는 되새겨 볼 말이다.

개념쌤의 1분 특강

꼭 필요한 물건인지, 물건에 대해 잘 알고 있는지, 더 싸게 살 수 있는 곳은 없는지 확인하고 소비하는 습관을 들여야 해.

63 저축

- 미래의 소비를 위해 현재 돈을 쓰지 않는 것.
- 저축은 급한 돈이 필요할 때, 미래에 하고 싶은 것이 있을 때를 위해, 그리고 나라 경제에 도움이 되기 위해 꼭 필요하다.

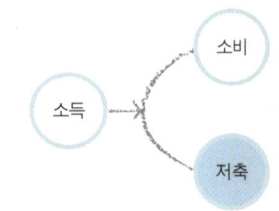

저축을 하는 까닭

사람들은 돈이 생기면 당장 써 버리는 대신 미래를 위해 모아 두는데, 이를 저축이라고 한다. 저축은 예상치 못한 일이 생겨 급하게 많은 돈이 필요할 때를 대비하거나 미래에 하고 싶은 것을 하기 위해 필요하다. 그리고 저축은 나라의 경제를 위해서도 필요하다. 은행에 돈을 맡기면 은행에서는 돈이 필요한 사람이나 기업에 빌려주고, 기업은 그 돈으로 경제 활동을 하기 때문이다.

갖고 있는 돈을 모조리 저축하는 것도 합리적인 저축이라고 할 수 없다. 꼭 써야 할 돈과 쓰지 않아도 되는 돈을 잘 판단하고 선택해서 계획을 세워 합리적인 저축을 하여야 한다. 저축이 중요하다고 해서 살아가기 위해 꼭 필요한 먹을 것과 입을 것을 사기 위한 돈까지 쓰지 않을 수는 없다.

소비와 저축의 상관 관계는?

저축의 기회비용은 소비이고, 소비의 기회비용은 저축이다. 저축을 하면 소비를 할 수 없고, 소비를 하면 저축을 할 수 없기 때문이다. 합리적인 소비와 저축을 위해서는 소비와 저축의 기회비용을 따져 보아야 한다. 저축이 미래에 더 큰 가치로 돌아온다면 저축을 해야 하고, 소비가 더 큰 가치가 있다면 소비를 해야 하는 것이다.

저축을 하면 미래에 대비할 수 있고 나라 경제에 도움이 된다.

저축과 국가 경제

저축이 늘어나면 기업이 빌려 쓸 돈이 충분해져 기업이 새로운 사업을 하거나 생산을 늘릴 수가 있다. 그러면 일자리가 늘어나고 가정의 소득도 늘어나 결국 나라 전체의 경제가 자라나게 된다.

개념샘의 1분 특강

소득에서 소비를 빼면 저축이야.
즉 '소득 – 소비 = 저축'이지!

64 소비자 권리

- 소비자가 물건을 구매하거나 사용할 때 누릴 수 있는 권리.
- 소비자는 물건을 구매하거나 사용할 때 권리를 누릴 수 있지만 그에 대한 책임도 다해야 한다.

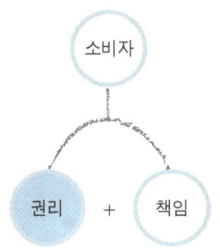

소비자 권리의 의미와 종류

한 소비자가 휴대폰을 텔레비전 홈쇼핑에서 구입을 했다고 하자. 그 휴대폰이 배터리 접촉 불량으로 자주 꺼지는 현상이 일어난다면 소비자는 휴대폰을 구입하거나 사용하는 과정에서 경제적으로 피해를 보게 된 것이라고 할 수 있다. 이때 소비자는 피해 보상을 요청할 수 있다. 즉, 소비자는 생산자에게 피해를 보상받을 권리가 생긴 것이다. 이처럼 소비자가 물건을 구입하고 사용할 때 누릴 수 있는 권리를 '소비자 권리'라고 한다.

소비자 권리는 다양한 형태로 존재한다. 소비자는 물건을 구입하거나 사용하면서 발생한 피해에 대해 보상받을 수 있는 권리가 있다. 소비자는 자신의 권리를 보호하기 위한 단체를 만들고 적극적으로 활동할 수 있다. 또한 물건을 만든 회사에 자신의 의견을 말해 반영시킬 수도 있다. 상표, 가격, 구입 장소 등을 자유롭게 선택할 수 있는 권리도 있다. 이 외에도 소비자에게는 물건을 살 때 안전하게 보호받을 권리, 물건을 사는 데 필요한 정보를 제공받을 권리 등이 있다.

소비자를 보호하기 위한 제도에는 어떤 것이 있을까?

리콜제도는 시장에 유통 중인 제품에 문제가 발생하거나 그럴 우려가 있는 결함이 발견된 경우에 생산자가 스스로 그 제품을 회수해 수리, 교환 또는 환불해 주는 제도이다.
유통기한표시제는 우유 등의 식품을 안전하게 먹을 수 있도록 유통기한을 표시하도록 한 제도이다.
원산지표시제는 상품이 생산된 곳을 알려 주는 제도이다.

소비자의 책임

소비자로서 권리를 누리기 위해서는 책임도 따른다. 소비자는 물건을 사기 전에 가격, 품질, 환경, 서비스 등 물건에 대한 정보를 꼼꼼하게 살펴보아야 하고 물건을 살 때에는 이상이 없는지 확인해야 할 책임이 있다. 이러한 책임을 다했을 때 권리도 주장할 수 있다.

개념쌤의 1분 특강

소비자가 자신의 권리를 주장하려면 그 전에 소비자로서의 책임을 다해야만 해.

65 세금

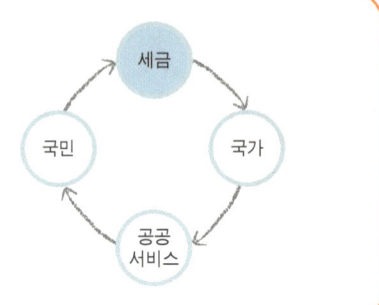

- 국가를 유지하고 국민 생활의 발전을 위해 국민들의 소득 일부를 국가에 납부하는 돈.
- 정부는 세금으로 필요한 것을 만들어 다시 우리에게 돌려 주기 때문에 우리는 세금을 성실히 내야 한다.

세금의 뜻과 쓰임새

가정에서 살림을 꾸리려면 일정한 돈이 필요하듯이 나라의 살림을 꾸려 나가는 데도 돈이 필요하다. '세금'은 나라 살림에 쓰기 위해 국민들로부터 걷는 돈을 말한다.

국가에서는 세금으로 걷은 돈을 국민들이 편안하고 행복하게 살기 위해서 안전을 지킬 수 있는 시설을 만들고 휴식을 취할 수 있는 시설을 만드는 데 사용한다. 또 외국의 침략으로부터 나라를 지키고, 더러워진 거리나 건물을 깨끗이 청소하는데도 쓴다. 이 밖에도 국가가 국민을 위해 해야 하는 수많은 일에 우리가 내는 세금이 쓰인다.

어린이도 세금을 낼까?

우리나라 국민들은 누구나 세금을 내고 있다. 돈을 버는 사람은 벌어들인 돈에 세금을 내는 '소득세'를, 재산을 가진 사람은 가지고 있는 재산에 대해 매겨지는 '재산세'를 내고 있다. 어른들뿐 아니라 어린이들도 세금을 내고 있다. 물건을 살 때 그 물건 가격에는 '부가가치세'라는 세금이 포함되어 있다. 그래서 어린이들이 아이스크림을 사 먹을 때마다 자신도 모르게 세금을 내고 있는 셈이다.

세금의 종류

세금은 정부에서 부과하는 국세와 지방 자치 단체에서 부과하는 지방세로 나눌 수 있다. 또, 세금은 세금을 내야 하는 사람과 실제로 내는 사람이 동일한지에 따라 직접세와 간접세로 나눌 수 있다. 직접세에는 벌어들인 소득에 따라 내는 소득세, 기업에게 부과하는 법인세, 상속 시 부과되는 상속세 등이 있고, 간접세에는 물건 값에 매겨진 부가가치세, 사치품에 부과되는 특별소비세, 외국에서 온 물품에 부과되는 관세 등이 있다. 그리고 세금은 사용 목적에 따라 공용 경비에 쓰이는 보통세와 지방교육세와 같이 특별한 목적을 위해 사용되는 목적세로 구분할 수도 있다.

세금을 내지 않으면 국가가 살림을 할 수 없어. 그래서 국민에게는 '납세의 의무'가 있는 거야.

66 공공시설

- 국가나 공공 단체가 국민의 편의나 복지를 위하여 만들고 관리하는 시설.
- 공공시설은 여러 사람이 함께 사용하고 세금으로 만들어지므로 질서를 지켜 깨끗이 사용해야 한다.

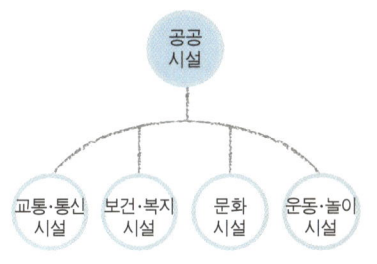

공공시설의 의미와 종류

'공공시설'이란 국가나 공공 단체에서 국민들이 편안하고 안전하게 생활할 수 있도록 하기 위해 국민이 낸 세금으로 만들고 관리하는 시설을 말한다. 다리, 지하철, 가로등, 공원, 보건소 등 우리가 살아가는 데 필요한 시설들 중에서 돈이 많이 들어 국민들이 만들 수 없는 것들은 국가나 공공 단체에서 대신 계획하고 만들어서 국민들이 이용할 수 있게 한다.

여러 사람이 이용한다고 다 공공시설은 아니다. 정부나 공공 단체 등에서 국민들이 낸 세금으로 만들고 관리하는 것을 공공시설이라고 하기 때문에 극장이나 백화점과 같이 세금으로 만들어진 건물이 아닌 것은 공공시설에 포함되지 않는다.

공공시설은 돈이 없는 사람들도 마음 놓고 이용할 수 있도록 대부분 무료로 이용할 수 있거나, 아주 적은 이용료만 내면 이용할 수가 있다.

공공재는 뭘까?

'공공재'란 정부가 국민이 낸 세금으로 공급하여 모든 개인이 공동으로 이용할 수 있는 재화와 용역으로, 국방이나 경찰, 교육, 도로나 항만 같은 공공시설 등을 말한다. 즉, 공공재는 공공시설을 포함하는 개념이다.

공공재는 사용자가 늘어나도 다른 사용자들의 혜택은 줄지 않고, 사용료를 지불하지 않더라도 특정 집단 사람들의 재화 사용 혜택을 없앨 수 없다는 특징이 있다.

공공재는 국가나 지방자치단체, 공기업이 주로 공급한다.

교통·통신 시설

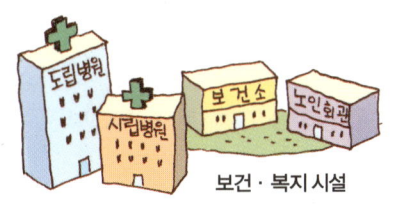
보건·복지 시설

문화 시설 / 운동·놀이 시설

공공시설의 올바른 사용 방법

우리는 여러 가지 공공시설들을 이용하며 살아가고 있다. 그런데 자기 것이 아니라고 함부로 사용하는 사람들이 많아서 공공시설들이 만들어진 지 얼마 되지도 않아 부서지거나 더러워지는 경우가 많다.

공공시설이 부서지거나 더러워지면 그것을 이용하는 다른 사람들이 불편을 겪을 뿐만 아니라 다시 세금을 써서 새로 설치하여야 한다. 그러므로 우리는 공공시설을 자신의 것처럼 질서를 지키고 깨끗하게 사용해야 한다.

개념쌤의 눈 특강

지역마다 자연 환경, 생활 환경, 주민의 수, 생산되는 물건이 다르지? 따라서 필요한 공공시설도 지역마다 달라! 도시 지역은 지하철, 도서관, 체육관, 공원 등이 주로 필요할 것이고, 농촌은 마을회관, 농산물 저장 창고 등의 시설이 필요할거야.

67 금융기관

- 금전을 융통하는 일을 하는 기관을 통틀어 이르는 말.
- 금융기관은 돈이 부족한 곳과 남는 곳을 연결시켜 돈이 잘 흐르도록 하는 기능을 한다.

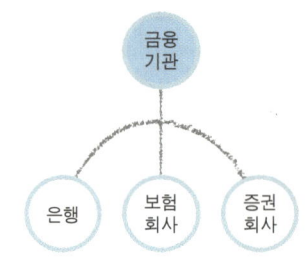

금융기관의 의미와 역할

금융기관은 돈이 필요한 사람과 돈을 빌려줄 수 있는 사람을 연결시켜 주는 기관이다. 정부나 기업, 개인 등을 위해 돈이 부족한 곳과 남는 곳을 연결시켜 돈이 잘 흐르도록 하는 기능을 한다. 기원전 17세기의 바빌로니아에도 금융기관이 있었다는 기록이 있을 정도로 금융기관의 역사는 아주 오래 되었다. 금융기관은 필요할 때 돈을 빌려주고, 다른 곳으로 돈을 보내는 일도 하며, 다른 나라의 돈으로 바꾸어 주기도 한다. 또 각종 공과금(세금, 벌금, 전기세 등)을 수납하고, 귀중품을 보관해 주기도 한다. 요즘에는 회사의 주식을 사고파는 역할도 한다.

은행의 은행, 한국은행

한국은행은 우리나라의 중앙 은행이다. 주로 정부와 은행에 돈을 빌려주거나 우리나라의 돈을 만드는 일을 한다. 그리고 은행의 예금을 맡아 두어서 국가나 사람들 사이에 돌아다니는 돈의 양을 조절하기도 한다. 그래서 한국은행을 '은행의 은행'이라고 부르기도 한다. 한국은행은 다른 은행과 달리 일반 사람들의 예금이나 세금을 받지 않는다.

67 금융기관

금융기관의 종류

금융기관은 크게 은행과 은행 외의 금융기관으로 나뉜다.

은행은 돈을 맡아 주거나 돈이 필요한 사람에게 빌려주는 곳이다. 돈을 맡긴 사람은 이자를 받을 수 있고, 돈을 빌린 기업이나 개인은 빌린 돈을 사업에 투자해서 이익을 얻는다. 이때 이자를 내야 한다. 이자는 돈을 빌리는 대가로 지불해야 하는 돈이다. 은행 중에 일반적인 은행 일을 하는 곳을 '일반 은행'이라 하고, 한국은행처럼 특별한 일을 하는 은행을 '특수 은행'이라고 한다.

보험회사는 화재나 교통사고와 같이 갑자기 큰 사고가 났을 때를 대비해서 만들어진 곳이다. 미리 일정한 돈을 보험회사에 내면 사고가 났을 때 보험회사에서 모아 둔 돈으로 우리를 도와준다.

증권회사는 기업의 주식을 사고파는 역할을 담당하는 곳이다. 주식이란 회사에 필요한 돈을 마련하기 위해 투자할 사람들에게 파는 일정 액수가 적힌 증서이다.

> **은행에서 하는 일은 뭘까?**
> 은행은 사람들의 금융 활동과 관련된 서비스를 제공한다.
> - 예금: 돈을 맡아주는 것
> - 송금: 돈을 다른 사람에게 보내 주는 것
> - 대출: 돈을 빌려주는 것
> - 환전: 외국 돈과 우리나라 돈을 바꾸어 주는 것
> - 공과금 수납: 세금을 비롯하여 각종 공과금을 받아 주는 것
> - 입출금: 돈을 저축하거나 찾을 수 있는 것
> - 돈 교환: 동전이나 지폐를 바꿔 주는 것

금융기관은 은행과 은행 외 금융기관으로 나뉘고, 은행 외 금융기관에는 보험회사, 증권회사 등이 있다.

그 밖에 우체국, 새마을금고, 신협과 같이 은행이 아니면서 은행과 같은 업무를 하는 곳도 있으며, 금융기관 사이에서 금융이 원활하게 이뤄지도록 돕는 서비스를 제공하는 금융감독원 같은 기관도 있다.

그 밖의 금융기관

상호저축은행	서민, 소규모 기업을 대상으로 예금과 대출 업무를 주로 한다.
신용카드 회사	• 회원들이 신용으로 구입한 물건 값을 대신 지불해 주고 정해진 날짜에 이를 돌려받는다. • 회원들에게 돈을 빌려주기도 한다.
협동조합	• 협동조합에 가입한 회원들을 대상으로 예금과 대출 업무를 한다. • 새마을금고, 농협, 수협 등이 있다.
우체국	• 우편물을 취급하거나 우표를 판매하는 일을 한다. • 예금을 받거나 보험 업무도 한다.

개념쌤의 1분 특강

우리 주변을 살펴보면 '○○은행, ○○생명, ○○증권'이라는 간판이 많이 보일 거야. 바로 그곳들이 금융기관이야.

68 예금

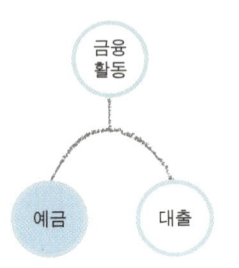

- 일정한 계약에 의하여 은행 등에 돈을 맡기는 일 또는 그 돈.
- 예금을 하면 원금 이외에 이자를 받게 되며, 이자는 은행에 돈을 맡기는 기간이 길수록 많아진다.

예금의 의미와 종류

은행에 이자를 받고 돈을 맡기는 것을 '예금'이라고 한다. 예금은 이자, 예금하는 방법, 돈을 찾을 수 있는 시기가 각각 다르기 때문에 자신의 형편에 맞는 예금을 선택해야 한다.

예금은 크게 보통 예금, 정기 예금, 정기 적금으로 나눌 수 있다. 보통 예금은 필요할 때 언제든지 돈을 맡기고 찾을 수 있는 예금으로, 은행은 고객이 언제 돈을 찾아갈지 모르기 때문에 이자를 많이 주지 않는다. 정기 예금은 목돈을 한꺼번에 맡기고 정해진 기간이 지난 다음에 약속한 이자와 함께 찾을 수 있는 예금이다. 주로 3개월 단위로 가입하며 오래 맡길수록 더 높은 이자를 받을 수 있다. 정기 적금은 매달 일정한 돈을 정해진 기간 동안 저금한 뒤, 약속한 이자를 받는 저축이다. 정기 적금은 주로 1년 이상으로 가입하고, 정기 예금과 마찬가지로 오래 맡길수록 더 높은 이자를 받을 수 있다.

인터넷으로 예금할 수 있다고?

예금 통장은 가까운 은행에서 손쉽게 만들 수 있으며, 요즘에는 인터넷뱅킹을 통해서도 만들 수 있다.

은행에 돈을 저축하는 것을 입금, 저축한 돈을 찾는 것을 출금, 다른 사람에게 보내는 것을 송금이라고 한다. 이런 업무들은 은행 창구나 현금입출금기를 이용해서도 가능하며, 인터넷으로도 가능하다.

인터넷뱅킹이 발달하여 은행에 가지 않고도 송금 등의 은행 업무를 집이나 회사에서도 할 수 있다.

이자와 금리

이자는 돈을 사용하는 대가로 지불하는 돈이다. 돈을 은행에 저축하면 은행은 돈이 필요한 개인이나 기업에 이 돈을 빌려주고 이들에게 이자를 받는다. 그리고 받은 이자의 일부를 은행에 저축한 사람들에게 지급한다. 이렇게 해서 저축을 통해 우리가 이자를 받을 수 있게 되는 것이다. 즉, 이자는 원금 이외에 더 받는 돈이다.

개념샘의 1분 특강

원금에 대한 이자의 비율을 '이자율' 또는 '금리'라고 해. 돈을 은행에 많이, 오래 맡길수록 이자 소득이 높아져.

69 부채와 신용

- 부채는 남에게 빚을 지고 있는 것 또는 그 빚.
- 신용은 외상값, 빚 등을 감당할 수 있는 지급 능력을 말하며 얼마나 많은 부채를 졌는지에 따라 개인 신용도가 달라진다.

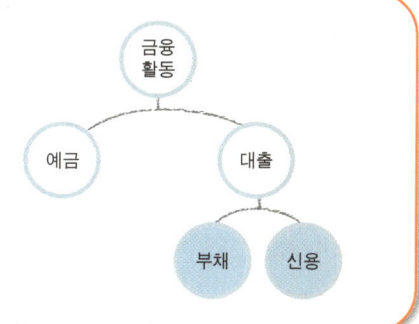

부채의 의미와 신용과의 관계

갚아야 할 돈을 갚지 못해 빚을 지고 있는 것을 '부채'라고 한다. 부채는 자신의 소득을 넘어서는 값비싼 물건을 구입할 경우나 은행에서 돈을 빌려서 부동산을 사거나 무리하게 주식 투자를 할 경우 늘어나게 된다. 예를 들어, 자동차를 사기 위해 은행에 1,000만 원을 빌린 뒤 갚지 못하고 있으면 그 1,000만 원은 부채가 되는 것이다. 부채가 늘어나면 정상적인 경제생활이 어려워진다.

금융생활에서는 얼마나 많은 부채를 졌는지에 따라 개인 신용도가 달라진다. 즉, 소득에 비해 부채가 많을수록 개인 신용도가 낮아지는 것이다. 개인 신용도가 낮으면 같은 금액의 돈을 빌리더라도 더 많은 이자를 내게 되거나 전혀 빌리지 못할 수도 있는 등 경제생활에 큰 불편이 생긴다. 반대로 신용도가 높으면 적은 이자를 내고 돈을 빌릴 수가 있는 등 경제생활을 해 나가는데 이익이 된다. 따라서 경제생활의 기초가 되는 신용을 잘 관리하는 것이 중요하다.

대출은 뭘까?

돈이 필요한 사람에게 이자를 받고 돈을 빌려주는 것을 '대출'이라고 한다.

대출을 받은 사람은 대출금리에 따라 이자를 부담하게 된다. 따라서 같은 금액의 돈을 빌렸더라도 금리가 높아지면 이자 부담이 늘어나고, 금리가 낮아지면 이자 부담이 줄어들게 된다. 또한, 개인 신용도에 따라서도 내야 하는 대출 이자가 달라지므로 대출을 받는 사람은 신용 관리를 잘 하여야 한다.

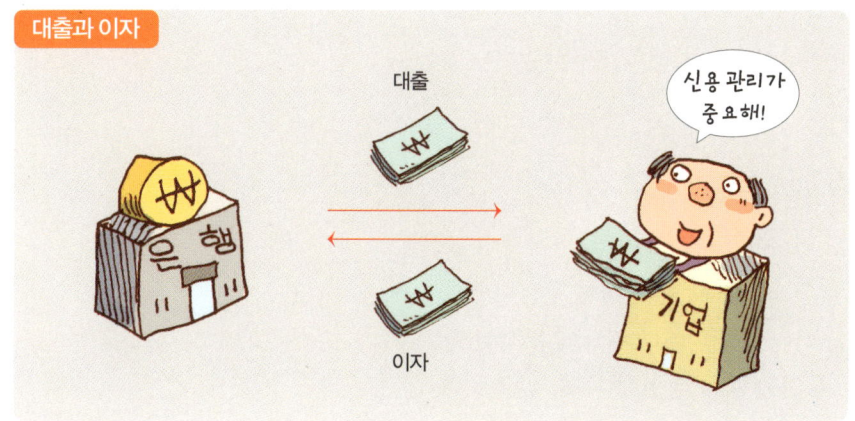

대출과 이자

신용 관리

자신의 신용 관리를 잘 하기 위해서는 자신이 갚을 수 있는 범위 내에서만 돈을 빌리고, 빌린 돈에 대한 이자는 정해진 날짜에 반드시 내야 한다. 또 신용 카드 이용 금액이 소득을 넘지 않도록 해야 하며, 이사를 갈 경우 변경된 주소를 금융회사에 알려야 한다. 그리고 휴대 전화 요금, 각종 공과금 등도 밀리지 말아야 한다.

> **개념쌤의 1분 특강**
> 부채와 신용의 관계는 시소 같은 거야. 부채가 높아지면 신용이 떨어지고, 부채가 낮아지면 신용이 높아지지!

70 주식과 펀드

- 주식은 주식회사의 자본을 이루는 단위.
- 주식과 펀드는 원금이 보장되지 않기 때문에 돈을 잃을 위험성이 있어 현명한 투자가 필요하다.

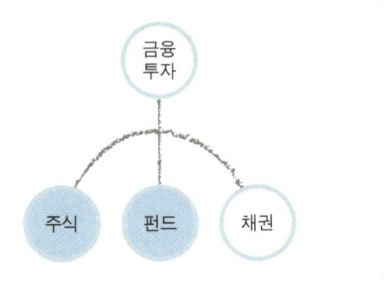

주식과 펀드

'주식'이란 회사를 경영하는 데 필요한 돈을 투자한 사람에게 주는 증서로, 회사는 회사를 설립하거나 돈이 필요할 경우에 여러 사람들에게 이익금을 나누어 줄 것을 약속하고 주식을 발행하여 돈을 마련할 수 있다. 이렇게 주식을 발행하여 세워진 회사를 '주식회사'라고 하며, 주식을 가지고 있는 사람을 '주주'라고 한다. 주식회사에서는 1년에 한 번씩 주주 총회가 열리는데, 주주는 주주 총회에 참석하여 회사 운영에 관한 중요한 사항을 결정하는 데 의결권을 행사할 수 있다.

주식 투자에는 개인이 직접 증권시장에서 주식을 다른 사람에게 자유롭게 사고파는 직접 투자와 투자 전문가에게 맡기는 간접 투자 방식이 있다. 주식 가격은 경제 사정과 회사의 실적에 따라 날마다 달라진다. 회사에 이익이 생겼을 경우에는 주식 가격이 올라가며, 반대로 회사에 손해가 발생하면 주식 가격은 떨어질 수 있다.

'펀드'는 전문가가 여러 사람들로부터 모은 돈을 주식 등에 투자하여 얻은 이익을 나누어주는 금융 상품이다. 펀드는 개인이 아니라 전문가가 대신 투자를 해 주기 때문에 수수료를 내야 한다. 그러나 개인은 어느 회사에 투자해야 할지 정보를 잘 알 수 없으므로 이를 잘 아는 전문가를 통해서 투자할 수 있는 장점이 있다.

채권은 뭘까?

주식과 함께 재산을 늘리는 수단의 하나인 '채권'은 정부·공공법인 및 기업이 장기적으로 필요한 돈을 일시에 대량으로 마련하기 위하여 발행하는 증서를 말한다.

채권은 발행 주체에 따라 크게 국채, 지방채, 특수채, 금융채, 회사채로 분류된다.

채권 발행자는 중장기 자금을 조달할 수 있으며 채권의 소유자는 채권을 매각함으로써 돈을 마련할 수 있다.

일반적으로 채권은 주식보다 안정성이 높은 장점이 있다.

현명한 투자

주식이나 펀드는 예금에 비해 더 많은 이익을 기대할 수 있으나 원금을 보장해 주지 않기 때문에 돈을 잃을 위험성도 있다. 주식 가격이 하락할 경우 손해를 크게 입을 수 있어서 만일 전 재산을 투자하거나 빚을 내어 투자하였다면 커다란 경제적 위험에 처할 수도 있다. 따라서 주식이나 펀드에 투자를 할 때에는 항상 여윳돈으로 투자해야 하며, 투자한 회사의 현재 상태, 앞으로의 전망을 신중하고 꼼꼼하게 확인해야 한다.

71 보험

• 재해나 병, 각종 사고가 일어날 경우에 대비하여, 사람들이 미리 일정한 돈을 적립하여 두었다가 사고를 당한 사람에게 일정 금액을 주어 손해를 보상하는 제도이다.

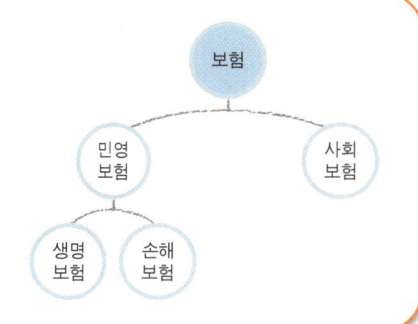

보험의 의미와 필요성

'보험'이란 미래에 예측할 수 없는 재난이나 사고의 위험에 대비하여 미리 일정한 돈을 모아 두었다가 사고를 당한 사람에게 일정 금액을 주어 손해를 보상하는 제도를 말한다.

보험은 적은 돈으로 큰 위험에 대비할 수 있고, 위험에 대한 걱정도 줄일 수 있다. 보험은 사람들이 안정적인 경제생활을 해 나갈 수 있도록 해 준다.

보험의 종류

보험의 종류에는 일상생활을 하면서 일어나는 위험에 대비하여 개인적으로 가입하는 '민영 보험'과 국가가 법으로 정해 국민들에게 보험에 가입하도록 하는 '사회 보험'이 있다.

민영 보험에는 생명 보험과 손해 보험이 대표적이며, 보험회사를 통해 가입할 수 있다. 생명 보험은 사람의 목숨과 관련된 보험으로 사망, 질병, 연금 보험 등이 있으며 손해 보험은 사건이나 사고와 관련된 보험으로 자동차 보험, 화재 보험 등이 있다. 그 밖에도 자녀 학비를 위한 교육 보험, 어린이의 건강을 위한 어린이 보험 등이 있다.

사회 보험에는 사고나 노후를 대비하기 위한 국민 연금, 국민의 의료비 부담을 덜어주기 위해 마련된 국민 건강 보험, 근로자가 직장을 잃었을 때 일을 찾기 위한 돈을 지원하는 고용 보험, 근로자가 근로 현장에서 사고를 당했을 경우에 대비한 산재 보험, 혼자서 일상생활이 어려운 노인을 지원하는 노인 장기 요양 보험이 있다.

> **보험 용어는 너무 어려워!**
> '보험자'는 보험 사업을 하는 주체로 우리가 흔히 부르는 보험회사를 말한다. '보험 계약자'는 보험자와 계약한 사람을 말하며 보험료를 보험회사에 납부할 의무가 있는 사람이다. '피보험자'는 생명 보험의 경우 보험 사고 발생의 대상이고, 손해 보험에서 보험 사고로 경제적 손실을 입은 사람을 말한다. '보험 수익자'는 보험금을 지급 받을 사람으로 일반적으로 계약자를 말한다. 계약자는 사망 시 수익자를 지정할 수 있다.

민영 보험 — 생명 보험 / 손해 보험

> 개념쌤의 1분 특강
> 보험 중에서 '민영 보험'은 가입하고 싶은 사람만 드는 것이지만 '사회 보험'은 무조건 가입해야해. 사회 보험은 국가가 국민들의 복지를 위해 만든 것이기 때문이야.

72 산업

- 경제적 생활을 위해 재화나 서비스를 만들어 내는 기업이나 조직.
- 산업은 1차 산업, 2차 산업, 3차 산업으로 나뉘며, 시대 및 지역에 따라 발달한 산업이 다르다.

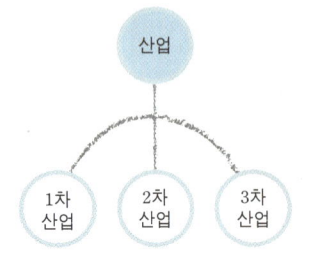

산업의 의미와 종류

산업이란 살아가기 위해 필요한 재화와 서비스를 만들어 내는 모든 활동을 말한다. 농사를 짓고, 컴퓨터를 만들고, 가게에서 물건을 파는 일 등 생활에 필요한 물건이나 서비스를 만드는 모든 활동이 산업에 속한다. 산업은 무엇을 어떻게 만들어 내느냐에 따라 1차 산업, 2차 산업, 3차 산업으로 나뉜다.

1차 산업: 자연을 이용해 생산물을 얻는 활동이다.
2차 산업: 눈에 보이는 재화를 생산하되 자연을 이용하지 않는다.
3차 산업: 사람들의 편리한 생활을 도와주는 활동이다.

4차 산업과 5차 산업도 있다고?
요즘은 3차 산업의 종류가 다양해지면서 3차 산업 중 정보, 의료, 교육은 4차 산업으로, 패션, 오락, 레저는 5차 산업으로 분류하려는 움직임도 있다.

산업의 발전 과정

아주 먼 옛날 원시 시대의 우리 조상들은 자연에서 의식주를 얻어 생활했다. 짐승을 사냥하는 수렵과 풀뿌리나 나무 열매 등을 캐고 줍는 채집이 유일한 산업이었다. 시간이 흘러 고대 사회에는 농업과 목축업이 발달하였고, 그러다가 지금부터 약 250년 전쯤 근대 사회에서는 기계를 이용하여 물건을 만들어 내는 공업이 발달하게 되었다. 오늘날은 서비스 산업과 첨단 기술을 이용한 산업이 발달하고 있다. 특히 게임 산업, 관광 산업, 영화 산업과 같이 사람들을 편안하고 즐겁게 해 주는 산업이 크게 발전하고 있다.

주로 수렵과 채집을 하였다.
농업과 목축업이 발달하였다.
기계를 이용한 공업이 발달하였다.
서비스 산업과 첨단 기술을 이용한 산업이 발달하고 있다.

72 산업

이렇게 1차 산업에서 2차 산업, 3차 산업으로 발달하면서, 사람들의 생활 모습도 크게 달라졌다. 사람들이 주로 종사하는 직업의 종류가 달라졌고, 농촌에서 살던 사람들이 도시로 이사 가는 경우가 많아졌다. 첨단 기술이 발달하면서 각 산업의 생산 활동 모습도 많이 달라졌다. 농촌에서는 기계를 이용하여 농사일을 하고 인공위성을 이용해 날씨를 보다 정확하게 예측할 수 있게 되었다. 공장에서는 위험하거나 힘든 일을 로봇이 대신하여 안전사고의 위험도 줄이고 물건을 만드는 데 필요한 돈과 시간도 줄일 수 있게 되었다. 어촌에서는 어군 탐지기를 이용해 어떤 물고기가 어디에서 많이 잡히는지 쉽게 알 수 있게 되었다.

우리나라의 지역별 주요 산업

지역마다 발달한 산업이 다른 이유는 지역에 따라 기후와 자연환경, 발달한 기술이 다르기 때문이다. 산업은 필요한 조건이 갖추어져 있는 곳에서 발전하기 때문이다. 그래서 시멘트의 원료인 석회석이 나는 곳에서는 시멘트 산업이 발달하고, 바다가 가까워 원료를 수입하고 물건을 만들어 수출하기 좋은 곳에서는 배를 만드는 조선업이 발달하게 되는 것이다.

수도권: 교통이 편리하고 사람들이 많이 있어 각종 공업 및 첨단 산업과 서비스업이 발달해 있다. 우리나라 최대의 산업 중심지이다.

영동 지방: 석회석이 많이 나는 영월, 삼척 등에는 시멘트 공업이 발달했다. 또 여름의 서늘한 기후를 이용한 고랭지 농업, 관광 산업도 활발하다.

충청 지방: 농업이 주요 산업이었지만 중국과 교역이 늘어나면서 서해안 쪽이 대규모 공업 단지로 성장하고 있다.

제주도: 색다른 자연 경관을 바탕으로 관광 산업이 발달하였고 목축업, 귤농사 등도 많이 짓는다.

호남 지방: 온화한 기후와 넓고 기름진 평야가 있어 우리나라 최대의 벼농사 지역이다. 최근 교통의 발달로 광주와 목포 지역에는 공업의 성장이 기대되고 있다.

영남 지방: 부산을 중심으로 한 해안 지역은 우리나라 최대의 중화학 공업 지역이고, 대구를 중심으로 한 내륙 지역은 섬유 및 전자 산업 단지, 낙동강 하류의 김해 평야는 우리나라 최대의 원예 농업 지역을 이루고 있다.

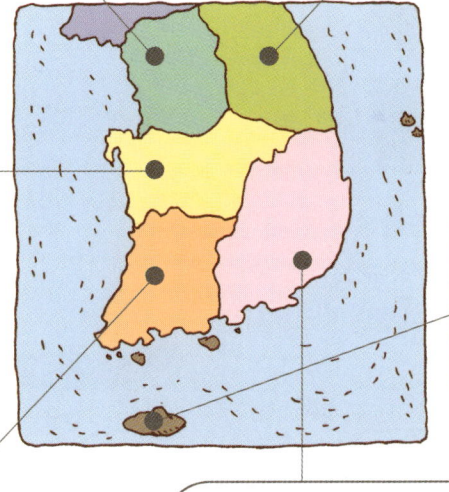

우리나라의 산업 발달 과정은?

우리나라의 주된 산업은 1960년대 이전까지만 해도 자연에서 필요한 것을 얻는 1차 산업이었다.
하지만 1962년 나라에서 '경제 개발 5개년 계획'을 세워 경제 발전의 토대를 닦기 시작하였으며, 시멘트, 비료, 정유 산업을 중심으로 발달했다. 그러다가 1970년대에 들어서면서 좀 더 규모가 큰 석유 화학, 조선, 전자, 제철과 같은 중화학 공업이 발달했다. 1980년대에 들어서자 그동안 쌓은 기술과 자본을 바탕으로 자동차 공업과 정밀 기계 공업이 눈부시게 발달하기 시작했다. 1990년대부터는 우리나라도 높은 기술력을 갖춘 나라가 되었고 현재 컴퓨터, 반도체, 정보 통신 분야에서 세계 최고로 꼽히고 있다.

개념쌤의 1분 특강

산업이 1차 → 2차 → 3차 산업으로 발달하였다고 해서 오늘날 1차 산업이나 2차 산업이 아예 없어진 것은 아니야!

73 미래 산업

- 미래에 인간의 생활을 위해 재화·서비스를 만들어 내는 기업이나 조직.
- 미래에는 생명 공학 분야, 환경 분야, 항공 우주 분야, 참살이 분야가 주목받을 것으로 예상된다.

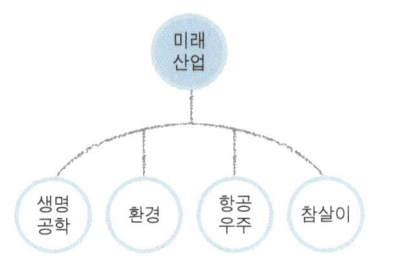

미래 사회의 모습과 발전 과정

과학 기술의 발달로 미래 사회의 모습은 오늘날과 많이 다른 것이다. 불치병을 치료하기 위해 유전자와 세포를 연구하거나, 동식물의 여러 특성을 이용해 약품을 개발하는 일이 늘어나면서 미래에는 생명 공학 산업이 크게 발달할 것이다. 환경 오염과 그로 인한 피해가 점점 심각해지고 있으므로 미래에는 환경 오염을 해결하기 위한 환경 오염 방지 시설이나 무공해 에너지를 개발하는 산업도 발달하게 될 것이다. 또한, 건강한 먹거리와 행복한 삶에 대한 관심이 높아져 참살이 관련 산업도 발전할 것이다.

최근 우리나라는 소형 인공위성을 발사하고 우주인을 선발하여 우주를 탐험하게 하는 등 우주 개발에 많은 노력을 기울이고 있다. 이처럼 미래는 우주 개발을 위한 산업이 더욱더 발전할 것이다.

미래에 주목받을 직업은 뭘까?

미래에는 생명 공학 분야, 환경 분야, 항공 우주 분야, 참살이 분야 등이 발전할 것이므로 이와 관련하여 새로운 직업이 주목받을 것이다. 예를 들어, 빗물의 사용을 연구하는 등의 환경 전문가, 새로운 놀이를 만들어 내는 등의 문화 예술 전문가, 스트레스를 해결해 주는 등의 건강 전문가, 친환경적인 삶을 도와주는 친환경 전문가 등의 직업이 주목받을 것이다.

현재 대부분의 기계가 석유와 석탄을 원료로 움직이고 있으나 이런 천연자원은 고갈될 위험에 처해 있다. 따라서 현재 개발되어 이용하고 있는 풍력 에너지, 태양광 에너지 외에 석유를 대체할 수 있는 대체 에너지 산업이 발달할 것이다.

대체 에너지

태양을 이용한 태양광 에너지 | 바람을 이용한 풍력 에너지

개념쌤의 1분 특강

미래의 산업은 미래의 사회 모습과 관련이 있어. 그리고 미래의 사회 모습은 현대 사회의 좋은 점은 더 좋아지고 나쁜 점은 해결된 모습일 거야.

74 국민 경제

- 한 나라를 단위로 하여 종합적으로 파악하는 경제 활동.
- 한 나라 안의 모든 경제 활동은 연결되어 있으며 하나의 국민 경제 안에서 가계나 기업, 정부는 서로 영향을 주고받는다.

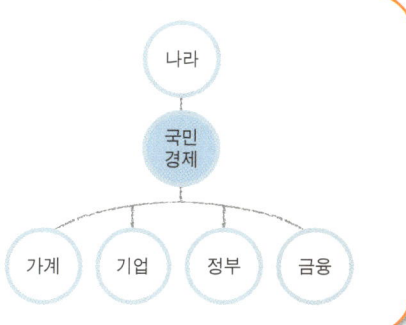

국민 경제의 의미

한 나라 안에서 경제생활을 하는 사람들은 모두 그 나라의 법과 제도를 지키며 경제생활을 한다. 국민들뿐 아니라 국가나 지방 자치 단체, 기업, 가정 등의 경제 활동도 당연히 그 나라의 법이나 제도에 따라 이루어진다. 따라서 같은 나라의 법과 제도 안에서 경제 활동을 하는 각각의 집단이나 사람은 서로 가까이 연결되어 있으므로 나라를 단위로 경제 활동 전체를 파악한다. 그리고 이를 '국민 경제'라고 한다.

한 나라 안에서 이루어지는 경제 활동을 국민 경제라고 한다.

국가 안의 모든 경제 활동이 연결되어 있다고?

맞벌이 가정이 늘어나면서 직접 밥을 해 먹기 힘든 경우가 많아져 냉동 식품 회사나 외식 관련 기업이 큰돈을 벌고 있다. 또 집안 일을 간편하게 해 줄 수 있는 로봇 청소기나 원격 조종 시스템이 개발되고 있다. 새로 만들어지는 상품이 다양해지면서 정부도 할 일이 많아지고 있다. 가계의 경제 활동이 기업과 정부의 경제 활동에 영향을 끼친 것이다.

국민 경제의 구성 요소

가계, 기업, 정부, 금융은 국민 경제를 구성하는 요소이다. 가계는 생산 활동을 할 때 일손을 제공하고 그 대가로 소득을 얻어 기업과 정부가 생산한 재화와 서비스를 소비하며, 소비하고 남은 부분을 저축한다. 기업은 재화와 서비스를 생산하고, 생산 활동을 하면서 일자리를 만들어 내며 직원 임금, 건물 임대료, 세금을 낸다. 정부는 도로와 다리 등 경제를 위해 기본적으로 필요한 시설을 세우고, 경제 활동을 둘러싼 다툼을 중재할 규칙을 세워 우리 경제가 잘 돌아가도록 조절한다. 금융기관은 가계의 저축이 자금을 필요로 하는 기업에게 원활하고 안전하게 융통될 수 있게 한다. 이 과정에서 주식, 채권 등이 거래되고 금융 시장이 형성된다.

개념쌤의 1분 특강

'국민 경제'라고 하니 괜히 어렵게 느껴지지? 그럴 필요 없어. '나라'를 단위로 하니까 '국민'이란 글자가 붙은 것 뿐이야.

75 국민 소득

- 1년 동안 한 나라의 국민이 생산 활동의 결과로 얻은 최종 생산물의 총액.
- 국민 소득은 한 나라의 경제 활동 정도나 생활 수준이 과거에 비해 얼마나 나아졌는지를 알아보기 위한 지표이다.

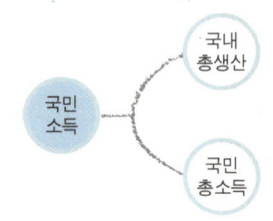

국민 소득의 의미

국민 소득이란 일정기간(보통 1년) 동안 한 나라의 국민이 생산 활동의 결과로 얻은 최종 생산물의 총액을 말한다. 국민 소득은 한 나라의 경제 활동 정도나 생활 수준이 과거에 비해 얼마나 나아졌는지를 알아보기 위한 지표이다. 국민 소득을 나타내는 기준에는 여러 가지가 있는데, 그중 대표적인 것으로 국내 총생산(GDP)과 국민 총소득(GNI)이 있다.

국내 총생산(GDP)은 한 나라에서 일정 기간 내에 새로이 만들어 낸 재화와 서비스의 가치를 돈의 액수로 바꾸어 전부 더한 것을 말한다. 예를 들어, 한 나라에 밀가루를 만드는 사람과 빵 만드는 사람 둘만 있다고 가정하고, 빵 만드는 사람이 밀가루 만드는 사람한테 밀가루를 300원어치 사서 1,000원어치 빵을 만들었다면 이 나라의 국내 총생산은 1,000원이 된다. 밀가루 만드는 사람이 만들어 낸 가치 300원에 빵 만드는 사람이 새로 만들어 낸 가치 700원을 더하면 되는 것이다. 1,000원은 마지막 생산물이었던 빵의 가격과도 일치한다.

국민 총소득(GNI)은 일정 기간 동안 한 나라의 국민들이 벌어들인 소득을 전부 합한 것이다. 국내 총생산은 말 그대로 국내에서 생산된 것의 가치를 합친 것이어서 국내에서 활동한 외국인의 생산 활동까지 포함시키지만 국민 총소득은 그 나라 국민들만의 소득을 계산한 것이어서 국내에서 얻은 외국인의 소득은 빠지고, 외국에 나가 활동하는 우리 국민들의 소득을 포함시킨다.

국민 총소득이 높으면 선진국이라 말할 수 있을까?

대체로 국민 총소득이 높은 나라와 1인당 국민 총소득이 높은 나라는 서로 다르게 나타나는 경우가 많다. 1인당 국민 총소득이란 국민 총소득을 그 나라 인구로 나눈 값을 말한다. 국민 총소득은 높은데 인구가 많아서 1인당 국민 총소득이 낮다면, 그 나라는 선진국이 아니며 국민 개개인이 잘산다고 할 수 없다.

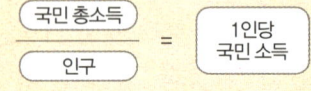

국내 총생산

한 나라에서 일정 기간 내에 새로이 만들어 낸 가치를 국내 총생산이라고 한다.

76 경제 성장

- 한 나라의 전체적인 생산 수준이나 국민 소득이 계속 증가하는 것.
- 우리나라는 각 경제 주체들이 노력한 결과 1인당 국민 소득 2만 달러를 바라보는 '한강의 기적'을 이루었다.

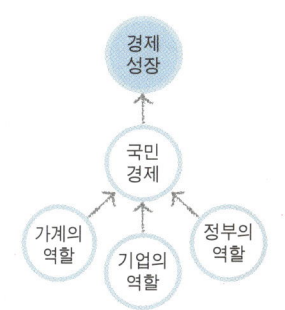

우리나라의 경제 성장

경제 성장이란 한 나라의 경제 능력이 커져 국민 소득이나 국내 총생산이 계속해서 늘어나는 것을 말한다.

우리나라는 6·25 전쟁이 끝난 직후 1인당 국민 소득이 60달러 정도 밖에 안 되는 가난한 나라에서, 지금은 1인당 국민 소득이 2만 달러를 바라볼 만큼 성장했다. 우리가 이만큼 경제 성장을 이룩한 것을 다른 나라에서는 '한강의 기적'이라고 부른다. 이는 가계, 기업, 정부의 각 경제 주체가 끊임없이 노력한 결과이다. 가정에서는 저축을 많이 하고 국산품을 애용하였으며 열심히 일을 하였다. 기업은 기술을 개발하고 질 좋은 물건을 수출하기 위해 노력했다. 정부에서는 경제 성장을 위한 계획을 세워 이를 실천하고, 도로와 항구, 공항 등 경제를 위한 기본적인 시설을 만드는 데 최선을 다하였다.

경제 성장을 위한 노력

경제 위기와 극복

우리 경제는 1997년 말, 외환 위기라는 큰 어려움을 겪었다. 기업은 외국에서 돈을 빌려 무리하게 사업을 늘리고 정부는 잘못된 정책으로 경제를 이끌어 위기가 찾아온 것이다. 정부는 이 위기를 해결하기 위해 1997년 12월 말 국제통화기금(IMF)에서 돈을 빌렸다. 이때 많은 기업들이 문을 닫았고 많은 근로자들은 일자리를 잃었다.

온 나라가 경제 위기를 극복하기 위해 노력하였다. 각 가정은 금 모으기 운동에 참여하였고, 국산품을 애용하였다. 기업은 불필요한 사업을 정리하고 기술 개발에 힘을 쏟았다. 그 결과 4년 후 우리나라는 IMF의 빚을 모두 갚을 수 있었다.

IMF 경제 위기는 뭘까?

국제통화기금(IMF)은 세계 각국이 경제력에 따라 돈을 내어 기금을 마련하고 그 돈으로 각 나라의 경제 성장을 지원하며, 외화가 부족할 때 외화를 빌려주기도 한다. 그래서 우리나라도 외환 위기 때 IMF로부터 돈을 빌렸었다. 그래서 IMF 경제 위기, IMF 외환 위기, IMF 환란, IMF 관리 체제, IMF 시대, IMF 사태 등으로 불린다.

당시 많은 회사들의 부도 및 경영 위기가 나타났고, 이 과정에서 대량 해고와 경기 악화로 인해 대한민국의 온 국민이 큰 어려움을 겪었다. 하지만 정부의 새로운 정책들과 대기업의 구조 조정을 통해서 2년만에 정상적으로 회복을 했다.

외환 보유고를 늘린다는 목적으로 '금모으기 운동'이 벌어지기도 했다. 애국심이 발동한 국민의 적극적 참여 결과로 총 227톤의 엄청난 양을 모았다.

개념쌤의 1분 특강

경제 성장을 위해서는 근로자, 기업, 정부가 서로 협력하고 결실을 함께 나누는 자세가 필요해.

77 인플레이션

- 화폐 가치가 떨어지고 물가가 올라 실질적 소득이 감소하는 현상.
- 인플레이션은 총수요가 총공급보다 많고, 통화량 증가, 생산비 상승, 독과점 기업의 가격 인상에 의해 발생한다.

화폐 가치 하락 ⟶ 물가 상승 ⟶ 인플레이션

인플레이션의 원인

얼마 전까지 1,000원 하던 공책이 1,500원으로 오르게 되면 사람들은 똑같은 공책을 사기 위해 500원을 더 써야 하므로 돈의 가치가 그만큼 떨어졌다고 할 수 있다. 이처럼 물가가 오르고 돈의 가치가 떨어지는 것을 '인플레이션'이라고 한다. 이러한 인플레이션은 총수요보다 총공급이 적은 경우, 통화량이 늘어 사람들이 이전보다 많아진 돈으로 물건을 사서 총수요가 많아질 경우, 제품의 생산 비용이 올라서 제품의 가격이 올라가는 경우, 독과점 기업들이 높은 이윤을 얻기 위해 물건의 가격을 올린 경우에 발생한다.

인플레이션의 영향

인플레이션이 발생하면 돈의 가치가 떨어지므로 봉급이나 연금 생활자처럼 고정적으로 돈을 받는 사람들은 불리해지는 반면 자산(부동산, 골동품 등)을 가지고 있는 사람들은 물가 상승으로 이득을 보게 된다. 이럴 경우 부동산 투기 같은 불건전한 거래가 늘어나게 되고 소득 격차가 심해지는 빈익빈부익부 현상이 일어나 국민 경제를 약화시킨다. 또, 금융 자산(예금, 채권 등)을 가지고 있는 사람은 돈의 가치가 떨어지므로 불리해지고 빚을 갚아야 하는 사람은 부담이 줄어들어 이익을 보게 된다. 따라서 인플레이션은 결과적으로 소득 및 부의 재분배에 영향을 미친다.

인플레이션이 일어나면 화폐 가치의 변화를 예측하기 어려워 경제 주체들이 저축을 꺼리게 되고 그로 인해 은행에 자금이 안 들어와 대출을 줄이게 된다. 이는 결국 경제 성장에 지장을 주게 된다. 또한 인플레이션으로 인한 물가 상승은 국산 제품의 수출 가격을 올려서 국산 제품의 가격 경쟁력에 부정적인 영향을 미치고, 상대적으로 싼 외국 제품의 수입이 늘어나 무역수지를 악화시킨다.

> **29500%의 인플레이션이 발생한 적이 있다고?**
>
> 독일이 1차 세계 대전에서 패전한 후, 배상금을 지불하기 위해 마르크화를 계속해서 발행해 1923년 10월 한 달 동안 29500%의 인플레이션이 일어나 마르크화의 가치가 매우 떨어져 마르크화를 땔감으로 쓰기도 하였다.
> 2006년, 짐바브웨는 콩고 내전에 파병하면서 화폐를 지나치게 많이 찍어 인플레이션이 발생했는데 계란 세 개를 사려면 1천 억 짐바브웨 달러가 필요했고, 빵 하나를 사려고 해도 부피가 큰 돈 자루를 가져가야 하는 웃지 못할 일이 발생하였다.
> 이런 과도한 인플레이션이 발생하면 나라의 경제가 붕괴되어 혹독한 시련을 겪게 된다.

인플레이션의 원인과 영향

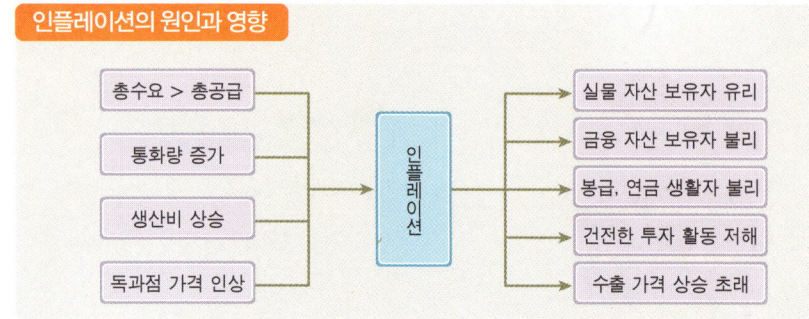

개념쌤의 1분 특강

'디플레이션'은 통화량이 줄어 물가가 하락하고 경제 활동이 침체되는 현상을 말하고, '스태그플레이션'은 경기 침체에도 불구하고 물가가 상승하는 현상을 말해. 인플레이션과 혼동하지 마!

78 환율

- 우리나라 돈과 국제통화를 바꿀 때의 비율.
- 환율은 국제통화의 수요와 공급에 따라 결정되며, 환율의 변화는 수출·수입과 밀접한 관계가 있다.

환율의 의미와 환율 결정 방법

전 세계적으로 많이 쓰는 돈을 '국제통화'라고 한다. 국제통화에는 미국 화폐인 달러(USD), 일본 화폐인 엔화(JPY), 유럽연합 공통의 화폐인 유로화(EUR) 등이 있다. 국제통화를 우리나라 돈으로 바꾸려면 환율을 따져봐야 한다. '환율'은 국제통화를 바꿀 때의 비율을 말한다. 달러 환율이 1,000원이라고 하면 미국 돈 1달러를 우리나라 돈 1,000원으로 바꿀 수 있다는 의미이다.

환율은 사람들이 얼마나 우리나라 돈을 갖고 싶어 하느냐에 따라 결정된다. 가격이 수요와 공급에 의해 결정되는 원리와 비슷하다.

아무도 우리나라 돈을 필요로 하지 않는다면 우리나라 돈이 무척 싸져서 환율이 오르게 된다. 반대로 우리나라 돈을 필요로 하는 사람들이 많아진다면 점점 우리나라의 돈이 비싸져서 환율이 떨어지게 된다. 환율이 떨어졌다는 것은 우리나라 돈의 가치가 높아져서 상대적으로 다른 나라의 돈이 싸졌다는 것을 의미한다.

환율과 수출·수입의 관계

환율이 1달러에 1,000원에서 1달러에 1,300원으로 오르면, 예전에 1,000원으로 수입했던 물건을 1,300원을 주고 수입해야 하므로 우리나라 사람들은 가격이 올라간 수입품을 덜 사게 된다. 그러면 우리나라의 수입업자들은 손해를 보게 된다. 반대로 수출을 하는 경우, 다른 나라 입장에서는 우리나라 물건을 이전보다 싸게 사는 것이 되므로 자신의 나라에서 싸게 팔 수 있기 때문에 우리나라 물건을 많이 사게 된다. 그러면 우리나라의 수출업자들은 이익을 보게 되는 것이다. 환율이 오르면 수입을 하는 사람들에게는 불리해지고, 수출하는 사람들에게는 유리해지며 환율이 내리면 그 반대의 결과가 나타나게 된다.

환율 변동 요인은 뭘까?

환율 변동 요인에는 국민 소득, 물가 수준, 경제 성장률, 통화량이나 금리 등이 있다.

물가로 예로 들어 보면, 국내 물가가 상승하면 수입 상품의 상대적 가격이 하락하게 되어 수입이 증가할 것이다. 그러면 수입한 물품의 대금을 지급하여야 하므로 외환(외국 돈) 수요가 증가하게 되고, 결국 환율이 상승하게 된다.

개념샘의 1분 특강

환율을 얘기하면서 '원화가 평가 절상 또는 평가 절하되었다'라고 말하는 것을 들어 본 적 있지? 이 말은 환율 변동에 따라 우리나라 돈(원화)의 대외 가치가 외국 돈에 비해 상승 또는 하락했다는 의미야.

79 무역

- 나라와 나라 사이에 서로 물품을 사고파는 일.
- 무역을 하면 우리나라에서 나지 않는 물건을 수입하여 사용할 수 있고 수출을 해서 돈을 벌 수도 있다.

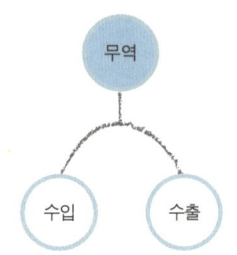

수입과 수출

무역이란 나라와 나라 사이에 필요한 물건을 서로 사고파는 것을 말한다. 물건뿐 아니라 기술이나 서비스처럼 보이지 않는 상품도 무역을 통해 서로 사고판다.

우리나라에서 만든 것을 다른 나라에 파는 것을 '수출'이라 하고, 다른 나라에서 만든 것을 우리나라로 사 오는 것을 '수입'이라고 한다. 수출을 하면 외국으로부터 돈을 벌어오게 되고, 수입을 하면 물건을 산 대가로 외국에 돈을 주어야 한다. 그래서 수출은 좋고 수입은 나쁜 거라고 생각하기가 쉽다. 하지만 수입이 무조건 나쁜 것이라고는 할 수는 없다. 생활에 꼭 필요하지만 우리나라에서는 나지 않는 것들은 수입하지 않으면 사용할 수 없다.

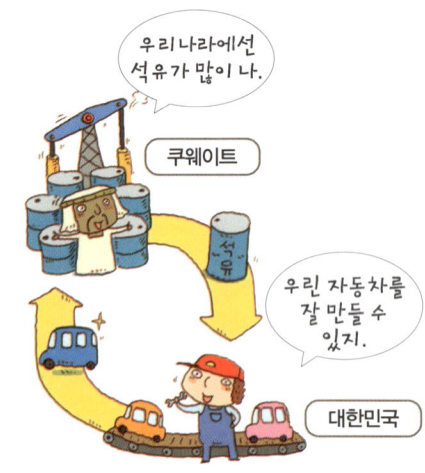

나라와 나라끼리도 서로 필요한 물건을 사고판다.

공정무역은 뭘까?

공정무역이란 공정한 가격에 거래하여 적정한 수익을 생산자에 돌려주자는 '착한 소비'에서 비롯된 무역 방식이다. 공정무역을 통해 생산자들은 공정한 노동의 대가를 얻을 수 있었으며, 품질 좋은 제품을 생산할 수 있다. 공정무역은 커피와 수공예품 등 일부 품목에서 시작하였으나 지금은 설탕, 초콜릿, 와인 같은 가공 식품, 나아가 면제품, 청바지에 이르기까지 품목이 다양해지고 있다.

무역을 하는 이유

나라마다 자연 환경, 기술 수준, 적은 비용으로 잘 만들 수 있는 상품의 종류가 모두 다르기 때문에 각 나라들은 만들기 유리한 상품을 많이 만들어 다른 나라에 팔고 대신 만들기 힘들거나 나지 않는 상품을 수입해서 쓴다. 그렇게 해서 무역에 참여하는 여러 나라들은 함께 이익을 얻을 수가 있게 된다.

무역을 하여 더 넓은 시장이 확보되면 대량 생산이 가능하고 생산 비용이 절감되어 국민이 저렴하게 이용할 수 있다. 무역 때문에 기업들이 많이 생겨나 고용 증대에도 도움이 된다.

석유처럼 우리나라에서 나지 않는 것을 수입해 쓸 수 있다.

자동차처럼 우리나라에서 잘 만드는 것을 수출해서 돈을 벌 수 있다.

다른 나라에서 만드는 것을 싸게 수입할 수 있다.

80 우리나라의 무역

- 우리나라는 원료를 수입하여 제품을 만들어 파는 가공무역을 함.
- 우리나라는 가공무역을 하기 때문에 주요 수출품은 공업 제품이고, 주요 수입품은 천연자원이다.

가공무역

1950년대 말 우리나라는 세계에서 가장 가난한 나라 중 하나로 주로 천연자원을 수출했지만, 지금은 세계 10위권의 무역 강대국으로 반도체와 같은 최첨단 상품을 수출하고 있다. 우리나라는 다른 나라에서 원료를 수입하여 노동력과 기술로 제품을 만든 뒤 다시 수출하는 '가공무역'을 하고 있다. 그래서 우리나라의 수출품은 대부분 공업 제품이고, 수입품은 대부분 천연자원이다. 2011년 현재, 우리나라 주요 수출품은 선박, 석유 제품, 반도체, 자동차, 휴대폰 순이며, 주요 수입품은 원유, 반도체, 천연가스, 석유 제품, 석탄 순이다. 그리고 주요 수출국은 중국, 미국, 일본이며, 주요 수입국은 중국, 일본, 미국, 사우디아라비아 순이다.

가공무역

주요 수입품과 수출품

코리아(KOREA)는 어디서 유래했을까?

'코리아'란 말은 왕건이 세운 나라 '고려'에서 나온 것으로 '코리아'와 '고려'의 발음이 비슷하다.
옛날 고려 시대에 무역이 활발하게 이루어졌었는데, 고려로 무역을 하러 왔던 아랍 사람들이 고려를 부르던 이름이 유럽에 전해지고 전 세계에 퍼져서 한국을 '코리아'라고 부르게 된 것이다.
이처럼 무역을 하면 돈과 물건만 오고 가는 것이 아니라, 문화도 오고 가면서 서로에 대한 이해가 높아지게 된다.

무역 의존도

한 나라의 무역 규모를 국민 소득으로 나눈 것을 무역 의존도라고 한다. 우리나라는 인구가 적어 국내 시장 규모가 작고, 가공무역을 하기 위해 자원을 수입하여야 하기 때문에 무역 의존도가 높다. 이는 우리나라의 경제가 외국 경제와 밀접한 관계를 맺고 있으며 외국의 경기 변동에 우리 경제가 민감하게 좌우된다는 뜻이기도 하다.

'가공무역'이란 말 어렵지? 원료를 가지고 와서 물건을 가공하여 판다라고 이해하면 쉽게 외워져!

81 자유 무역

- 아무런 간섭이나 보호를 하지 아니하고 자유에 맡겨 하는 무역.
- 자유 무역은 소비자에게 싼 물건을, 기업에게는 더 큰 이익을 주며, 나라 경제 발전에 좋은 영향을 준다.

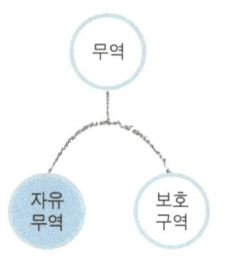

자유 무역의 의미

무역에 아무런 간섭이나 보호를 하지 않고, 관세도 매기지 않아 자유롭게 무역을 하는 것을 '자유 무역'이라고 한다. 요즘에는 전 세계적으로 자유 무역이 점점 늘어나고 있다.

자유 무역을 하면 물건을 사는 소비자들은 다양한 물건을 싸게 살 수 있고, 기업들은 다른 나라에 더 많은 수출이 가능하므로 더 큰 이익을 얻을 수 있다. 자유 무역으로 무역이 활발해지고, 일자리 창출의 기회가 확대되어 나라 경제 발전에 좋은 영향을 주는 장점이 있다. 하지만 힘이 강한 외국의 기업들과의 경쟁에서 이기기 힘든 분야의 자국 기업과 노동자들은 살아남기 힘들어지는 등의 단점도 있다.

소비자들은 다양한 물건을 싸게 살 수 있게 되었다.

기업은 더 많은 나라에 물건을 팔 수 있게 되었다.

한미 자유 무역 협정은 뭘까?

한미 FTA는 한국과 미국 간의 상품 및 서비스 무역을 할 때 관세 철폐 등에 관해 맺은 무역 협정으로, 2006년 한국과 미국이 FTA 협상 출범을 공식 선언한 후 2007년까지 14개월 간의 긴 협상을 마치고 최종 타결되었고 2012년 3월 15일 0시를 기준으로 효력이 발생하게 되었다.

한미 FTA로 인하여 국내 자동차와 섬유 업종이 대표적인 수혜 업종으로 꼽히고, 제약과 농축산물 업종은 큰 타격을 받을 것으로 예상되었다. 특히 농축산물 업종은 가장 큰 피해가 예상이 되어 경쟁력이 없는 쌀 시장 개방에 대한 농민들의 항의 집회와 시위가 끊이지 않았다. 그래서 정부에서는 쌀 시장을 지키는 것을 타결 조건으로 걸고 협상을 진행하였다.

자유 무역 협정(FTA)

자유 무역 협정(FTA)은 두 나라 혹은 소수의 몇 나라가 무역에 관한 모든 제한과 규제를 없애 서로 자유롭게 무역을 하도록 하는 것이다. 자유 무역 협정은 시장을 국내에서 국제로 넓혀 큰 이익을 얻을 수 있게 하고, 국내 기업이 외국 기업과의 경쟁으로 더욱 크게 성장할 기회를 마련한다. 그리고 선진국의 자본과 기술이 들어와 자본이 풍부해지고 국내 기술이 발달할 수 있게 해 준다.

다만, 경쟁력을 갖추지 못한 분야의 산업은 시장이 개방되면서 피해를 입을 수 있다. 초창기에는 자유 무역 협정의 대상이 상품으로 한정되어 있었으나 점차 서비스, 교육, 지적 재산권 등으로 범위가 커지고 있다. 지금은 대부분의 국가들이 한 개 이상의 자유 무역 협정을 맺고 있다.

경제의 세계화 추세

경제의 세계화는 한 나라 안에서 이루어지던 경제 활동이 전 세계적인 범위로 넓어지게 된 것을 뜻한다. 전 세계의 시장이 하나가 된 것이다.

경제가 세계화되면서 나라 사이의 무역이 자유로워져 소비자들은 전 세계의 값싸고 다양한 상품을 자유롭게 살 수 있게 되었다. 기업은 나라 간 경계를 넘어 서로 협력하여 자원이나 상품, 서비스를 생산하고 그것을 전 세계의 수많은 소비자들을 상대로 팔 수 있어 더 많은 이익을 얻을 수 있게 되었다. 전 세계가 하나의 시장이 되면서 경쟁력 있는 개인이나 기업들은 전보다 훨씬 많은 이익을 얻을 수 있게 된 것이다.

한편, 경제의 세계화에 반대하는 사람들도 많이 있다. 경제의 세계화로 나라와 기업, 그리고 개인들 사이에 경쟁이 심해지면 경쟁에서 이길 힘을 갖추지 못한 이들은 점점 더 가난해질 수 있기 때문이다.

많은 돈과 기술력이 있는 나라라면 경쟁에서 이겨 더 큰 이익을 얻게 되겠지만, 그렇지 못한 나라라면 경쟁에서 밀려나 오히려 더 가난해지는 결과를 초래할 수 있다. 부유한 사람들과 가난한 사람들 사이의 격차, 부유한 나라와 가난한 나라 사이의 격차가 더욱 심해지게 될 수 있다.

우리나라 농축산물 시장이 위험하다고?

값이 싼 외국의 농축산물이 들어오면 우리나라 농민들이 재배한 농축산물은 가격이 더 비싸니까 지금보다 덜 팔리게 될 것이다. 그렇게 되면 농민들의 소득이 줄어 생활이 어려워지게 될 것이다.

경제의 세계화로 선진국과 대기업의 힘은 더욱 커지고, 개발도상국과 중소기업은 형편이 더욱 어려워질 수 있다.

국제 경쟁력

경제의 세계화는 점점 더 빠른 속도로 진행되고 있는 추세이므로 경제의 세계화에 대비하기 위해서는 먼저 세계 시장에서 살아남을 수 있는 좋은 상품을 개발해야 한다. 독특한 문화 상품을 개발하는 것도 아주 중요하다. 또 국제 경제의 흐름을 미리 예측하여 체계적으로 대비할 수 있도록 국가가 적극적으로 나서서 도와야 한다.

자유 무역은 말 그대로 무역을 자유롭게 하는 것을 의미해. 자유로운 만큼 경쟁이 치열해.

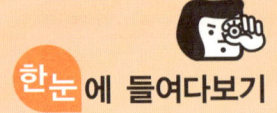
우리나라 산업 발달 과정

우리나라는 1960년대 이전에는 농업 중심의 국가였다. 그러다 1960년대 경공업이 발달하였고, 1970~1980년대에는 중화학 공업이 발달하였다. 1990년대 이후에는 경제가 크게 성장하면서 컴퓨터·반도체·정보 통신 산업 등이 발달하였고, 2000년대 이후로는 관광, 의료, 영화, 방송 통신 등의 서비스업과 정보 기술, 생명 기술, 우주 기술 등 첨단 기술과 관련된 산업이 크게 발달하고 있다.

한마디로 우리나라의 산업은 농업 중심에서 공업과 서비스업 중심으로, 경공업 중심에서 중화학 공업과 첨단 산업 중심으로 변화하였다.

농업, 어업, 임업 중심의 산업 발달

◀◀ **1960년대 이전**

◀◀ **1960년대**

섬유·시멘트·비료·정유 산업의 발달
1960년대는 노동력은 풍부하나 기술이나 자본이 부족했으므로 옷, 신발 등을 만드는 경공업이 발달하였고, 시멘트 산업, 비료 산업, 정유 산업이 발달하였다.

1970년대 ▶▶

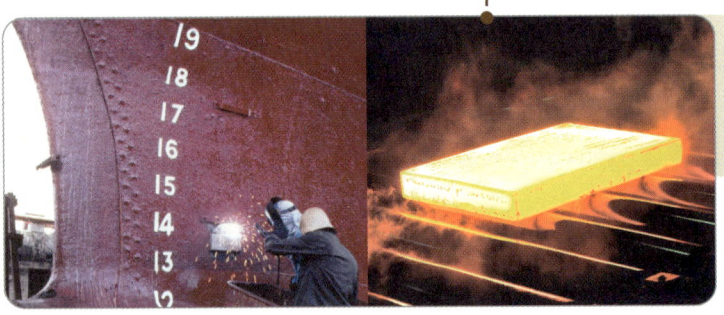

석유 화학·조선·전자·제철·산업 발달
점차 기술과 자본을 갖추게 되면서 중화학 공업이 발달하기 시작하였다.

경제 개발 5개년 계획

- 제1차 경제 개발 5개년 계획(1962~1966): 도로나 항만 건설 등 경제 개발의 토대를 만듦.
- 제2차 경제 개발 5개년 계획(1967~1971): 식량을 자급화하고 화학·철강·기계 공업의 발전을 통해 산업 수준을 높임.
- 제3차 경제 개발 5개년 계획(1972~1976): 중화학 공업화를 추진하여 안정적으로 균형을 이룸.
- 제4차 경제 개발 5개년 계획(1977~1981): 사회 개발을 통하여 삶의 질을 증진하고 기술을 혁신하고 능률을 높임.
- 제5차 경제 사회 발전 5개년 계획(1982~1986): 지속적인 경제 성장과 사회 발전을 통한 국민 복지를 향상함.
- 제6차 경제 사회 발전 5개년 계획(1987~1991): 원활한 시장 경제의 운용과 공평한 분배를 꾀함.
- 제7차 경제 사회 발전 5개년 계획(1992~1996): 자율과 경쟁의 질서를 확립하여 경제를 튼튼히 하고 민족 통일을 이룸.

컴퓨터·반도체·정보 통신 산업의 발달
경제가 발전하고 국민 소득이 높아지면서 컴퓨터 산업, 반도체 산업, 정보 통신 산업이 발달하였다.

1980년대 ▶▶ 1990년대 ▶▶ 2000년대 ▶▶

자동차·정밀 기계 산업의 발달

서비스업, 첨단 산업의 발달

정치

- **82** 정치
- **83** 정치 과정과 참여
- **84** 민주주의
- **85** 선거
- **86** 선거의 4대 원칙
- **87** 지방 자치(제도)
- **88** 정당
- **89** 시민 단체
- **90** 여론

- **91** 언론
- **92** 국가기관과 삼권 분립
- **93** 국회
- **94** 정부
- **95** 대통령
- **96** 법원
- **97** 재판
- **98** 법
- **99** 국민의 권리
- **100** 국민의 의무
- **101** 국제 관계
- **102** 국제기구
- ● 한눈에 들여다보기

82 정치

- 사람들 사이의 의견 차이나 이해 관계를 둘러싼 다툼을 해결하는 과정.
- 정치는 함께 살아가기 위해 필요한 활동이며, 우리 주변과 생활을 바꾸고 생각의 차이나 다툼을 해결한다.

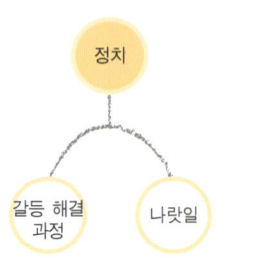

정치의 의미와 역할

정치란 사람들 사이에 서로 생각이 다르거나, 혹은 다툼이 생겼을 때 이것을 해결하는 활동을 말한다. 정치의 의미는 크게 두 가지로 나뉜다. 국회 의원이나 대통령 등 정치가들이 나랏일과 관련된 활동을 하는 것을 좁은 의미의 정치라고 하고 가정에서, 학교에서, 친구들 사이에서 발생하는 갈등이나 문제를 해결하는 모든 활동을 넓은 의미의 정치라고 한다.

정치(politics)의 어원은 뭘까?

정치는 영어로 폴리틱스(politics) 즉, 도시 국가를 의미하는 그리스어 폴리스(polis)에서 유래하였다. 옛날 그리스에서 도시가 처음 만들어졌을 때 도시를 '폴리스(polis)'라고 하였으므로 정치는 곧 도시 국가의 업무를 말한 것이다. 아리스토텔레스(알렉산더 대왕의 과외교사)는 "인간은 곧 정치 공동체인 국가를 떠나 살 수 없고, 공적인 영역에 참여하면서 최고의 행복을 누린다."고 말해 정치의 중요성을 강조했다.

다양한 사람들이 모여 사는 사회엔 수많은 갈등이 발생하고, 갈등이 생겼을 때 서로 자기 의견만 주장한다면 사람들 사이가 나빠지고 사회도 어려워지게 된다. 그래서 생각의 차이나 다툼을 해결하는 활동인 정치가 필요하다.

정치와 우리 생활

정치는 우리 주변과 우리 생활을 바꾼다. 좁은 의미의 정치는 국가와 지역의 중요한 결정을 내리는 활동이므로 그 결정에 따라 우리의 생활 모습이 크게 달라진다. 예를 들어, 우리 마을에 쓰레기 처리장을 짓기로 결정한다면 마을의 모습이 바뀌게 될 것이고, 고속 철도를 건설하기로 결정한다면 명절 때 고향집에 더 빠르게 도착할 수 있게 될 것이다.

넓은 의미의 정치를 생각한다면 우리 주변에서 훨씬 더 많이 찾아볼 수 있다. 예를 들어, 학급 회의를 통해 교실 청소를 누가 할 것인지 정해지고, 반상회를 통해 주민들 간 주체 문제를 해결하기로 한다. 또 가족회의를 통해 가족 여행지를 결정하기로 한다. 이렇듯 정치는 우리 생활과 밀접하게 관련되어 있다.

개념쌤의 1분 특강

넓은 의미로 보면 우리가 일상생활에서 서로 의견을 나누거나 하는 모든 일이 정치인 것이므로, 우리 모두가 정치에 참여하고 있는 거야.

정치는 우리 주변과 생활을 바꾼다.

정치는 생각의 차이로 인한 갈등을 해결한다.

83 정치 과정과 참여

- 정치가들이 국민의 요구를 받아들여 정치적인 결정을 하고 실행하는 과정.
- 국민들이 정치 과정에 올바른 자세로 적극적으로 참여할수록 민주주의가 튼튼해지고 발전한다.

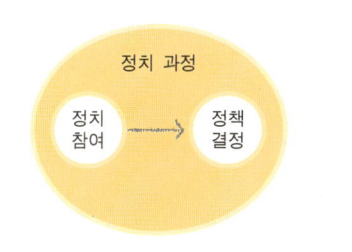

정치가 이루어지는 과정

어떤 문제를 해결하기 위한 정부의 해결 방법이나 방향을 '정책'이라고 한다. 우리 사회는 다양한 사람들로 이루어져 있기 때문에 저마다 정책에 대한 의견이 다르고, 정책을 자기 뜻에 맞는 방향으로 이끌려고 노력한다. 이렇게 많은 사람들이 정치에 자기 뜻을 담기 위해 노력하는 과정, 정책이 만들어지고 실행되는 과정을 '정치 과정'이라고 한다. 옛날에는 정치 과정을 왕이나 귀족이 백성을 다스리는 과정이라고 생각했으나, 오늘날의 정치 과정은 국가와 국민이 함께 만들어 가는 것을 의미한다. 그래서 국민들의 정치 참여가 매우 중요하다.

사람들이 왜 점점 정치에 무관심해지는 걸까?

사람들이 정치에 무관심해지는 이유는 여러 가지가 있다. 우선 과거에 비해 정치 과정이 너무 어렵고 복잡해졌으며, 정치인들에 대한 믿음이 없어서이기도 하다.
게다가 요즘 게임이나 음악, 여행 등의 여가 활동에 대한 사람들의 관심이 증가하는 것도 정치적 무관심을 낳는 요인 중 하나이다.

정책이 만들어 지는 과정

국민들이 정부에 문제 해결을 요구한다. → 정부는 국민, 시민 단체, 정당의 의견을 모아 정책을 만든다. → 국민의 뜻에 맞게 정책을 결정하고 실행한다. → 만든 정책이 정말로 문제를 해결하고 있는지 확인한다.

정치 참여 방법과 자세

국민들이 정치에 참여하는 방법에는 여러 가지가 있다. 선거를 통해 투표에 참여하는 방법, 여러 기관에서 중요한 정책을 결정할 때 국민들이나 전문가들의 의견을 듣는 방식인 '공청회'에 참여하는 방법, 인터넷을 통해 자기 의견을 표현하거나 정치 문제에 관한 여론 조사에 참여하는 방법, 자신의 뜻과 잘 맞는 정당이나 시민 단체에 가입하여 활동하는 보다 적극적인 방법 등이 있다.

정치에 참여할 때는 자기에게 맞는 정치 참여 방법을 알아야 하고, 무엇이 옳고 그른지 잘 판단할 수 있어야 하며, 자신의 이익만 앞세우지 말고 공익을 함께 생각하는 태도를 가져야 한다. 마지막으로 민주적인 원칙을 지켜 대화와 타협을 통해 문제를 해결하려는 자세가 필요하다.

84 민주주의

- 국민이 권력을 가지고 자유롭고 평등하게 공공의 의사 결정에 참여하는 정치 형태.
- 민주주의는 자유와 평등을 통해 인간의 존엄성을 실현하는 것을 목표로 한다.

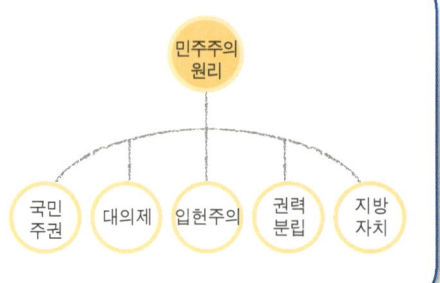

민주주의의 의미

민주주의란 한 사람에 의한 독재나 소수의 지배가 아니라 다수의 지배를 의미하며, 사회를 구성하는 모든 사람이 자유롭고 평등하게 의사결정에 참여하는 정치 형태이다. 민주 정치는 민주주의 원칙에 따른 정치로 '국민의, 국민에 의한, 국민을 위한 정치' 라는 말 속에 그 의미가 잘 드러난다. '국민의 정치' 란 나라의 주인이 국민이란 뜻이고, '국민에 의한 정치' 는 국민들이 정치에 참여해 나라를 다스린다는 뜻이며, '국민을 위한 정치' 는 나랏일이 국민의 행복을 위한다는 뜻이다.

민주주의는 자유와 평등을 통해 인간의 존엄성을 실현하는 것을 목표로 한다. 인간의 존엄성이란, 사람은 사람이라는 이유 그 자체만으로 소중하고 존중받아야 한다는 뜻으로, 자유롭게 행동하고 이유 없이 차별당하지 않는 것에서부터 인간의 존중은 시작이 된다.

민주주의는 국민이 주인이 되어 국민에 의해, 국민을 위해 행하는 정치이다.

게티즈버그 연설의 내용은 뭘까?

"국민의, 국민에 의한, 국민을 위한 정치"

이 말은 링컨이 남북 전쟁 중이었던 1863년 11월 19일, 게티즈버그에서 했던 연설의 일부이다. 이 연설은 게티즈버그 전투 당시 숨졌던 병사를 위한 추모식에서 이루어졌다. 게티즈버그 연설은 민주주의의 정신을 가장 잘 표현한 연설로 평가받고 있으며 미국 역사상 가장 많이 인용된 연설 중 하나이자 가장 위대한 연설로 손꼽힌다.

민주주의의 역사

최초의 민주주의는 고대 아테네에서 시작되었다. 아테네의 민주주의는 시민이 직접 정치에 참여하여 나랏일을 결정하는 직접 민주주의 방식이었다. 다만, 여자나 외국인, 노예는 정치에 참여할 수 없었다. 이후 대부분의 나라에서는 왕이나 귀족이 나라를 다스리는 군주제를 채택하였다. 하지만 왕이나 귀족의 횡포가 심해지자 사람들은 시민혁명을 일으켜 왕과 귀족을 쫓아내었으며, 시민혁명으로 근대 민주주의 정치가 시작되었다.

시민혁명 후에도 대다수의 가난한 사람이나 여성들은 여전히 정치에 참여할 수가 없었으며 투표도 할 수 없었다. 그래서 여성, 노동자, 농민과 같이 정치에 참여할 수 없는 사람들은 선거를 할 권리, 정치에 참여할 권리를 얻기 위해 싸웠고 오늘날 많은 나라에선 여성과 남성, 부자와 가난한 사람이 똑같이 정치에 참여할 권리를 얻게 되었다.

민주주의의 원리

인간의 존엄성을 지키고 자유와 평등을 실천하는 민주 정치를 하기 위한 민주주의의 원리에는 '국민 주권의 원리', '대의제의 원리', '입헌주의의 원리', '권력 분립의 원리', '지방 자치의 원리'가 있다.

국민 주권의 원리란 나라를 다스리는 힘인 주권이 나라의 주인인 국민에게 있다는 것을 말한다.

대의제의 원리란 우리가 사는 사회는 복잡하고 규모가 커 모든 국민이 직접 정치에 참여하는 것이 어려우므로 선거를 통해 대표를 뽑고, 대표를 통해 간접적으로 정치에 참여하는 것을 말한다.

입헌주의의 원리란 헌법이 정치를 하는 기준이 되어야 한다는 것을 말한다. 헌법은 국민의 권리를 보호하기 위한 최고의 법으로 대통령이나 국회 의원도 멋대로 권력을 남용하거나 독재를 할 수 없게 만드는 역할을 한다.

권력 분립의 원리란 하나의 국가기관이 강한 힘을 가진다면 국민의 자유와 권리를 해칠 위험이 크므로 권력을 여러 기관에 나누어 놓은 것을 말한다.

지방자치의 원리란 중앙에 권력을 집중시키지 않고 지역 주민들이 자신들이 살고 있는 지역을 스스로 다스릴 수 있게 하는 제도를 말한다. 지방자치는 정치에 대한 지역 주민들의 관심과 참여를 높일 수 있게 하는 제도로 민주주의의 기초라고 할 수 있으며, '풀뿌리 민주주의'라고도 한다.

독재 정치는 이래서 싫어!

민주주의 국가에서는 국민이 나라의 주인이 되어 국민을 위해 정치가 행해지지만, 독재 국가에서는 독재자 한 사람이나 한 집단이 국민을 무시하고 멋대로 정치를 한다.

국민들은 존중받지 못하고, 자유롭게 생각하거나 말할 자유도 없고 독재자와 독재자 주변 사람들만 특별한 대우를 받으니, 당연히 불평등한 나라가 된다.

민주주의의 제도

국민 주권의 원리: 주권은 나라의 주인인 국민에게 있다.

대의제의 원리: 선거를 통해 뽑힌 대표가 국민을 대신해 정치에 참여한다.

입헌주의 원리: 헌법이 정치를 하는 기준이 된다.

권력 분립의 원리: 국가권력을 입법부, 행정부, 사법부에 나누어 맡긴다.

개념쌤의 1분 특강

민주주의를 위하여 우리나라에서는 법에 의한 통치, 정당 제도, 삼권 분립, 입헌주의, 대의 정치 제도, 지방 자치 제도, 복지 제도 등을 실시하고 있어.

85 선거

- 투표를 통해 여러 후보들 중에서 적절한 대표자를 뽑는 일.
- 선거는 대의 민주주의의 중요한 부분을 차지하며, 선거 과정은 투명하고 공정하게 이루어져야 한다.

선거와 대의 민주주의

민주주의 국가에서 국민이 정치에 참여할 수 있는 대표적인 방법 중의 하나가 선거이다. 선거는 국민들이 자신들을 대표할 사람을 직접 뽑는 것을 말하며, 선거로 뽑힌 대표들이 모여서 나라의 중요한 일을 결정하는 민주 정치 방식을 대의 민주주의라고 한다. 대의 민주주의 하에서 국민은 자신의 의견이나 바람, 이익을 반영하여 줄 정당이나 후보자를 지지하고 선택한다.

우리나라에선 대통령, 국회 의원, 도지사, 시장, 군수, 구청장, 지방 의회 의원 선거 등이 있다.

국민의 수가 많고 나랏일도 복잡해서 대표를 뽑아 정치를 맡긴다.

선거관리위원회의 역할은 뭘까?

선거관리위원회는 선거와 국민 투표의 공정한 관리 및 정당에 관한 일을 담당하는 독립된 기관이다. 선거관리위원회는 공명 선거를 위해 선거 부정을 감시하고 선거가 없을 때는 국민들에게 선거에 대한 올바른 의식을 심어 주는 홍보를 하거나 정당 및 정치 자금 관리 등의 일을 한다.

선거 과정

선거는 일정하게 정해진 과정을 통하여 이루어지고 있는데 이를 '선거 과정'이라고 한다. 선거는 '선거인 명부 작성 → 후보자 등록 → 선거 운동 → 투표 → 개표 및 당선자 결정 → 당선증 발급'의 과정을 거쳐 이루어진다. 선거에 참여할 수 있는 권리를 가진 사람의 명단인 선거인 명부를 작성하고, 대표가 되길 원하는 사람이 선거관리위원회에 후보자 등록을 한다. 후보자로 등록한 사람은 정해진 기간 동안 유권자들에게 자기를 대표로 뽑아 달라고 여러 가지 방법으로 지지를 부탁하는 선거 운동을 하며, 선거 운동은 거리 유세, 토론회 참석 등 다양한 방법으로 행해진다. 이후 유권자는 자기가 지지하는 후보자에게 지지를 표시하는 투표를 한다. 그런 다음 개표를 하여 가장 많은 지지를 받은 사람을 당선자로 결정하게 된다. 당선자가 결정되면 당선자는 당선증을 받고 임기를 마칠 때까지 대표로서 일하게 된다.

선거 과정

후보자 등록 → 선거 운동 → 투표 → 개표

개념쌤의 1분 특강

'선거인'과 '유권자'란 말은 같은 뜻이야. 두 단어 모두 선거에 참여하여 투표권을 행사할 수 있는 사람을 가리켜.

86 선거의 4대 원칙

- 공정하고 민주적인 선거를 위한 네 가지 원칙.
- 선거의 4대 원칙은 보통 선거, 평등 선거, 직접 선거, 비밀 선거로, 이는 공정하고 민주적인 선거를 위한 것이다.

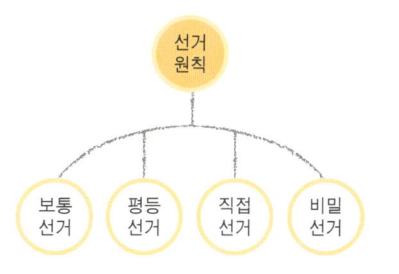

보통 선거

국민으로서 정해진 나이가 되면 조건에 따른 차별 없이 누구나 선거에 참여할 수 있는 것을 말한다. 즉, 성별, 신분, 돈의 많고 적음에 관계없이 일정한 나이가 되면 선거에 참여할 수 있도록 선거권을 주는 제도이다. 반대 개념으로 제한 선거가 있다. 우리나라는 만 19세가 되면 누구나 선거에 참여할 수 있도록 법으로 정해 놓고 있다.

평등 선거

빈부, 성별, 학력에 관계없이 누구나 똑같이 한 표씩을 행사하는 것을 말한다. 모든 사람에게 한 표씩만 줄뿐 아니라 그 각각의 한 표가 가진 가치까지 같아야 한다는 평등 원칙에 따르고 있는 제도이다. 반대 개념으로 신분이나 돈의 많고 적음에 따라 행사할 수 있는 표의 양을 달리하는 차등 선거가 있다.

직접 선거

누군가가 선거권을 가진 사람을 대신해서 선거를 해서는 안 되며 본인이 직접 투표해야 한다는 것이다. 반대 개념으로 간접 선거가 있으며, 과거 우리나라에서도 대통령을 간접 선거로 뽑은 적이 있었다.

비밀 선거

국민들이 각자 자기가 원하는 대표를 자유롭게 뽑을 수 있도록 어느 후보자에게 투표했는지 비밀이 보장되는 것을 말한다. 압력이나 유혹, 친분에 이끌려 선거하는 것을 막고 자유롭고 공정한 선거권을 행사하기 위한 원칙이다. 반대 개념으로 손을 들어 대표를 뽑는 것과 같은 방식인 공개 선거가 있다.

선거할 권리를 달라! 영국의 차티스트 운동

영국에선 일찍부터 선거를 통해 의회의 의원들을 뽑아 왔다. 그런데 오늘날과는 달리 당시엔 귀족과 부자들만이 선거를 할 수 있었다. 그래서 노동자들이 자신들도 선거에 참여할 수 있게 해 달라며 시위를 하기 시작했는데, 이것이 바로 차티스트 운동이다.
이 운동은 1838년부터 10년간 계속되었고, 결국 노동자들도 선거를 할 수 있게 되었다.

개념쌤의 1분 특강

선거의 4대 원칙은 보통·평등·직접·비밀 선거야. 이것을 '보평직~비밀'이라고 외워 봐. 마치 주문 같지 않아?

87 지방 자치(제도)

- 지방의 행정을 지방 주민이 선출한 대표를 통하여 처리하는 제도.
- 지방 자치는 지역 주민이나 대표가 일을 결정하고 처리하기 때문에 지역의 특색을 살려 더 발전시킬 수 있다.

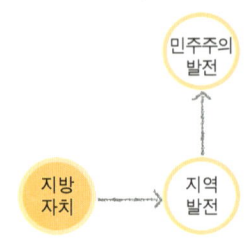

지방 자치의 의미와 기능

지방 자치 제도는 자기가 사는 지역을 주민 스스로 다스리는 제도, 즉 자기 지역의 일을 지역 주민이 스스로 결정하고 처리하는 제도이다. 이는 국회나 정부가 직접 다스리는 중앙 집권에 반대되는 개념이다. 정부가 각 지역의 일을 모두 결정할 경우 그 지역의 사정을 잘 모르기 때문에 잘못된 결정을 내릴 수 있는 반면, 지방 자치를 할 경우 지역의 특성을 잘 아는 지역 주민이나 대표가 일을 결정하고 처리하기 때문에 지역의 실정에 맞는 정책 결정이 이루어질 수 있다.

지방 자치는 주민들이 지역의 일에 참여하고 의사결정을 하기 때문에 자연스럽게 민주 정치를 익힐 수 있게 한다. 그래서 지방 자치를 '민주주의 학교'라고 한다. 지방 자치는 정치를 하는 힘이 정부와 국회에만 집중되는 걸 막아 독재 정치에 대한 방어 기능도 한다. 이처럼 지방 자치 활성화에 따른 지역 민주주의 발달은 곧 나라의 민주주의를 발전시키는 기틀이 된다.

포르투 알레그레에선 주민들이 예산 결정에 직접 참여해!

지방 선거에 참여하는 것만으로 주민들의 할 일이 모두 끝난 건 아니다. 지역 주민들이 지역의 일에 직접 참여할 수 있는 여러 방법이 있다. 외국의 예를 한번 볼까? 브라질에는 포르투 알레그레(PortoAlegre)라는 도시가 있다. 이곳에서는 지역 주민들이 마을 회의를 열어 마을에 무엇이 필요한지 의논하고 결정할 뿐 아니라 시의 살림살이를 어떻게 꾸려 나갈지 정한다. 즉 시의 돈을 어디에 어떻게 쓸 것인지 주민들이 직접 참여해서 정하는 것이다. 이걸 '참여 예산제'라고 부른다. 우리나라의 광주광역시 북구청에서도 '참여 예산제'를 시작해서 좋은 결과를 얻었다.

지방 자치를 해야 하는 까닭

지역의 특성을 잘 아는 지역 주민이나 지역 대표가 일을 결정하고 처리하면 지역이 더 발전할 수 있다.

87 지방 자치(제도)

우리나라의 지방 자치 제도

지방 자치라 하더라도 지역 주민 모두가 직접 나서서 지역의 일을 결정하고 처리하기 힘들기 때문에, 대표를 뽑아서 지역의 일을 맡긴다. 지역의 대표를 뽑는 선거를 '지방 선거'라고 하며, 지방 선거를 통해 시장, 군수, 도지사, 시의원, 군의원, 도의원 등을 뽑는다.

지방 자치 단체에는 지역의 중요한 일을 의논하고 결정하는 '지방 의회'와 지역 살림을 맡아 하는 '지방 자치 단체장'이 있다. 그리고 지방 자치 단체는 크게 '기초 자치 단체'와 '광역 자치 단체'로 나뉜다. 시, 군, 구가 기초 자치 단체이고, 도와 특별시, 광역시가 광역 자치 단체이다.

지역 간의 갈등은 어떻게 해결할까?

서로 자기 지역의 이익만을 추구하다 보면 지역 간에 다툼이 발생하게 된다. 각 지역 간에 도움이 되는 시설은 서로 가져가려고 하고, 싫어하는 시설은 서로 떠넘기려고 한다. 이처럼 지역 간에 갈등이 생겼을 경우 해결 방법으로 대화와 타협이 필요하다. 먼저 충분히 대화를 하면서 상대방을 이해하려는 노력이 필요하다. 그리고 조금씩 서로 양보하며 타협하여야 한다.

지방 자치 제도

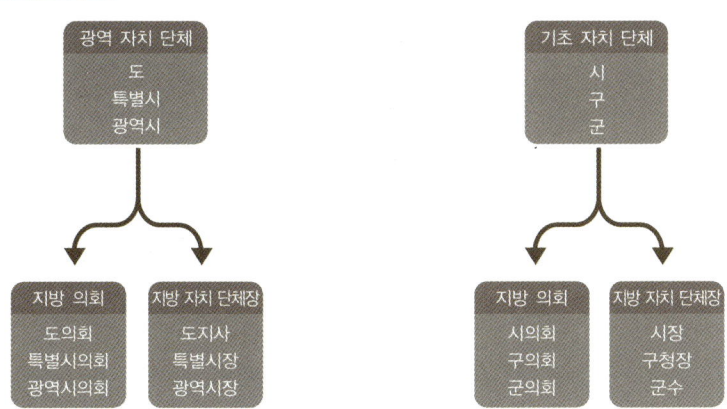

지방 자치 단체의 기관

시·도청은 지방 자치 단체장인 시장과 도지사가 있는 곳으로 골목길 가로등이 고장 나거나 도로가 파이면 고쳐 주는 등 주민 생활의 불편한 점을 해결하는 일을 하고, 도로나 주택 건설 계획 등 지역 발전을 위한 여러 가지 계획을 세우고 실천하며, 형편이 어려운 주민의 생활을 도와주는 일을 하고 있다.

시·도의회는 지역 주민들이 뽑은 시의원이나 도의원들이 모여 일하는 곳으로, 지역의 중요한 일을 의논하고 결정하는 일을 한다. 이렇게 결정한 일을 시청·도청에서 집행하게 된다.

주민과 시·도청, 시·도의회 간의 관계

88 정당

- 정치적 의견이나 생각을 같이 하는 사람들이 모여 만든 단체.
- 정당은 국민의 의견 전달, 대통령 등 후보자 추천 및 선거 참여, 국민의 정치 관심을 유도하는 기능을 한다.

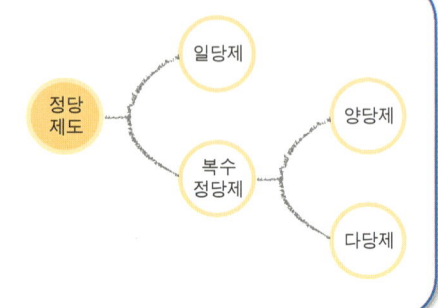

정당의 의미

'정당' 이란 정치적인 생각(또는 신념)이나 주장이 같은 사람들이 정권을 잡고 정치적 이상을 실현하기 위하여 조직한 단체를 말한다. 정당은 공개적으로 정권을 획득하고 국민 전체의 이익을 도모하며 민주적으로 운영된다는 점에서 이익 집단, 비밀 결사, 파벌과 엄연히 구별된다.

아무리 좋은 의견이 있어도 혼자선 정치에 대한 자신의 생각을 펼치기 힘들기 때문에 생각이 같은 사람들이 모여 정당을 만들게 된다. 정당을 만들어 활동하는 사람들은 국회 의원이나 정치인들만 있는 게 아니라 일반 국민들도 뜻이 맞는 정당에 가입해서 활동할 수 있다.

내 꿈은 대통령인데 선거에 나오려면 정당에 가입해야 할까?

정당에 가입되어 있어야만 선거에 후보자로 등록할 수 있는 것은 아니다. 선거 포스터를 보면 '○○당', '□□당' 이라고 쓰여 있기도 하지만 '무소속' 이라고 쓰여 있는 것도 있다. 바로 이 무소속이 소속된 정당이 없다는 뜻이다.

정당은 정치에 대해 의견이 같은 사람이 모여서 활동한다.

정당의 기능

정당은 여론을 형성하고 조직화하며, 국민들의 의견을 모아 국회나 정부에 전달하는 일을 한다. 정당은 대통령 선거, 국회 의원 선거, 지방 자치 단체장 선거, 지방 의회 선거에 후보자를 추천하는 일을 한다. 정당은 의견을 전달하고, 선거에 참여하는 과정을 통해 국민들이 정치에 관심을 가지도록 만드는 역할도 한다. 그 밖에도 입법부와 행정부의 관계를 원활하게 해 주는 윤활유의 역할도 수행한다.

88 정당

정당 제도

우리나라는 법에서 정한 여러 조건을 갖추고 있으면 누구나 자유롭게 정당을 만들 수 있도록 보장하고 있다. 하지만 다양한 의견을 인정하지 않는 독재 국가라면 원하는 대로 정당을 만들 수는 없다. 그러므로 민주주의 국가가 아니라면 정당 정치가 발전하기는 힘들다.

민주주의 국가에서는 여러 사람이 원하는 것이 다양하게 존재한다는 사실을 인정하여 두 개 이상의 정당이 활동할 수 있는 복수 정당제를 채택하고 있다. 복수 정당제는 정당이 여러 개라는 것뿐만 아니라, 생각이 다른 여러 정당이 자유롭게 경쟁하고 있다는 걸 의미한다.

복수 정당제는 정권 획득을 놓고 경쟁하는 주요 정당이 두 개인 양당제와 세 개 이상인 다당제로 구분된다. 양당제의 경우 정국이 안정되고 책임 정치에 적합하며 평화적 정권 교체가 쉽고 국가 시책의 강력한 지속성이 유지된다는 장점을 가지고 있다. 반면, 국민의 선택의 범위가 좁고 소수 의견 반영이 어려우며 다수당의 횡포 우려가 있고 극한 대립이 발생할 수 있는 단점이 있다. 다당제의 경우에는 양당제와 반대의 장단점을 가지고 있다.

복수 정당제와 반대로 정당이 하나밖에 없는 일당제도 있다. 정당이 하나뿐이라면 다양한 사람들의 의견이 무시될 수도 있다. 또 몇 안 되는 정치인들끼리 독재 정치를 하는 걸 막기도 힘들게 된다.

그러므로 다양한 정당들이 제 역할을 하며 자유롭게 경쟁할 때에 민주주의가 더욱더 발전할 수 있다.

복수 정당제

어떤 정당이라도 다 만들 수 있나?

누구나 자유롭게 정당을 만들 수 있다고는 하지만 민주주의를 파괴하고 독재를 주장하는 정당은 정당으로서 인정되지 않는다. 만약 민주주의 질서를 어기는 정당을 만들면 정부가 헌법 재판소에 위헌 정당 해산 심판을 청구할 수 있고, 그럼 헌법 재판소가 자세히 살펴 결정을 한다. 만일 민주적이지 않은 정당이라고 판단이 되면 위헌 정당 해산 결정을 하게 되고, 그 정당은 해산된다.

개념쌤의 1분 특강

정당에 소속되어 있는 사람들이 모두 국회 의원이라고 착각하는 경우가 있는데 꼭 그렇지는 않아. 정당에 가입한 사람 중에서 국회 의원 선거에 나와 대표로 뽑힌 사람만 국회 의원이야.

89 시민 단체

- 사회 전체의 이익을 위해 시민들이 자발적으로 만든 집단.
- 시민 단체는 정치 감시, 언론 감시, 인권 운동, 환경 운동, 소비자 운동 등 다양한 활동을 하고 있다.

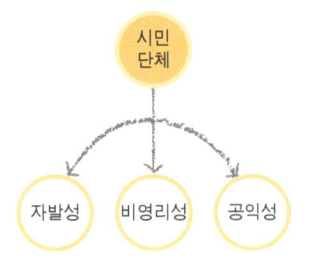

시민 단체의 의미

시민 단체란 단체나 단체의 회원들을 위해서가 아니라 사회 전체를 위해서 활동하고 시민들에 의해서 자발적으로 만들어진 집단을 말하며, 활동에 필요한 돈은 회원들이나 시민들의 도움으로 마련한다.

시민 단체는 정치 감시, 언론 감시, 인권 운동, 환경 운동, 소비자 운동 등 다양한 활동을 하고 있다. 시민들의 요구나 의견을 모아서 정치에 반영하고 다양한 사회 문제를 해결하고자 하는 시민 단체 활동은 대표적인 정치 참여 방법 중의 하나이다.

우리나라의 시민 단체 발전은?

우리나라도 민주주의가 발전하면서 시민 단체의 활동이 점점 활발해지고 있으며 그 종류도 아주 다양해졌다. 옛날에는 주로 노동이나 정치 문제에 관심이 모아졌는데, 1980년대 후반부터 환경 보호, 소비자의 권리, 남녀 평등, 전쟁 반대 등 다양한 분야로 확대되고 있다.

시민 단체의 역할

시민 단체는 국가권력의 남용을 감시하고 견제하며 시민의 여론을 형성하는 역할을 한다. 불공정한 시장 경쟁으로 어려움을 겪는 사회적 약자에 관심을 기울이고 배려하며, 개개인이 접근하기 어려운 환경, 법률, 청소년 문제 등의 공익을 대변하기도 한다. 또 국제적 연대를 통한 인류 복지 증진과 세계적 문제의 해결을 위한 활동을 한다. 국민이 시민 단체의 활동을 통해 정치에 참여하게 됨으로써 대의제 민주주의가 갖는 한계를 보완하고 극복하는 기능을 수행할 수 있다. 그리고 이를 통해 시민들이 정치에 참여하게 되고 시민들의 정치 참여의 의지를 확대시켜 나갈 수 있게 된다.

시민 단체가 하는 일

정부나 국회가 하는 일을 감시한다.

여러 가지 사회 문제를 해결하기 위해 노력한다.

교육을 통해 시민 의식을 높인다.

89 시민 단체

우리나라의 시민 단체와 그 활동

우리 사회에는 수많은 시민 단체들이 있으며 각각의 분야에서 다양하고 많은 활동을 하고 있다.

첫째, 바른 정치를 이루기 위해 활동을 하는 시민 단체가 있다. 이 단체들은 주로 선거가 공정하게 이루어지는지, 지방 자치 단체나 국회 의원들이 일을 잘하고 있는지 감시하는 역할을 하고 있다. 대표적으로 참여연대, 민주언론시민연합 등이 있다.

둘째, 환경 보호를 위한 활동을 하는 시민 단체가 있다. 기업이나 국가가 환경을 해치는 행위를 하지 못하도록 감시하고, 환경을 해치는 국가 정책에 반대하는 일을 하고 있다. 환경운동연합, 녹색연합, 내셔널 트러스트 등이 있다.

셋째, 경제 민주화 실천을 위해 활동하는 시민 단체가 있다. 주로 정부가 나랏돈을 낭비하지 못하게 하고, 기업이 투명하고 합리적으로 기업 활동을 하도록 감시하는 역할을 하고 있다. 경제정의실천시민연합, 함께하는시민행동 등이 해당된다.

넷째, 교육 문제 해결을 위해 활동하는 시민 단체가 있다. 좋은 교육 환경을 마련하도록 정부에 요구하고, 교육과 관련된 여러 가지 문제들을 해결할 방법을 고민하는 일을 하고 있다. 참교육을위한전국학부모회 등이 활동하고 있다.

그 외에도 우리 문화의 보전을 위해 활동하는 시민 단체, 장애인 시설과 고아원, 양로원 등을 찾아가 봉사활동을 하는 사회복지 시민 단체, 사회적으로 보호 받아야 하는 여성·청소년의 인권 보장을 위해 활동을 하는 시민 단체 등 다양한 시민 단체가 활동하고 있다.

시민 단체가 주는 빅 브라더 상!
빅 브라더는 조지 오웰이란 작가가 쓴 소설 『1984년』에 나오는 말이다. 정보를 멋대로 꾸며 내고, 사람들을 철저하게 감시하고 통제하는 힘을 뜻하는 말이다. 정보 통신 기술이 발달하면서 사람들을 감시하기가 훨씬 쉬어져서 여러 시민 단체가 함께 '빅 브라더 상'을 만들었다. 정부나 기업이 국민의 사생활을 침해하면 이 상을 주어 그러지 말라고 경고하는 상이다.

바른 정치 / 환경 보호

경제 민주화 / 교육 문제 해결

개념쌤의 1분 특강

시민 단체가 무엇을 하는 곳인지 묻는다면? 간단해. 글자 그대로 시민들이 모여 시민을 위한 일을 하는 단체야.

90 여론

- 사회적인 쟁점이나 문제에 대한 대다수의 의견.
- 여론은 국민이 가지는 생각이나 의견이 하나로 모아진 것으로 이는 정치에 많은 영향을 끼친다.

여론의 의미와 역할

어떤 사회적 문제에 대해서 대다수의 국민들이 가지는 생각이나 의견을 여론이라고 한다. 우리 사회에는 많은 문제들이 발생하는데, 이에 대한 국민들의 생각과 의견이 여론을 통해 나타나기 때문에 여론은 중요하게 여겨진다. 민주주의 사회는 국민이 주인이므로 주인의 의견을 반영하고 있는 여론에 정치가들이 관심을 기울일 수밖에 없게 되는 것이다.

여론은 항상 옳은 것일까?

국민 다수의 생각이라고 해서 언제나 옳은 것은 아니다. 그리고 여론이 항상 변하지 않는 것도 아니다. 다수의 국민들이 잘못된 생각을 할 수도 있고, 여론을 조사하는 방법이 잘못되어 실제 국민들의 생각과는 다르게 여론이 만들어지기도 한다. 시간이 흐르면서 사람들의 생각도 계속 바뀌기 때문에 여론은 변해 가기도 한다. 따라서 국민들은 여론 또는 언론이 제공하는 정보에 대해 무조건 믿고 받아들일 것이 아니라 비판적인 태도를 가질 필요가 있다.

여론은 국민의 생각을 모아 정치에 영향을 끼친다.

여론은 국민의 공통된 의견이므로 사회적 쟁점이나 정치적 의사결정에 큰 영향을 끼친다. 여론에 따라 정책 결정의 방향이 정해지고, 그렇게 결정된 정책은 국민의 지지를 받게 된다. 그리고 여론을 통해 국민은 정치 권력을 비판하기도 하고, 견제하며 통제하기도 한다. 또한 여론은 시민들에게 사회 속에 자신과 같은 의견을 가진 사람이 많다는 것을 느껴 사회적 동질감을 형성할 수 있게 해 준다.

여론이 정책에 영향을 미치는 과정

   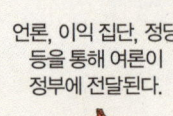 

사회에 어떤 문제가 발생한다. → 그 문제에 대해 국민들이 의견을 내세운다. → 여러 의견이 모아져서 여론이 만들어진다. → 언론, 이익 집단, 정당 등을 통해 여론이 정부에 전달된다. → 여론에 따라 정책이나 법을 만들게 된다.

91 언론

- 매체를 통하여 어떤 사실을 밝혀 알리거나 여론을 형성하는 활동.
- 언론은 여론 형성에 큰 영향을 끼치므로 언론의 자유가 반드시 지켜져야 하며, 언론은 그에 따른 책임을 다해야 한다.

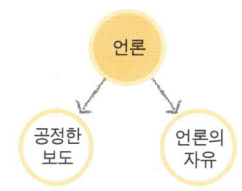

언론의 의미와 역할

언론이란 정보나 의견을 전달하는 활동을 뜻하기도 하고, 그런 활동을 하는 신문사나 방송국 등 언론 기관을 뜻하기도 한다. 이러한 언론은 그 사용 매체에 따라 여러 가지가 있는데, 신문이라는 대중매체를 통해 활동하는 것을 신문 언론, 시사주간지 등을 통해 활동하는 것을 잡지 언론이라고 하며, 방송이라는 대중매체를 통해 활동하는 것을 방송 언론이라고 한다.

언론은 여론이 만들어지고 전달되는 데 큰 영향을 끼친다. 주요 역할로 첫째, 언론은 사람들이 궁금해하거나 알아야 할 것들을 사람들에게 알려 주는 역할을 한다. 둘째, 국민들의 의견과 여론을 국회나 정부에 전달하는 역할을 한다. 올바른 여론을 만들고 전달하는 데 있어 언론의 역할은 아주 중요하다. 셋째, 언론은 사회를 비판적으로 바라 보고 정부를 감시하는 역할을 한다.

언론의 자유는 뭘까?

언론의 자유는 1647년 및 1649년 영국 국민 협정이 헌법적으로 보장하려고 한 것이 최초였다. 1689년 권리장전에서는 의회에서의 언론 자유가 보장되었고, 1695년 검열법을 폐지함으로써 비로소 출판의 자유가 확립되었다.

그 후 1776년 미국의 버지니아 헌법, 1789년 미국 헌법에서는 법률로서도 제한할 수 없는 절대적 자유로서 보장되었다.

1789년 프랑스 인권선언(11조)에서 "사상 및 의견의 자유로운 교환은 인간의 가장 귀중한 권리의 하나이다."라고 선언한 이래, 모든 입헌 국가가 헌법적으로 보장하게 되었다.

언론의 자유와 책임

언론이 사실을 자유롭게 보도할 수 있어야 국민들은 올바른 판단을 내릴 수가 있다. 그래서 우리 헌법에서는 언론의 자유를 철저하게 보장하고 있다. 언론의 자유는 민주 정치의 필수적인 사상 표현의 자유이며, 적극적인 민주 정치의 구성 원리로서의 의미를 가진다. 언론 기관은 자유롭게 말하고 싶은 것을 말할 수 있고, 정부는 여기에 간섭할 수가 없다. 그렇다고 언론이 뭐든지 멋대로 행동해도 된다는 것은 아니다. 언론은 항상 책임감을 갖고 공정한 보도를 하기 위해 노력해야 한다.

개념쌤의 1분 특강

우리나라는 헌법에 언론의 자유를 규정하여 이를 보장하고 있어. 그 만큼 '언론의 자유'가 중요하기 때문이지.

92 국가기관과 삼권 분립

- 국가를 다스리는 힘을 세 기관으로 나누어 균형을 이루도록 하는 제도.
- 국가기관(입법부, 행정부, 사법부)은 삼권 분립의 원칙에 따라 서로 견제하면서 힘의 균형을 유지하고 있다.

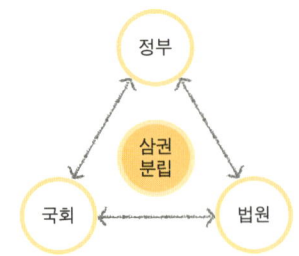

국가기관의 의미

나랏일을 맡아 보는 기관을 '국가기관'이라 하며, 국가기관에는 입법부, 행정부, 사법부가 있다. 입법부는 법을 만드는 기관으로 국회를 의미한다. 행정부는 법을 집행하고 나라 살림을 맡아 하는 기관으로 정부를 가리킨다. 사법부는 법에 따라 판결을 하는 기관으로 법원을 말한다.

삼권 분립

삼권 분립은 국가 권력을 입법부, 행정부, 사법부가 나누어 맡게 하는 것으로, 세 개의 기관은 어느 한쪽으로 힘이 쏠리지 않도록 서로 견제하면서 힘의 균형을 이루고 있다.

국가기관이 하는 일은 뭘까?

입법부는 국민을 대표하는 국회 의원들이 모여 법을 만들고 나라의 중요한 결정을 한다.
행정부는 국회에서 만든 법에 따라 나라의 살림을 한다.
사법부는 국회에서 만든 법을 해석하고, 법에 따라 재판한다.

우리나라의 삼권 분립

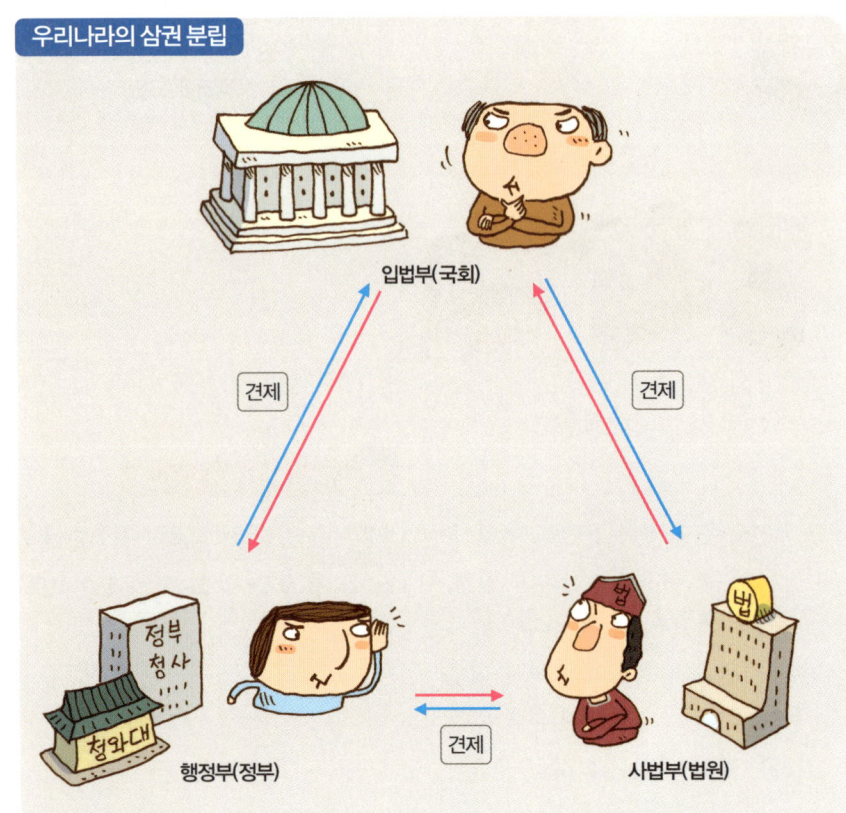

92 국가기관과 삼권 분립

삼권 분립의 필요성

국가권력을 세 개의 기관에 나누어 맡겨 어느 한쪽으로 힘이 쏠리지 않도록 삼권 분립을 하는 까닭은 뭘까? 만약 어느 한 국가기관의 힘이 세지고 다른 국가기관의 힘이 약해져서 균형이 깨진다면 독재나 부정 부패가 나타날 수 있기 때문이다. 세 기관이 균형을 이루어야 민주주의가 제대로 발전할 수 있다.

권력이 한곳에 집중되면 정치를 제멋대로 할 수 있다.

권력을 나누어 균형을 이루게 되면 독재 정치나 부정부패를 막을 수 있다.

삼권 분립을 위한 수단

정부가 나라 살림을 잘하는지 감시하는 것은 국회와 법원이고, 국회가 국민의 뜻에 맞게 법을 만드는지 감시하는 것은 정부와 법원이다. 그리고 법원은 자기 마음대로 재판을 하는 것이 아니라 국회에서 만든 법에 따라 판결을 내린다. 이처럼 다른 국가기관의 힘이 커지거나 마음대로 하는 것을 막기 위한 여러 가지 제도가 마련되어 있다.

대표적인 수단으로는 법률안 거부권, 국정 감사권, 위헌 법률 심사 제청 및 심판 제도가 있다. 법률안 거부권은 국회(입법부)가 만든 법이 옳지 않다고 생각할 때 대통령(행정부)이 그 법을 국회로 돌려보내 재의를 요구할 수 있는 헌법상 권한이다. 국정 감사권은 국회(입법부)에서 정부(행정부)가 일을 잘하고 있는지 감시하는 제도이다. 위헌 법률 심사 제청 및 심판 제도는 법원(사법부)에서 국회(입법부)가 만든 법률이 헌법에 맞는지 여부를 심사할 수 있는 제도이다.

어떤 식으로 세 기관이 견제와 균형을 이루도록 할까?

세 기관이 서로 간섭하지 않는 것을 원칙으로 하지만 다른 어느 한 기관의 힘이 커지거나 마음대로 하는 것을 막기 위한 여러 가지 제도들이 있다.
국회가 만든 법이 옳지 않다고 생각할 때 대통령은 그 법을 거부할 수 있다. 국회는 정부가 일을 잘하는지 국정 감사를 할 수 있고, 법원은 국회가 만든 법률이 헌법에 맞는지를 심사할 수 있다.

개념쌤의 1분 특강

'삼권 분립' 하면 어려운 한자어 같지? 아니야. '3권 분립'과 같은 거야. 즉, '3개의 기관에 국가권력을 분립하였다'는 말을 줄여서 나타낸 거지. 어때 이해하기 쉽지?

93 국회

- 우리나라의 입법부로, 국민이 뽑은 국회 의원이 모여 있는 국가기관.
- 국회는 국민의 대표인 국회 의원으로 구성되며 법을 만드는 일, 행정부 견제, 예산 의결 등의 일을 한다.

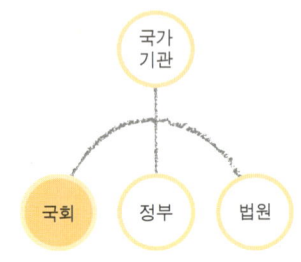

국회가 하는 일

국회는 우리나라의 입법부, 즉 법을 만드는 곳으로 '의회'라고도 한다. 국회에서는 국민이 선거로 뽑힌 국회 의원들이 모여 법을 만들고 나라의 중요한 일들을 결정하는 등 다양한 역할을 하고 있다.

구체적으로 그 역할을 본다면 첫째, 국민 생활에 필요한 법을 만들고 고치는 일을 하며, 이는 국민의 대표 기관인 국회의 핵심 역할이다. 최고 법인 헌법도 개정 절차에 따라 일부 조항을 수정, 삭제하거나 새로운 조항을 추가하여 헌법의 형식이나 내용에 변경을 가할 수 있다. 둘째, 정부가 일을 제대로 하고 있는지 감시하는 역할을 한다. 매년 정부가 나라 살림을 제대로 하고 있는지 감시하는 국정 감사를 하고, 필요한 경우 특정한 정치적 일에 대해 직접 국정 조사를 하기도 한다. 셋째, 나라 살림에 얼마만큼의 돈을 쓸 것인지 계획해 놓은 '예산'을 심의·의결하고, 예산을 바르게 사용했는지 감시·확인하는 결산 심사를 한다. 넷째, 정부의 정책 결정에 대해 '동의'나 '승인'을 한다. 정부는 외국에 군대를 파견하거나, 외국과 중요한 약속을 할 때에 국회의 허락을 맡아야 한다. 그 밖에도 탄핵소추권, 긴급 명령·긴급 재정 경제 처분 명령 승인권, 계엄 해제 요구권, 국무총리·대법원장·감사원장 임명 동의권 등 일반 국정에 관한 주요한 결정을 하는 역할을 하고 있다.

누구를 국회 의원으로 뽑을까?

자기 자신의 이익보다는 나라 전체의 이익을 생각하는 후보, 규칙에 따라 공정하게 선거 운동을 한 후보, 성실하고 부지런한 후보, 세금을 성실히 내는 등, 국민의 의무를 다하는 후보, 정직한 후보를 뽑아야 한다.

국민의 뜻에 따라 법을 만든다.   정부가 일을 제대로 하는지 감시한다.   예산안을 심의·의결하고, 정부가 쓴 예산을 결산 심사한다.

93 국회

국회의 구성

국회는 국회 의원 300명으로 구성되어 있고, 이중 국회 의장 1명과 국회 부의장 2명이 있으며, 본회의와 위원회로 구분하여 활동한다. 국회 의장은 국회를 대표하고 국회의 회의를 이끄는 역할을 한다. 국회 부의장은 의장이 없을 때 국회 의장의 일을 대신한다. 본회의는 국회의 의사를 최종 결정하는 곳으로, 각 상임위원회에서 심사한 안건을 최종적으로 결정한다. 위원회는 상임위원회와 특별위원회가 있다. 상임위원회는 국회에서 다룰 여러 법안이나 의견을 미리 검토하는 곳이다. 이를 테면, 교육과 관련된 법은 교육상임위원회에서 검토를 하게 되는 것이다. 특별위원회는 어떤 사건이나 특별히 검토해야 할 것들을 처리하는 곳이다.

국회 의원은 죄를 지어도 잡혀가지 않는다고?

국회 의원에게는 보통 사람들에게 없는 두 가지 특별한 권리가 있다. 첫째는 범죄를 저지른 현장에서 잡힌 범인이 아니라면 국회 회의 기간 중에 국회의 동의 없이 체포되지 않는 '불체포 특권'이고, 둘째는 국회에서 국회 의원으로서 한 말이나 표결에 대해 국회 밖에서 책임을 지지 않는다는 '면책 특권'이다.
왜 국회의원들에게 그런 특권을 준 것일까? 그 이유는 정부나 다른 힘 있는 자들의 눈치를 보지 않고 소신껏 일할 수 있도록 하기 위해서이다.

국회에는 국회 의장과 국회 부의장, 상임위원회와 특별위원회가 있다.

국회 의원

국회 의원은 국민이 보통, 평등, 직접, 비밀 선거로 뽑은 국민의 대표로서, 국민의 뜻을 국회에 전달하는 중요한 역할을 한다. 국회 의원의 임기는 4년이고, 선거에 후보로 나가기 위해선 만 25세 이상이어야 한다. 단임제인 대통령제와는 달리 여러 번 선거에 나가서 당선될 수 있다.

국회 의원은 헌법, 법률을 제정 및 개정할 수 있는 입법에 관한 권한, 예산안 심의 확정 및 결산 심사 등의 재정에 관한 권한, 국정 감사 및 조사 등의 일반 국정에 관한 권한을 가지고 있다. 반대로 국회 의원은 법으로 금지된 직업을 가지지 않을 의무, 뇌물을 받지 않으며 청렴해야 할 의무, 국회 의원이라는 지위를 아무 곳에서나 함부로 행사해서는 안 되는 의무, 국민의 대표로서 자신의 이익이 아닌 국가의 이익을 위해 활동해야 할 의무가 있다.

개념쌤의 1분 특강

매년 9월 10일에 국회 정기회가 시작한다고 뉴스에 나오지? 정기회는 매년 1회 정기적으로 소집되는 국회를 말해. 정기회와 별도로 임시회가 있는데 임시회는 긴급한 필요가 있을 때 하는 거야.

국회 의원은 국민을 위한 활동을 한다.

94 정부

- 우리나라의 행정부로, 행정을 맡아보는 국가기관.
- 정부는 나라의 살림살이를 맡고 있으며 사회 질서 유지, 공공시설 설치, 정책을 수립·집행하는 일을 한다.

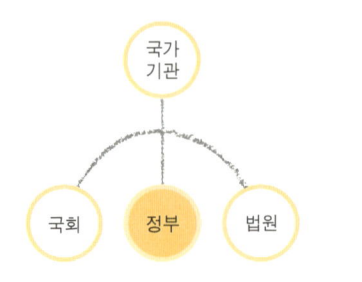

정부가 하는 일

'행정'은 법에 따라 나라의 살림살이를 하는 것을 말하며, 정부는 행정을 맡아 하는 국가기관을 뜻한다. '정부'는 넓은 의미로 나랏일을 하는 모든 기관을 뜻하지만, 좁게는 행정기관만을 가리킨다. 우리나라에서는 '정부'가 행정기관을 가리키는 좁은 뜻으로 많이 쓰이고 있다.

정부는 우리 생활 아주 가까운 곳에서 매일매일 여러 가지 일을 하고 있다. 첫째, 사회의 질서를 지키고 국민들을 보호하는 일을 한다. 예를 들어, 도둑을 잡아주고 교통사고를 처리하는 경찰관의 일이나 불을 끄는 소방관의 일도 정부가 하는 일이다. 둘째, 도로나 댐, 항구, 도서관 같은 꼭 필요하지만 아무나 쉽게 만들 수 없는 공공시설을 만들고 관리하는 일을 한다. 셋째, 경제 발전을 위한 계획, 환경을 보호하기 위한 정책, 미래의 꿈나무들을 위한 교육 정책 등 여러 가지 정책과 계획을 세우고 그것을 실천하는 것도 정부가 하는 일이다. 오늘날 사회가 복잡해지면서 정부가 할 일이 점점 많아지고 있다.

국무 회의는 뭘까?

국무 회의는 정부의 정책을 심사하고 의논하는 행정부의 최고 심의 기관이다. 국무 회의가 있어서 정부는 좀 더 신중하게 정책을 결정하고 실행할 수가 있다.
국무 회의는 대통령이 의장, 국무총리가 부의장을 맡고 있다.

사회 질서 유지 및 국민 보호

공공시설 건설 및 관리

여러 가지 정책과 계획 수립 및 실천

정부의 구성

정부는 대통령, 국무총리, 국무 회의, 행정 각부로 구성되어 있다. 행정부의 우두머리는 대통령이다. 국무총리는 대통령을 도와서 행정 부처를 이끌고, 대통령이 없을 땐 대통령의 역할을 대신한다. 행정 각부는 부와 처로 나뉘며, 각각의 부와 처에서 나라의 살림살이를 나눠서 맡고 있다. 예를 들어 나라를 지키는 일은 국방부에서, 나라를 위해 희생한 분들에게 보답하는 일은 국가보훈처에서 한다.

정부 구성과 하는 일

구성	하는 일
대통령	정부 통솔, 국가의 중요한 일을 결정한다.
국무총리	대통령 보좌, 행정 각부 총괄, 대통령이 없을 때 대통령 일을 대신한다.
행정 각부	각자 맡은 일을 전문적으로 처리, 다른 부서와 협력하여 국가의 중요한 일을 해결한다.

95 대통령

- 외국에 대하여 국가를 대표하고 정부의 우두머리가 되는 최고 통치권자.
- 대통령은 대외적으로 국가 원수, 대내적으로 행정부 수반의 지위에 있으며 많은 권한과 책임을 가지고 있다.

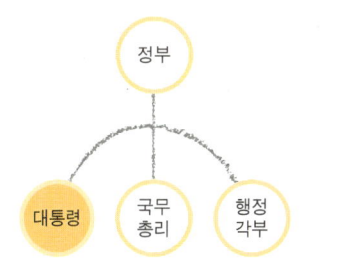

대통령의 지위와 권한

대통령은 외국에 대해 우리나라를 대표하는 국가 원수의 지위를 가지므로 국제 회의에 참석하고 외국과의 조약을 체결할 수 있는 권한이 있다. 또한 대통령은 정부의 우두머리인 행정부의 수반으로서의 지위를 가진다. 따라서 대통령은 나라 살림을 맡은 정부를 이끌고, 정부의 공무원들을 임명할 수 있는 권한이 있다. 대통령에게 큰 권한이 주어진 반면 많은 책임과 의무가 따른다. 이를 테면 나라의 독립과 영토를 지킬 의무, 헌법을 지킬 의무, 평화통일을 위해 성실히 노력할 의무 등이 있다. 대통령은 취임할 때 이런 의무를 꼭 지키겠다는 선서를 해야 한다.

우리나라에서는 대통령이 가진 큰 권한을 견제하기 위하여 여러 가지 장치를 마련해 놓고 있다. 대통령의 임기와 단임제를 정해 놓은 것 뿐만 아니라 중요한 일을 결정할 때 국무 회의의 심의를 거쳐야 하는 것, 국회의 동의나 승인을 받아야 하는 것, 국회가 대통령에 대한 탄핵 소추를 할 수 있는 것 등이 대통령을 견제하는 제도이다. 하지만 대통령의 독재를 막기 위해서는 무엇보다도 국민들의 감시가 가장 중요하다.

> **단임제, 중임제, 연임제는 뭘까?**
> 단임제는 임기와 관련 없이 한 번만 그 직책을 수행하는 것으로, 현재 우리나라의 대통령이 단임제에 해당한다.
> 중임제는 해당 직책을 두 번 이상 수행할 수 있음을 의미한다. 단 그 두 번의 직책 수행의 임기가 연결될 수도 있고, 아닐 수도 있다.
> 연임제는 해당 직책을 연속해서 수행할 수 있는 것을 의미한다. 중임제와 비슷하긴 하지만, 연임제의 경우에는 직책상의 임기가 연속되어야만 한다는 점에서 중임제와 차이가 있다.

선거로 뽑는 대통령

우리나라 대통령은 국민들이 직접 선거를 통해 뽑고 있다. 대통령의 임기는 5년으로, 5년마다 한 번씩 대통령 선거를 실시한다. 우리나라는 같은 사람이 대통령을 한 번밖에 할 수가 없는 단임제를 채택하고 있다. 이는 오랫동안 군사 독재를 겪으면서 국민의 권리가 많이 침해되었기 때문에, 독재를 막기 위해서 실시하고 있는 제도이다.

개념쌤의 1분 특강

일본과 영국의 경우 대통령이 없고 대신 왕과 수상이 있어. 왕은 나라를 대표하는 상징일 뿐이고 실제로는 가장 많은 국회의원이 소속된 정당이 나랏일을 하고 수상은 그 정당의 대표가 맡아. 이런 제도를 '의원 내각제'라고 해.

96 법원

- 우리나라의 사법부로, 법에 의하여 사법권을 행사하는 국가기관.
- 법원은 법의 뜻을 해석하고 그 뜻에 따라 재판을 하여 다툼을 해결하고 국민의 권리를 보호하는 역할을 한다.

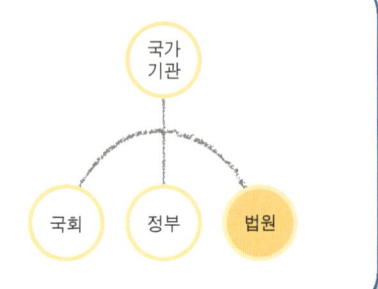

법원의 의미와 역할

여러 사람이 어울려 사는 사회에는 모두가 꼭 지켜야 할 약속인 규범이 있듯이, 한 나라에도 국민들이 지켜야 할 규범인 법이 있다. '사법'이란 법에 따라 판단하고 심판하는 일을 말하고, '사법부'는 삼권 분립에 의하여 사법을 맡아 보는 국가기관을 말하며, '법원'은 우리나라의 사법부이다.

법원은 국회에서 만든 법의 뜻을 풀이하고 그 뜻에 따라 재판을 하여 문제를 해결한다. 즉, 개인 간의 다툼을 스스로 해결하게 하면 힘센 자가 지배하는 무질서한 사회가 되므로 법원은 이를 맡아서 해결하고, 국민의 권리를 보호하고 피해자의 권익을 구제하는 기능을 하며, 사회 질서를 어지럽히고 사람들을 불안하게 하는 행동을 한 사람을 법에 따라 재판하여 벌을 주고 질서를 유지하는 역할을 한다.

법원에는 어떤 사람들이 있을까요?

대법원장은 대법원의 최고 직위 또는 그 직위를 맡은 사람으로, 대통령이 국회의 동의를 얻어 임명한다. 대법관은 대법원에서 사법권을 행사하는 법관으로, 대통령이 국회의 동의를 얻어 임명하며 임기는 6년이다.

판사는 대법원을 제외한 각급 법원의 법관이다. 대법관 회의의 동의를 얻어 대법원장이 임명한다. 임기는 10년이며 연임할 수 있다.

법원의 종류

헌법에서 우리나라의 법원은 최고 법원인 대법원과 각급 법원으로 조직된다고 규정하고 있다. 이에 따라 법원은 최고 법원인 대법원이 있고, 그 밑에는 고등법원이 있으며, 고등법원 밑에는 전국 각지에 지방법원과 그 지원이 있다. 그 외 특별한 재판을 하는 법원으로 특허와 관련된 재판을 하는 특허법원, 가사 재판과 소년 재판을 담당하는 가정법원, 행정 재판을 담당하는 행정법원, 군사 재판을 담당하는 군사법원이 있으며, 헌법 재판은 헌법재판소에서 이루어진다.

우리나라 법원에는 지방 법원, 고등법원, 대법원이 있다.

사법부의 독립

공정한 재판을 위하여 입법부와 행정부로부터 사법부는 독립되어 있어야 한다. 국민의 기본권 보호를 위하여 재판 과정에 외부의 압력이나 간섭을 받지 않고, 법관의 신분은 헌법과 법률에 의해 보장되며, 외부의 간섭 없이 헌법과 법률에 의하여 양심에 따라 독립하여 심판해야 한다고 우리나라 헌법에 규정하고 있다.

공정한 재판을 위해 사법부는 입법부와 행정부로부터 자유로워야 한다.

97 재판

- 소송 사건을 해결하기 위하여 법원 또는 법관이 판단을 내리는 일.
- 우리나라는 재판의 공정성과 국민 기본권을 보장하기 위하여 3심 제도를 실시하고 있다.

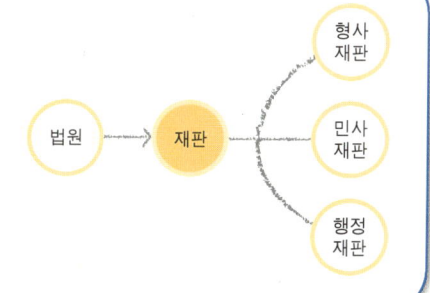

3심 제도

3심 제도는 한 사건에 대하여 다른 종류의 법원에서 세 번의 재판을 받을 수 있는 제도로, 재판을 공정하게 하여 국민의 기본권을 보장하기 위한 것이다. 우리나라는 원칙적으로 3심제를 채택하고 있으나 3심 제도가 반드시 유지될 필요는 없으며, 예외적으로 2심, 1심도 존재한다. 3심제에 따라 1심에서 판결을 받은 것이 불공정하다고 생각되면 항소하여 2심 판결을 구하고, 2심 판결이 또 불공정하다고 생각되면 상고하여 다시 3심 판결을 구할 수 있다.

우리나라의 3심 제도

1심이 지방 법원 단독부인 경우 2심은 지방 법원 합의부, 3심은 대법원에서 하고,
1심이 지방 법원 합의부인 경우 2심은 고등 법원, 3심은 대법원에서 한다.

재판의 종류

이웃집 강아지가 우리 배추밭을 망쳐 놓은 경우 등 개인과 개인 사이에 벌어지는 다툼을 해결하기 위한 재판을 민사 재판이라고 한다. 누군가 도둑질을 하다가 경찰에 붙잡혔을 경우 검사가 범죄에 대해 법원에 재판을 요청하고, 법원에서는 잡힌 사람이 죄가 있는지 없는지를 가리는 재판을 하는데, 이를 형사 재판이라고 한다. 정부에서 우리 집에 터무니없이 많은 세금을 물리는 등 국가나 지방 자치 단체의 활동 때문에 피해를 보고 있는 국민이 국가를 상대로 하는 재판을 행정 재판이라고 한다. 그 밖에 어떤 법률이나 국가기관의 활동이 헌법의 뜻에 맞는지 판단해야 할 경우 헌법 재판으로 해결하고, 이혼이나 형제간의 재산 다툼 등 가족들 사이에서 일어나는 다툼을 다루는 가사 재판, 선거가 잘못되었을 때 여는 선거 재판 등이 있다.

민사 재판

형사 재판

행정 재판

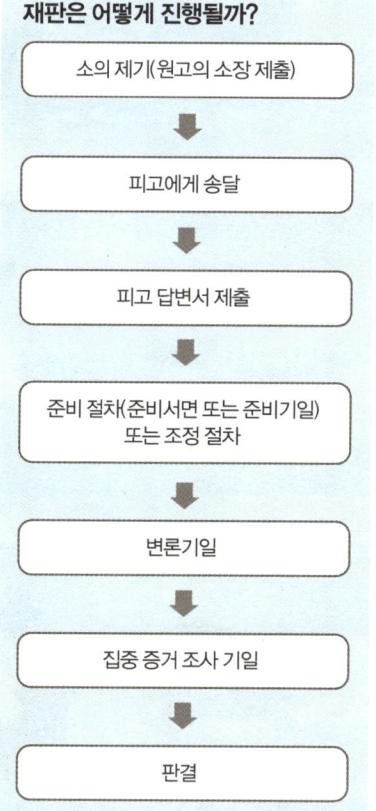

재판은 어떻게 진행될까?

소의 제기(원고의 소장 제출)
↓
피고에게 송달
↓
피고 답변서 제출
↓
준비 절차(준비서면 또는 준비기일) 또는 조정 절차
↓
변론기일
↓
집중 증거 조사 기일
↓
판결

개념쌤의 1분 특강

법원의 1심 판결에 불복하여 2심을 청구하는 '항소'와 2심 판결에 불복해 3심을 청구하는 '상고'가 있어.

98 법

- 모든 국민들이 지키기로 약속한 강제력을 수반하는 사회 규범.
- 법은 국민 전체의 권리를 보호하고 범죄로 인해 발생하는 혼란과 무질서를 막아 사회 질서를 유지하는 데 기여한다.

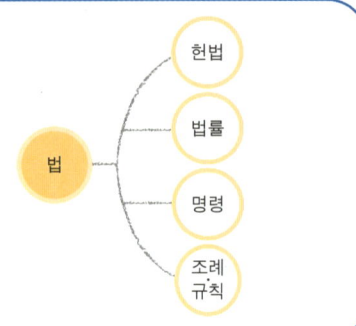

법의 의미와 법치주의

법이란 모든 국민들이 지키기로 약속한 나라의 규범을 말한다. 법은 강제성을 가지고 있어 만약 법을 지키지 않으면 벌금을 내거나 감옥에 갈 수도 있다. 법이 강제성을 가지고 있어 마치 우리의 자유를 빼앗는 것처럼 보일 수도 있으나 오히려 법은 우리의 자유를 보호하는 역할을 한다. 법이 있어 다른 사람의 자유를 침범하는 일을 하지 않게 되기 때문이다. 법은 사회 질서를 유지하고 모든 사람들의 권리를 보호받을 수 있게 하며, 우리 생활과 관련된 여러 가지 규칙을 정해 우리 생활에 큰 영향을 끼치기도 한다.

법치주의란 말 그대로 '법에 따라 다스린다'는 뜻으로 민주주의의 가장 기본적인 원리 중 하나이다. 법치주의 국가에선 나라를 다스리거나 국민들에게 무언가를 요구할 때 반드시 국민의 뜻에 의해 만든 법에 따라야 한다. 대통령도, 국회 의원도, 법관도 모두 법에 따라야 한다.

세계 최초의 법은 뭘까?

세계 최초의 법은 고대 바빌로니아의 함무라비 법전으로 알려져 있다. 이 법은 기원전 1750년경 고대 바빌로니아의 함무라비 왕이 만들었다. 이 법에는 '눈에는 눈, 이에는 이'라는 유명한 법칙이 있다. 이 말은 눈을 다치게 한 사람은 눈을 다치게 하고, 이를 다치게 한 사람은 똑같이 이를 다치게 한다는 뜻이다. 우리나라의 가장 오래된 법은 고조선의 8조법으로 '사람을 죽인 자는 즉시 죽인다.', '남을 다치게 한 자는 곡식으로 갚는다.' 등의 내용이 들어 있다.

법의 역할 / 법치주의

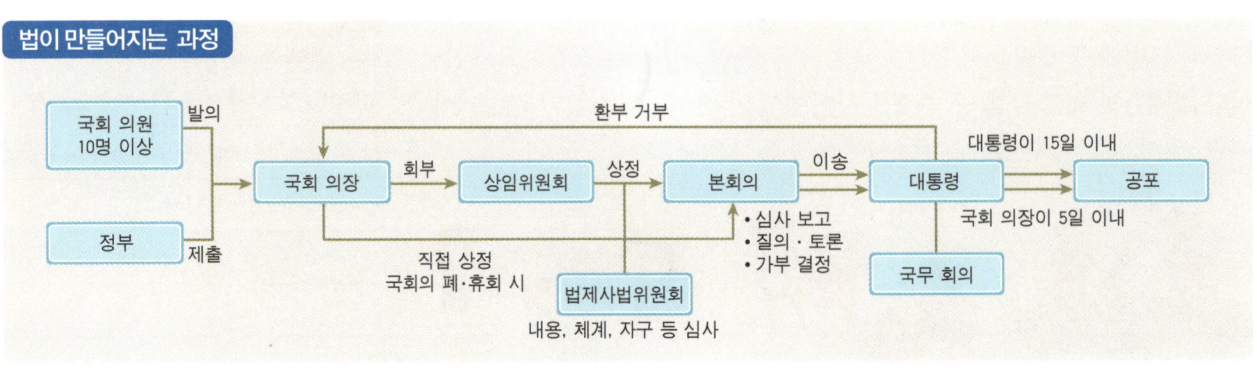

법이 만들어지는 과정

법의 종류

우리나라의 법에는 헌법, 법률, 명령, 조례, 규칙이 있는데, 각각 만드는 곳이 다르고 쓰임도 차이가 난다.

헌법은 나라의 법 중 가장 높은 법이다. 그래서 법률이나 조례와 같은 우리나라 모든 법들은 절대 헌법에 어긋나서는 안 된다. 헌법은 국가의 통치 조직과 통치 작용의 기본 원리 및 국민의 기본권을 보장하는 근본 규범이다. 우리나라 헌법은 1948년에 제정되었으며 전문, 주요 조항, 부칙으로 구성되어 있다. 그리고 전문에는 헌법의 기본 이념이 담겨 있고, 주요 조항에는 국민의 권리와 의무, 국가 조직의 기본 원리가 제시되어 있다.

법률은 국회에서 만든 법으로, 민법, 상법, 형법, 민사 소송법, 형사 소송법 등이 있다. 민법은 재산, 가족 등과 관련한 개인의 권리에 대한 법을 말하고, 상법은 기업이나 상거래에 대한 내용을 담고 있는 법이며, 형법은 범죄와 형벌에 대한 법이다.

명령은 대통령, 국무총리, 장관 등이 정부에서 필요한 법을 만드는 것으로, 법률보다는 아래에 있는 법이다.

조례는 지방 의회가 만드는 자치 단체의 법으로 해당 지역에만 적용되는 법이다. 규칙은 지방 자치 단체의 장이 자신의 권한이 속하는 일을 하면서 만드는 법이다.

문자로 써 놓지 않는 법도 있다?

문자로 써 놓은 법은 '성문법'이라고 하고 문자로 써 놓지 않은 법을 '불문법'이라고 한다. 우리나라는 성문법 국가이고, 영국과 미국은 대표적인 불문법 국가이다.

불문법에는 관습법과 판례법이 있다. 관습법은 옛날부터 반복적으로 행해지던 것이 법으로 굳어진 것을 말하고, 판례법은 어떤 사건을 심판할 때 그와 관련 있는 지난 사건의 판결이 법의 역할을 하게 되는 것이다.

하위 법은 상위 법에 어긋나서는 안 된다.

개념쌤의 1분 특강

어떨 땐 '법'이라고 하고 어떨 때 '법률'이라고 말해서 헷갈리지? 간단해. 헌법, 법률 등을 통틀어서 말할 때는 '법'이라고 하고, 법의 종류 중 하나로 헌법보다 아래에 있는 것을 가리킬 때는 '법률'이라고 해.

99 국민의 권리

- 권리는 어떤 일을 하거나 누릴 수 있는 힘이나 자격.
- 국민의 권리인 기본권에는 행복 추구권, 자유권, 평등권, 참정권, 사회권, 청구권이 있다.

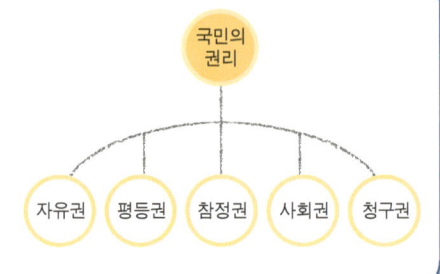

국민의 권리, 기본권

권리란 모든 사람이 인간으로서 당연히 누려야 할 기본적인 권리를 말한다. 권리는 국가의 성립과는 관계없이 인간이 태어나면서부터 가지는 자연법상 권리임과 동시에 국가가 '기본권'으로 보장하고 제한하는 것이 가능한 실정법상 권리이기도 하다. 기본권은 인간의 존엄과 가치 실현을 통한 사회 통합의 기능이 있고, 국가권력을 창출하고 통제하는 역할을 한다. 우리 헌법은 인간의 존엄성과 행복을 추구할 수 있는 권리를 보장하고, 국민의 기본권을 정해 두고 있다.

기본권의 종류

인간의 존엄과 가치는 모든 기본권에 공통적으로 적용되는 기본권의 이념이면서 궁극적인 목적이다. 행복 추구권은 국민이 인간으로서 행복을 추구할 수 있는 권리를 말한다.

자유권은 국가로부터 간섭을 받지 않고 행동하고 생각할 수 있는 권리를 말한다. 자유권은 기본권 중 역사가 가장 오래된 기본권이다. 자유권에는 신체의 자유, 양심의 자유, 종교의 자유, 언론·출판·집회·결사의 자유, 학문과 예술의 자유, 거주·이전의 자유, 직업 선택의 자유, 재산권 행사의 자유 등이 있다.

평등권은 사회생활에서 합리적인 이유 없이 불평등한 대우를 받지 않을 권리를 말한다. 평등권은 인간의 존엄성을 보장하기 위한 본질적 기본권이고, 다른 기본권 보장을 위한 전제 조건이 되는 권리이다. 평등권은 법 앞의 평등, 교육의 기회 균등, 근로 관계에서의 남녀평등, 가족생활에서의 양성평등 등을 내용으로 한다.

신앙의 자유를 찾아 메이플라워 호에 탄 사람들

1620년, 102명의 영국 청교도들은 '메이플라워(Mayflower)'라는 배를 타고 먼 아메리카 신대륙으로 떠났다. 영국 왕이 종교를 선택할 자유를 무시하자, 정든 고향과 친구들 곁을 떠나 낯선 땅으로 간 것이다.

지금은 대부분의 국가에서 종교의 자유를 인정하지만, 종교의 자유를 얻기까지도 꽤 힘든 과정이 있었다.

자유권: 국가로부터 간섭받지 않고 행동하고 생각할 수 있는 권리를 말한다.

평등권: 차별받지 않을 권리를 말한다.

99 국민의 권리

참정권은 국민의 한 사람으로서 정치에 적극적으로 참여할 수 있는 권리를 말한다. 참정권은 국가를 전제로 하는 권리이기 때문에 외국인에게는 제한되기도 한다. 참정권에는 선거권, 선거에 후보로 나갈 수 있는 피선거권, 공무원이 되어 나랏일을 담당할 권리, 국민투표권 등이 있다.

사회권은 인간답게 살 수 있도록 국가에 요구할 수 있는 권리를 말한다. 사회권은 20세기 현대 복지 국가에서 등장한 기본권이고, 생존권으로서 약자를 보호하기 위해 생긴 기본권이다. 사회권에는 인간다운 생활을 할 권리로서 교육을 받을 권리, 근로의 권리, 노동 3권(단결권, 단체 교섭권, 단체 행동권), 환경권, 보건권 등이 포함된다.

청구권은 국민이 국가에게 어떤 행위를 해 달라고 하는 권리를 말한다. 청구권은 다른 기본권을 보장하기 위한 수단적 권리이다. 청구권에는 국민의 어려움을 국가기관에 알려 국민의 뜻을 반영시킬 수 있는 청원권이나 재판을 받을 수 있는 권리인 재판 청구권, 국가 배상 청구권 등이 있다.

미란다 원칙은 뭘까?

"당신은 묵비권을 행사할 권리가 있으며, 당신이 하는 말은 당신에게 불리한 증거가 될 수 있으며, 당신은 변호사를 선임할 권리가 있다." 미란다 원칙은 1966년 선고된 미국 미란다 대 애리조나 판결에서 유래한다. 미란다 원칙이란 경찰이나 검찰이 범죄 용의자를 연행할 때 그 이유와 변호인의 도움을 받을 수 있는 권리, 진술을 거부할 수 있는 권리 등이 있음을 미리 알려 주어야 한다는 원칙을 말한다. 만일 미란다 원칙을 알려 주지 않았을 경우 범인을 체포한 행위 자체가 적법한 절차에 따른 것이 아니므로 범죄 행위에 대한 대가를 묻지 못하게 될 수 있다. 미란다 원칙은 자유권의 일종인 신체의 자유를 보장하기 위한 헌법상 제도 중 하나이다.

참정권: 국민의 한 사람으로서 정치에 참여할 수 있는 권리를 말한다.

사회권: 인간답게 살 수 있도록 국가에 요구할 수 있는 권리를 말한다.

청구권: 국민이 국가에게 어떤 일을 해 달라고 하는 권리를 말한다.

기본권의 충돌

서로 대립하는 기본권의 주체가 자신의 기본권을 우선 보호해 줄 것을 요구할 경우 기본권의 충돌이 일어나게 된다. 예를 들어, 아파트 재건축으로 인하여 일조권이 침해당했을 경우 건축자의 재산권과 기존 주민의 기본권 간에 충돌이 일어나게 된다. 이와 같은 경우에는 충돌하는 기본권(재산권과 일조권)의 법적 이익을 비교하여 우선적으로 보호해야 할 것이 무엇인지 판단하게 된다.

국가가 국가 안전 보장, 질서 유지, 공공복리 보장을 목적으로 할 경우 국민의 기본권을 제한할 수 있다. 기본권을 제한하고자 할 경우에는 반드시 국민의 대표 기관인 국회가 제정한 법률에 따랐을 경우만 가능하다. 따라서 원칙적으로 명령, 조례, 규칙으로는 기본권을 제한할 수는 없다. 설령 법률에 따라 기본권을 제한한다고 해도 자유와 권리의 본질적인 내용을 침해할 수 없으며 최소한으로 제한해야 한다.

개념쌤의 1분 특강

인간의 존엄성은 하늘에서 내려 준 것이라는 의미에서 '천부인권'이라 하며, 이는 절대 침해할 수 없는 거야.

100 국민의 의무

- 국민으로서 마땅히 해야 하는 일.
- 국방의 의무, 납세의 의무, 교육의 의무, 근로의 의무를 국민의 4대 의무라고 한다.

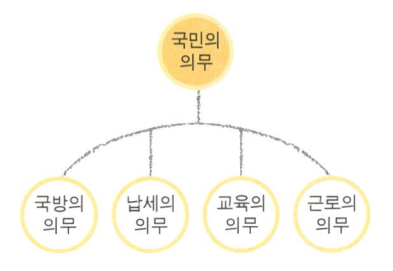

의무의 뜻

의무란 어떤 지위에 주어진 일, 마땅히 해야만 하는 일을 말한다. 누군가 의무를 다하지 않으면 불편한 일들이 생긴다. 예를 들어, 반 친구들은 모두가 각자 할 일을 맡았는데 청소를 담당하는 친구가 자신의 일을 게을리 했다면, 이 친구는 청소를 해야 할 자신의 의무를 다하지 않은 것이다. 그 때문에 교실이 더러워져 결국 모두가 피해를 입게 될 것이다. 이와 마찬가지로 국민에게도 지켜야 할 기본적 의무가 있다.

국민의 의무

우리나라에서는 1948에 제정된 제헌 헌법에서부터 지금까지 국민의 기본적 의무에 관한 규정을 두고 있다.

나라를 지킬 의무인 국방의 의무, 나랏일을 운영하는 데 드는 세금을 성실하게 내야 하는 납세의 의무, 모든 국민이 일정한 교육을 받도록 해야 하는 교육의 의무, 일을 해야 하는 근로의 의무, 깨끗한 환경을 지키기 위해 노력해야 할 환경 보전의 의무, 재산권 행사를 공공 복리에 적합하게 해야 하는 의무가 헌법에 규정되어 있다.

개인의 발전뿐만 아니라 국가의 발전을 위해서 국민들은 국민의 의무를 성실히 지켜야 한다.

권리와 의무는 어떤 관계일까?

모든 국민들이 세금을 내는 것을 아까워 하거나, 세금을 내지 않기로 한다면 도로나 다리, 놀이터와 같은 공공시설이 망가져도 고칠 수가 없을 것이다. 돈이 부족해 소방서나 경찰서가 문을 닫을 수도 있다. 그러면 불이 나거나 강도가 들어도 우리를 도와줄 사람이 아무도 없어 정말 위험해질 것이다. 그렇게 되면 공공시설을 마음껏 사용할 권리나 안전하게 살 권리도 누릴 수가 없게 된다. 납세의 의무를 지키지 않아 여러 가지 권리를 누릴 수 없는 상황이 되는 것이다. 사람들은 의무를 싫어하지만 거꾸로 생각해 보면 의무가 있기 때문에 권리를 누릴 수 있는 것이다. 그래서 권리와 의무는 늘 함께 다니는 단짝이라고 할 수 있을 것이다.

국방의 의무

납세의 의무

교육의 의무

근로의 의무

개념쌤의 한눈 특강

국민의 4대 의무에 깨끗한 환경을 지키기 위해 노력해야 할 '환경 보전의 의무'를 포함시켜 국민의 5대 의무라고도 해.

101 국제 관계

- 국가 간 또는 주요 세력들 간의 정치적·경제적·법적·사회적 관계.
- 우리나라, 미국, 러시아 등 수많은 나라들이 국제 사회 안에서 다양한 국제 관계를 맺으며 살아가고 있다.

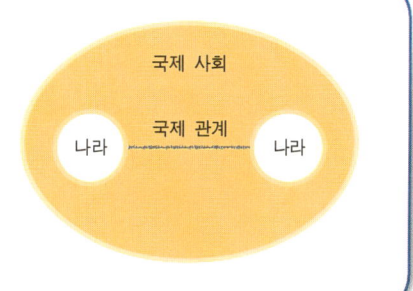

국제 사회와 국제 관계

여러 사람들이 모여 사는 집단을 사회라고 부르는 것처럼 여러 나라가 모여 서로 교류하는 사회를 '국제 사회'라고 한다. 국제 사회 안에서 많은 나라들은 다양한 관계를 맺으며 살아간다. 예를 들어, 지구의 환경 오염을 해결하기 위해 협력하기도 하고, 부족한 석유 자원을 더 많이 확보하기 위해 경쟁을 하기도 한다. 이렇게 서로 협력하기도 하고 경쟁하기도 하는 여러 나라들의 집합이 바로 국제 사회이고, 국가 간 또는 국제 사회에서 활동하는 다양한 집단들 간의 관계가 '국제 관계'이다.

오늘날에는 각종 교통 수단과 통신 수단이 발달하면서 전 세계가 마치 하나의 마을처럼 가까워지고 있다. 우리는 이렇게 하나의 마을처럼 가까워진 국제 사회를 '지구촌'이라고 부른다.

국제 관계의 변화 과정

1930년대 후반부터 개인보다 전체를 중요시하던(전체주의) 독일, 이탈리아, 일본에 의해 제2차 세계 대전이 일어났다. 이 전쟁으로 엄청나게 많은 사람들이 죽거나 부상당했으며 전쟁으로 인한 고통에 시달려야 했다. 사람들은 전쟁의 무서움과 함께 평화의 필요성을 절실히 느껴 '국제연합'을 만들었다. 2차 세계 대전 이후, 세계는 미국을 중심으로 하는 자유주의 진영과 구 소련을 중심으로 하는 공산주의 진영으로 나뉘어져 서로 싸우는 '냉전 시대'가 찾아 왔다. 하지만 1960년대 말부터 화해하는 분위기로 바뀌면서 1991년에는 구 소련이 붕괴되었고 냉전 시대는 완전히 끝이 났다. 오늘날의 국제 사회에서는 공산주의건 자유주의건 상관없이 자기 나라의 경제적인 이익에 따라 다른 나라와 교류를 한다. 또 유럽연합이나 중국, 일본 등 다양한 세력들의 힘도 점점 세지고 있다.

우리나라는 다른 나라와 어떤 관계를 맺고 있을까?

우리나라는 헌법에 세계 평화와 인류의 이익에 이바지하겠다고 선언하고 있다. 헌법에는 첫째, 우리나라의 이익을 위해 다른 나라를 침략하지 않는다고 명시하고 있다. 둘째, 우리나라는 국가 간의 약속인 조약을 비롯한 국제 사회의 질서를 지키겠다고 선언하고 있다. 셋째, 외국인의 인권이나 사회적 지위를 보장하고 있다. 우리나라는 외교를 통해 다른 나라와 정치, 경제, 사회, 문화 등을 교류하고 있다. 외교란 어떤 나라가 국제 사회에 원하는 것을 이루기 위해서 하는 모든 활동을 뜻한다. 무역 협상에서 우리나라에 조금이라도 더 많은 이익을 얻기 위해 애쓰고, 인질로 잡힌 우리 국민들을 구해 내려고 노력하는 것 등은 모두 외교 활동이다.

제2차 세계 대전 → 냉전 시대 → 탈냉전 시대

102 국제기구

- 국제적인 목적·활동을 위해 두 나라 이상의 회원국으로 구성된 조직체.
- 지구 온난화, 전쟁과 국가 분쟁 등은 한 나라의 힘만으로 해결할 수 없기 때문에 국제기구가 필요하다.

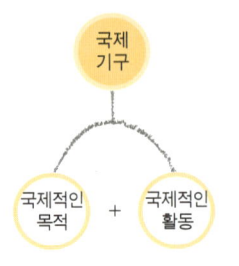

국제기구의 의미와 필요성

국제기구란 주권을 가진 2개 이상의 국가들의 합의에 의해 만든 국제 협력체로서 국제법에 의해 설립되며 독자적인 지위를 갖는 기관으로 구성된 기구를 말한다.

현대 사회에서 한 나라가 다른 나라와 관계를 맺지 않고 살아가는 것은 불가능하다. 그래서 세계의 많은 나라들은 서로 협력하기도 하고 경쟁하기도 하면서 많은 문제들을 해결해 가고 있다. 여러 나라들이 서로 무역을 하고, 교류를 하게 되면서 세계의 어느 한 곳에서 일어난 일이 많은 다른 나라에 영향을 주게 되는 일이 늘어나게 되었다. 그리고 지구 온난화, 열대우림 파괴와 같은 환경 문제, 세계 각지에서 일어나는 전쟁과 분쟁 등은 어느 한 나라의 힘만으로는 해결하기 어렵다는 것도 알게 되었다. 그래서 여러 나라들이 서로 힘을 모아 함께 해결해야 한다는 생각을 가지게 되어 국제기구가 만들어졌다. 따라서 국제기구는 국제 문제를 해결하는 창구로서의 역할을 하며, 나라 간 국제 협력을 이끌어 내고 있다.

대표적인 국제기구

국제연합(UN, 유엔)

국제연합은 제2차 세계 대전이 끝난 직후에 전쟁을 막고 세계의 평화를 지키기 위해 만든 국제기구이다. 국제연합은 국가 간에 생겨난 갈등을 조정하고 싸움이 있는 지역에 평화 유지군을 보내기도 한다.

우리나라는 1991년 북한과 함께 국제연합에 가입했고, 1995년 안전보장이사회의 비상임 이사국을 역임하였다. 2006년에는 반기문이 국제연합 사무총장으로 당선이 되어 현재까지 활동 중에 있다.

3대 국제 경제 기구는 어떨까?

국제통화기금(IMF)은 1945년 세계 무역의 안정을 위해 만든 국제 금융 기구이다. 가입국이 경제적인 어려움이 있을 때, 돈을 빌려주는 역할을 하며, 가입국들의 고용 증대, 소득 증가, 생산 자원 개발에 기여하는 일을 하고 있다.

세계무역기구(WTO)는 1995년 세계 무역의 질서를 세우기 위해 만들어 진 국제기구이다. 주로 국가 간의 경제와 관련된 다툼을 조정하고, 경제의 세계화를 이끄는 기능을 하고 있다.

세계부흥개발은행(IBRD)은 제2차 세계 대전 후 각국의 전쟁 피해 복구 및 개발 자금을 지원해 주기 위해 설립된 국제기구이다. 주로 개발 도상국가에 자금을 지원하는 역할을 하고 있으며, 이외에도 세계 경제 및 개별 국가들에 필요한 정책 자문 등의 역할을 하기도 한다.

국제올림픽위원회(IOC)
올림픽을 만든 쿠베르탱에 의해 1894년에 만든 국제기구이다. 200개국이 넘는 나라가 가입되어 있다. 올림픽의 전통과 이념을 널리 알리고, 하계 올림픽과 동계 올림픽 개최지를 선정하며, 올림픽을 정기적으로 개최하는 활동을 하고 있다.

석유수출국기구(OPEC)
석유를 수출하는 나라들이 자신들의 이익을 지키기 위해 만든 국제기구이다. 석유는 중요한 자원이기 때문에 회원국의 수는 적지만 국제 사회에서 영향력이 아주 크다.

유럽연합(EU)
유럽 여러 나라들이 정치적·경제적 통합을 확대하고자 만들었다. 유럽연합에 가입한 나라들 간에 '유로화'라는 화폐를 사용하며 자유롭게 국경을 넘어 여행할 수 있다. 그리고 최근에는 하나의 국제기구를 넘어서서 점점 하나의 나라처럼 되어 가며 국제 사회에서의 영향력을 키우고 있다.

세계보건기구(WHO)
보건과 위생 분야에서 국제적인 협력을 위해 만들어진 국제 연합의 전문 기구이다. 세계 모든 사람들의 건강을 지키기 위해 노력하고 있으며, 낙후된 지역의 위생 정도를 조사하여 대안을 제시하는 일도 하고 유행성 질병 및 전염병 대책을 마련하는 일을 한다.

경제협력개발기구(OECD)
세계 각국의 건전한 경제 성장에 기여하고, 회원국의 경제 성장과 금융 안정을 촉진하고 세계 경제 발전에 기여하기 위해 설립된 국제기구이다. WTO, IMF 등과 협력하여 국제 경제의 안정과 무역의 확대, 녹색 성장 전략 수립과 기후 변화 대응을 위한 노력을 하고 있다.

국제원자력기구(IAEA)
원자력을 평화적으로 이용하고 관리하기 위해 만든 국제기구이다. 핵무기가 없는 나라가 핵 물질을 어떻게 관리하는지 점검하고, 핵 안전 시설을 설치하고 관리하는 일을 도와주는 역할을 하고 있다.

우리도 외교 활동을 하나요?
옛날에는 대통령이나 외교관 등 몇몇 사람들만이 외교 활동을 한다고 생각했다. 하지만 이제는 국민 모두가 외교 활동을 하는 셈인데, 이런 걸 '총력 외교'라고 부른다. 예를 들면 외국에 여행을 갔을 때, 예의 바르고 성숙한 모습을 보여 우리나라에 대한 좋은 인상을 심어 주는 것도 우리가 할 수 있는 외교의 하나이다. 또 요즘 연예인들이 드라마나 영화, 노래 등을 통해 대한민국을 세계에 알리고 있는데, 이런 것도 넓은 의미에서 외교라고 할 수 있다.

국제올림픽위원회 (IOC)

유럽연합 (EU)

석유수출국기구 (OPEC)

개념쌤의 1분 특강
공통의 목적을 위해 여러 나라가 모여 만든 것이 국제기구야. 국제 사회가 발전하면서 국제기구의 수와 그 역할이 늘어나고 있어.

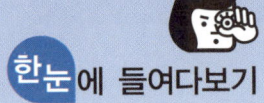

우리나라의 민주화 과정

우리나라의 민주주의가 어떤 과정을 거치며 발전해 왔는지 살펴볼까?
우리나라는 처음부터 민주주의 국가는 아니었다. 조선 시대에는 왕이 백성을 다스리는 군주제였고, 일제 강점기에는 군국주의 국가였던 일본의 강압적 통치를 받았다. 광복 이후에 비로소 민주주의가 도입되었으나 민주주의가 정착되기까지 많은 사람들의 노력이 있었다.

> 군국주의는 전쟁과 그 준비를 위한 정책이나 제도를 중심으로 운영되는 국가야.

8·15 광복
1945년 8월 15일, 우리나라는 일본으로부터 독립을 했다.

3·15 부정 선거
대한민국 첫 대통령이었던 이승만과 이승만을 따르는 자유당은 오랫동안 독재 정치를 했다. 1960년 3월 15일에 치러진 대통령 선거에서는 부정을 저지르기까지 했다. 돈과 힘을 이용해 표를 모은 것이다.

4·19 혁명
3·15 부정 선거를 많은 사람들을 화나게 했고, 4월 19일 학생들과 시민들이 거리로 나와 시위를 했다. 그 결과 이승만은 대통령에서 물러났고 새 정부가 들어섰다.

1945 ▶▶ **1948** ▶▶ **1960** ▶▶

민주 정부 수립
1948년 5월에 남한에서만 총선거를 실시하여 국회를 열었고, 1948년 7월 17일에 우리나라 최초의 헌법이 시행, 헌법에 따라 초대 대통령으로 이승만을 선출하였다. 헌법 제1조 1항에 "대한민국은 민주 공화국이다."라고 쓰여 있었지만 실제로는 그 역할을 다하지 못했다.

민주주의를 위한 우리나라의 제도 (민주주의 - 법에 의한 통치, 정당 제도, 삼권 분립, 입헌주의, 대의 정치 제도, 지방 자치 제도, 복지 제도)

5·18 민주화 운동

군사 쿠데타 이후 국민들은 군인들의 정권 장악에 반대하여 민주화 운동을 벌였다. 1980년 5월 18일, 전라남도 광주에선 군인들이 민주주의를 외치는 시민들에게 총을 쏘며 잔인하게 시위를 진압했다. 이 과정에서 많은 시민들이 죽거나 다쳤다.
이후 정권의 탄압에도 불구하고 민주화에 대한 국민들의 열망은 점점 더 커져 갔다.

민주화

6월 항쟁 이후 국민들은 대통령을 직접 선출하게 되었을 뿐만 아니라 군사 쿠데타가 아닌 평화적이고 안정적인 정권 교체가 이루어지고 있다. 그리고 각 지역 주민들의 의견에 다라 지역을 살림을 운영해 나가는 시·도 의회 의원, 시장·도지사, 교육감을 선출하고 있다.

`1979` ▶▶ `1980` ▶▶ `1987` ▶▶ `현재` ▶▶

군사 쿠데타

1979년 12월 12일, 전두환을 중심으로 한 군인 세력이 나타나 군사 쿠데타를 일으켰다. 당연히 많은 시민과 학생들이 민주주의를 외치며 저항하였다.

6월 민주 항쟁

5·18 민주화 운동이 바로 민주주의로 이어지진 않았지만 그 정신은 많은 사람들에게 영향을 끼쳤다. 시민과 학생들은 대통령을 국민들이 직접 뽑도록 하라며 시위를 했다. 1987년 1월 14일에 박종철이라는 학생이 고문을 당하다 죽고, 6월 9일에 이한열이라는 학생이 시위를 하다 경찰이 쏜 최루탄에 맞아 죽는 일이 일어나자 더 이상 참지 못한 국민들은 너도나도 거리로 뛰쳐나와 민주주의를 외쳤다.

6·29 선언
정부는 6월 29일, 6·29 선언을 통해 국민의 뜻을 받아들였다.

지리

103 지리
104 위치
105 지도
106 축척
107 방위
108 지도 기호
109 등고선
110 지리 정보
111 자연과 인간

112 기후	122 자원
113 기온, 강수량, 바람	123 자원의 이용
114 우리나라의 계절	124 도시
115 우리나라의 기후	125 도시의 생활 모습
116 우리나라 국토의 영역	126 촌락
117 지형	127 촌락의 생활 모습
118 우리나라의 지형	128 수도권 집중
119 산지	129 국토 개발
120 평야	130 환경 문제
121 해안	● 한눈에 들여다보기

103 지리

- 여러 지역의 자연과 사람들의 생활 모습을 종합적으로 연구하는 학문.
- 지형, 기후, 자연 등의 자연환경과 인구, 교통, 산업 등의 인문 환경에 대해서 연구한다.

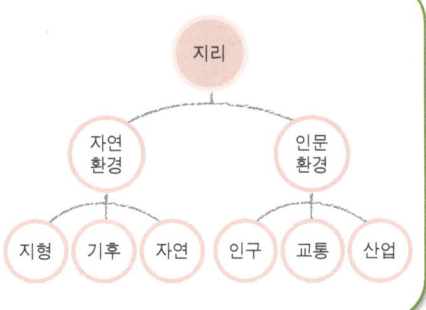

지리와 우리 생활 모습

지구에는 다양한 지형과 기후가 있다. 어떤 곳은 산이 매우 높고, 어떤 곳은 평평하다. 또 어떤 곳은 날씨가 춥고, 어떤 곳은 매우 덥다. 이렇게 전 세계적으로 다양한 지형과 날씨가 분포하며, 그에 따라 사람들이 살아가는 모습도 각각 다르다.

지리를 배우는 까닭

우리가 살고 있는 지구의 다양한 환경과 그곳에서 살아가는 사람들의 모습을 공부하는 것이 바로 지리이다. 즉, 지구 곳곳의 지형, 기후, 자원, 식물, 토양 등 자연의 모습과 도시와 촌락, 인구, 교통, 산업, 문화 등 인간의 생활 모습을 함께 공부하는 것이다. 따라서 지리를 공부하면 다양한 자연환경에 적응해온 사람들의 경험과 지혜, 지구촌의 문화 다양성을 이해하는 데 많은 도움이 된다.

풍수지리는 뭘까?

예로부터 우리나라 사람들은 땅에 여러 기운이 있다고 믿었다. 그래서 집을 짓거나 무덤을 만들 때에 좋은 자리를 선택해야 좋은 기운을 받아 복을 받는다고 생각하였다. 바로 이런 생각을 풍수지리사상이라고 한다.

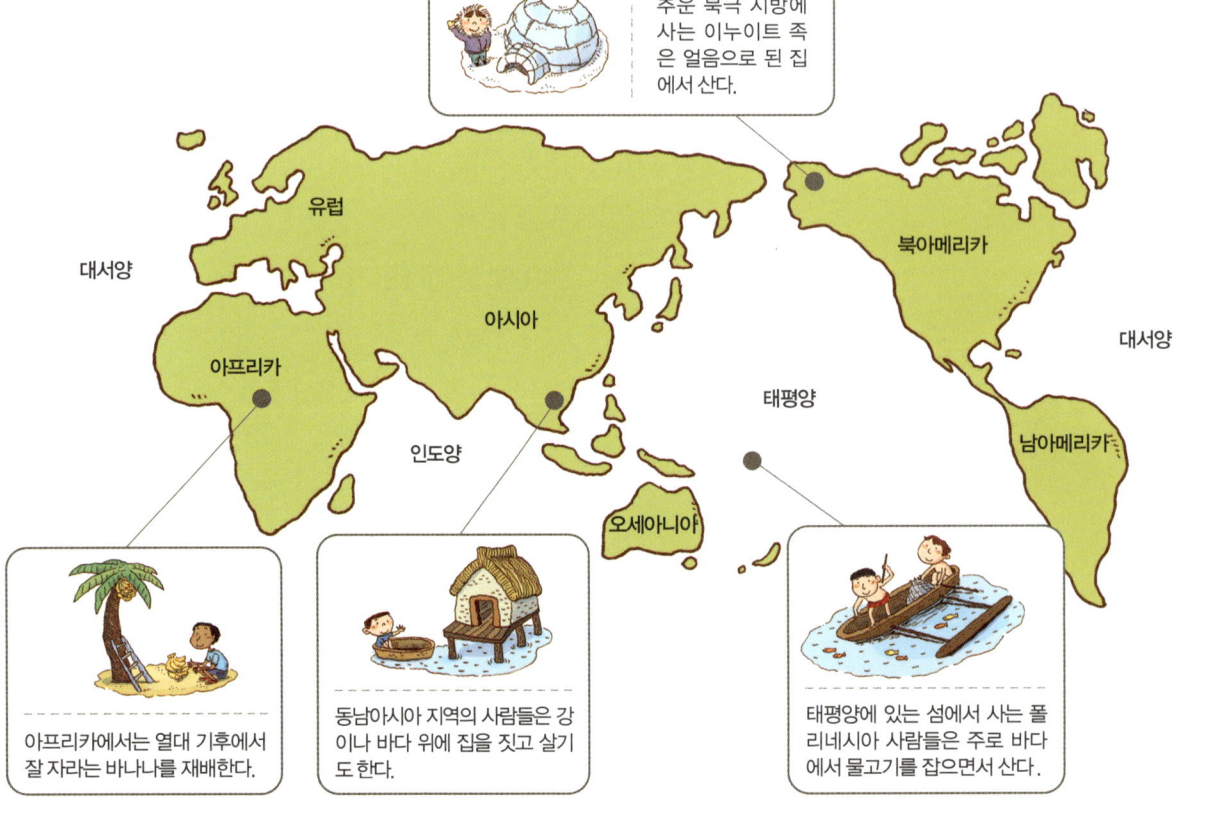

추운 북극 지방에 사는 이누이트 족은 얼음으로 된 집에서 산다.

아프리카에서는 열대 기후에서 잘 자라는 바나나를 재배한다.

동남아시아 지역의 사람들은 강이나 바다 위에 집을 짓고 살기도 한다.

태평양에 있는 섬에서 사는 폴리네시아 사람들은 주로 바다에서 물고기를 잡으면서 산다.

104 위치

- 일정한 곳에 자리를 차지하거나 그 자리를 나타냄.
- 우리는 지도의 수리적·관계적·상대적·좌표 위치를 통해 무엇이 어디에 있는지 한눈에 알 수 있다.

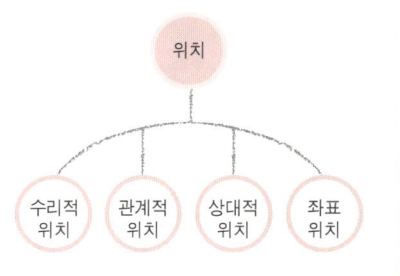

위치의 의미와 위치를 찾아보는 방법

위치란 일정한 곳에 차지하고 있는 자리를 뜻하는 것으로, 무엇이 어디에 있는지를 나타내는 것이다.

어떤 곳이나 지점의 위치를 알아보는 방법에는 여러 가지가 있다. 높은 곳에 올라가 내려다보거나 항공기를 타고 공중에서 땅의 모습을 찍은 항공 사진을 보면 된다. 또 주소로도 알 수 있다. 주소는 사람이 살고 있는 곳을 나타낸 것으로 주소를 보고 찾아갈 수 있다. 그리고 지도로도 위치를 알 수 있다. 지도는 찾고자 하는 곳의 위치를 한눈에 볼 수 있어 매우 편리하다.

바라보는 방향에 따라 위치가 달라진다?

위쪽, 아래쪽, 왼쪽, 오른쪽으로 위치를 나타낼 때, 바라보고 있는 쪽을 위쪽, 그 반대 쪽을 뒤쪽, 오른팔이 있는 쪽을 오른쪽, 왼팔이 있는 쪽을 왼쪽이라고 한다. 앞쪽, 뒤쪽, 오른쪽, 왼쪽은 기준점을 기준으로 하는 상대적인 위치이므로 사람이나 건물이 바라보고 있는 방향에 따라 위치가 달라진다.

위치 표시

특히 지도에서 위치를 표현하는 방법에는 크게 네 가지가 있다. 경도와 위도로 표시하는 수리적 위치, 주변과의 관계로 표시하는 관계적 위치, 기준점과의 거리와 방향으로 표시하는 상대적 위치, 기준선을 중심으로 표시하는 좌표 위치가 있다. 예를 들어, 우리나라를 '북위 33°~43°, 동경 124°~132°'로 나타내는 것은 수리적 위치를 말하는 것이고, "아시아 대륙의 동쪽에 위치한다."로 나타내는 것은 지리적 위치를 말하는 것이다. "우리나라는 동북아시아의 지리적 요충지 및 태평양 시대의 중심 국가이다."로 나타내는 것은 관계적 위치를 말하는 것이다.

개념쌤의 1분 특강

위치를 알아보는 방법은 여러 가지가 있지만 그중에서 '지도'를 이용하는 것이 가장 편리해.

105 지도

- 약속된 기호를 사용하여 지구 표면을 일정한 비율로 줄여 평면에 나타낸 그림.
- 지도는 그 쓰임새에 따라 다양하게 나타낼 수 있으며, 우리는 지도를 통해 원하는 지리 정보를 정확하게 알 수 있다.

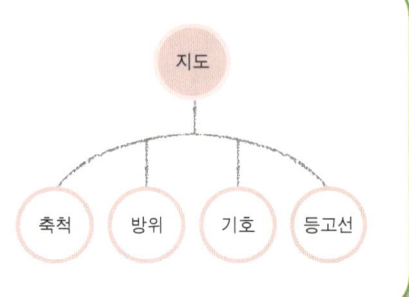

지도의 의미와 지도를 나타내는 법

땅 위에 있는 것들을 그린다고 해서 지도가 되는 것은 아니다. 지도는 정해진 약속을 지켜서 정확하게 나타내어야 한다. 왜냐하면 여러 가지 지리 정보를 알려 주어야 하며, 누가 보더라도 지도를 똑같이 해석할 수 있도록 하기 위해서이다.

주제도는 뭘까?

주제도는 목적에 맞게 특별한 주제만을 중심으로 그려 놓은 지도로, 노선도가 대표적이다. 노선도는 지하철이나 버스가 다니는 길과 역, 정류장이 나타나 있어 지하철이나 버스를 타고 목적지까지 이동하려는 사람들에게 유용하다.

지도를 나타낼 때에 지켜야 할 약속에는 세 가지가 있다. 첫째, 지도를 그릴 때는 땅을 일정한 비율로 줄여서 표현해야 한다. 그래야 작고 평평한 종이 위에 모두 나타낼 수 있다. 둘째, 지도를 그릴 때는 땅 위에 있는 여러 가지 것들을 약속된 기호로 표시해야 한다. 예를 들면, 학교는 ⚑ 로 단순하게 표시한다. 셋째, 지도에 방위를 표시한다. 지도의 위쪽을 어떤 사람은 동쪽이라고 생각하고, 다른 어떤 사람은 남쪽이라고 생각한다면 정확한 정보도 아닐뿐더러 사람에 따라 지도를 다 다르게 해석하게 되므로 방위를 꼭 표시해 주어야 한다. 지도를 구성하는 요소 중에서 가장 중요한 것은 방위, 기호, 축척, 등고선이다.

지도의 종류

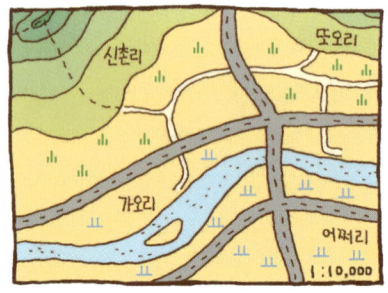

지형도

지도의 종류와 쓰임새

지도의 종류는 크게 일반도와 주제도로 나눌 수 있다. 일반도는 여러 사람이 다양한 목적으로 이용할 수 있도록 많은 지리 정보를 정확하고 정밀하게 그려 놓은 지도로, 지형도가 대표적이다.

지형도는 산, 강 같은 땅의 모양만 그려 놓은 것이 아니라 마을, 도로, 건물, 논밭 등 여러 가지 것들이 나타나 있는 지도이다. 따라서 지형도를 통해 우리는 그 지역의 땅의 모양은 물론 그곳에 사는 사람들의 생활 모습까지 알 수 있다.

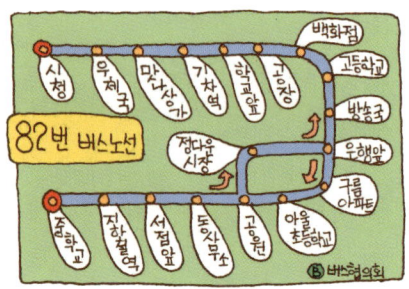

주제도

지도의 역사

지도는 글자가 발명되기 훨씬 이전부터 사용되었다. 자신이 살고 있는 곳, 먹을거리가 많은 곳, 사냥하기 좋은 곳 등을 기억하기 위해 조개껍데기나 바위 같은 곳에 자신만이 알 수 있는 표시를 한 그림이 바로 지도의 시작이다. 지금의 이라크 지역인 고대 바빌로니아 지방에서는 진흙으로 만든 판 위에 나뭇가지와 같은 것을 이용해 원이나 직선을 새겨 만든 지도가 발견되기도 하였다.

우리나라의 지도

『삼국사기』에 고구려에서 당나라에 지도를 보냈다는 기록이 나와 있는 것으로 보아, 우리나라는 고구려 또는 그 이전부터 지도를 사용하였음을 알 수 있다. 조선 시대 만들어진 지도로 대표적인 것은 '혼일강리역대국도지도'와 '대동여지도'이다. 혼일강리역대국도지도는 1402년에 우리나라에서 만든 최초의 세계 지도로, 지금까지 남아 있는 지도 중 가장 오래된 것이다. 흥미로운 점은 아시아 대륙 외에도 유럽과 아프리카 대륙까지 그려져 있다는 점이다. 이는 우리 조상들이 서역을 넘어 그 이상의 세계가 존재한다는 것을 이미 알고 있었다는 의미이다.

1861년, 김정호가 만든 우리나라 전도인 '대동여지도'는 오늘날의 지형도와 견주어도 손색이 없을 정도로 정교하다. 지형, 교통, 취락 등까지 나타내고 있어 우리나라의 발달된 지도 제작 기술을 보여 주고 있다.

혼일강리역대국도지도

대동여지도

지도에 세계관이 반영된다고?

18세기 만들어진 우리나라 지도 '천하도'를 자세히 보면 가운데 중국이 크게 그려져 있고, 주변에 우리나라와 일본이 있다. 이처럼 중국이 중앙에 크게 그려져 있는 것은 중국이 세계의 중심이라고 여겼던 당시 사람들의 세계관이 반영되었기 때문이다.

중세 시대 유럽의 지도인 'TO 지도' 역시 가운데에 기독교의 성지인 예루살렘을 그려 넣음으로써 당시 기독교 중심의 세계관을 반영하고 있다. 이렇듯 지도에는 제작 당시의 세계관이 반영된다.

천하도

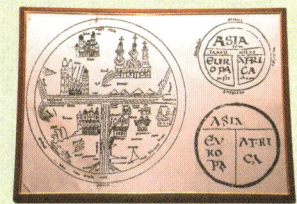

TO 지도

개념쌤의 1분 특강

지도의 쓰임새는 아주 다양해. 지도는 여행을 할 때도, 지하철을 탈 때도, 기후 공부를 할 때도 필요하거든. 그 쓰임새에 따라 지도가 다양하게 만들어지기 때문이야.

106 축척

- 지도에서의 거리와 지표에서의 실제 거리와의 비율.
- 실제 땅의 모습을 일정한 비율로 줄여서 지도에 나타낼 때 그 비율이 바로 축척이므로 축척을 보면 실제 거리를 알 수 있다.

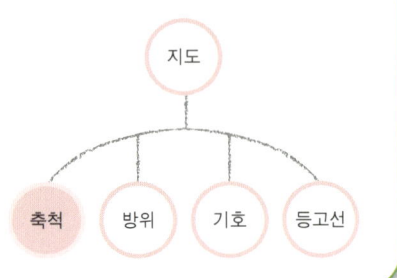

축척의 의미

축척은 실제 거리를 지도에 나타내기 위해 줄인 정도를 의미한다. 예를 들어 다음 지도의 오른쪽 아랫부분을 보면 1:20000이란 숫자가 있는데, 바로 이것이 이 지도에 쓰인 축척이다. 그렇다면 그 의미는 무엇일까?

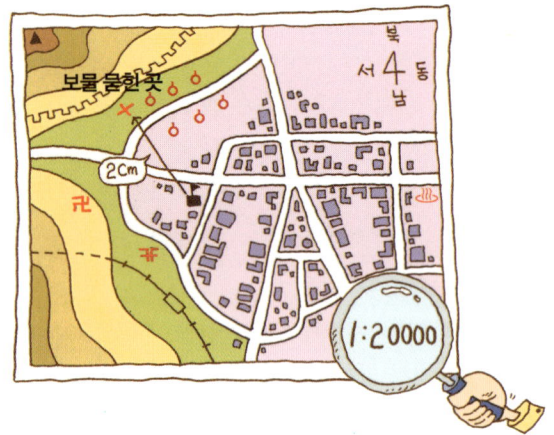

축척이 1:20000이라는 것은 지도에서 1cm가 실제로는 20,000cm라는 것이다. 즉, 실제 거리를 1/20000로 줄여서 지도에 그려 넣었다는 것을 의미한다. 1m가 100cm이니까 실제 거리 20,000cm는 미터로 바꾸면 200m가 된다. 그러므로 지도에서의 1cm는 200m인 것이다.

위 지도에서 학교에서부터 보물이 묻힌 곳까지의 거리가 2cm이므로 실제로는 거리가 40,000cm(미터로 바꾸면 400m)이다. 이처럼 축척을 보면 실제 거리를 얼마나 줄여 놓았는지 알 수 있다.

축척은 어떻게 계산할까?

'5km의 거리는 5만분의 1 지형도 상에서 몇 cm가 되는가' 하는 것은 다음과 같은 계산식으로 간단히 구할 수 있다.

5km=5000m=500000cm

$500000\text{cm} \times \dfrac{1}{50000}$ (축척)

=10cm

즉 5km를 cm로 고치고 거기에 축척을 곱하면 되는 것이다.
반대로 지도상의 거리에서 실제 거리를 구할 수도 있다.
25000분의 1 지형도의 1cm의 실제 거리는 25000배인 25000cm이고, 미터로 바꾸면 250m가 된다.

축척은 $\dfrac{1}{10000}$ 또는 1:10000, 1만분의 1 등과 같이 분수나 비례식으로 나타낸다.

대축척 지도와 소축척 지도

땅의 크기를 줄인 정도에 따라 대축척 지도와 소축척 지도로 나뉜다. 많이 줄인 것을 소축척 지도라고 하는데, 많이 줄일수록 넓은 지역을 지도에 나타낼 수 있기 때문에 세계 지도, 대한민국 전도는 소축척 지도에 속한다. 다만, 소축척 지도는 건물, 도로 등을 자세히 보여 주지는 못한다.

대축척 지도는 적게 줄인 것이다. 적게 줄일수록 좁은 지역을 지도에 나타내게 되고, 대신 건물과 도로 등을 자세하게 나타낼 수 있다. 우리 고장을 지도로 나타낼 경우 어디에 무엇이 있는지 자세히 표현하기 위해서는 소축척 지도보다는 대축척 지도가 더 적당하다.

보통 크거나 넓으면 '대(大)', 작거나 적으면 '소(小)'라고 생각하지만 축척은 반대야. 많이 줄여서 나타낸 지도를 소축척 지도라고 해. 헷갈린다면 '많이 줄이면 소지~섭'이라고 외워 봐! 많이 줄이면 소축척 지도!

107 방위

- 동서남북의 네 방향을 기준으로 하여 나타내는 어떠한 쪽의 위치.
- 지도에서 방위표를 통해 동서남북 방향을 알 수 있으며, 방위는 무엇을 기준으로 하는가에 따라 달라진다.

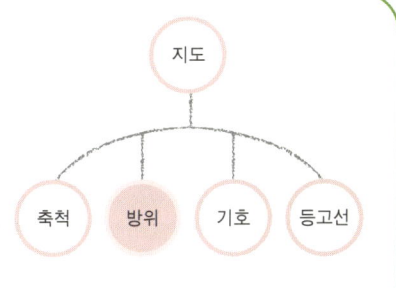

방위의 의미와 방위 읽는 법

지도가 가리키는 곳이 어느 방향에 있는지 알려면 방위를 알아야 하는데, 방위는 동서남북의 방향을 말한다.

지도에서 방위는 4방위를 기준으로 8방위, 16방위, 32방위로 나눌 수 있다. 자오선을 기준으로 남쪽과 북쪽을 정하고 그와 수직인 직선으로 동쪽과 서쪽을 정한다. 북쪽이 방위의 기준이 된다.

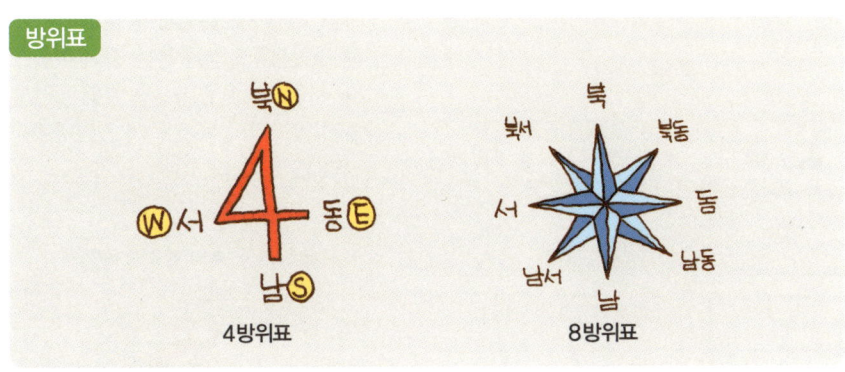

지도의 방위표를 보면 지도의 동서남북 방향을 알 수 있다. 만약, 방위표가 없거나 또는 방위를 알만한 특별한 표시가 없을 경우 어디가 북쪽인지 어떻게 알 수 있을까? 이런 경우에는 지도의 위쪽이 북쪽, 아래쪽이 남쪽, 오른쪽이 동쪽, 왼쪽이 서쪽을 나타낸다.

방위에서 중요한 것은 기준이 달라지면 기준에 따라 방위도 달라지게 된다는 것이다. 아래 지도의 방위표를 볼 때, 보물이 묻힌 곳은 학교를 기준으로 하면 북서쪽 방향에 있게 된다.

어디가 북쪽일까?

자기가 있는 곳에서 방향을 알고 싶을 때에는 다음과 같은 방법을 이용할 수 있다.

- 빨간 바늘이 가리키는 쪽이 북쪽
- 나이테 폭이 점점 좁아지는 부분이 북쪽
- 북극성이 보이는 쪽이 북쪽
- 나뭇가지가 많은 쪽은 남쪽, 적은 쪽은 북쪽

개념쌤의 1분 특강

방위표가 숫자 '4' 같지 않아? 지도를 보면 숫자 '4' 모양과 비슷한 방위표를 먼저 찾아. 그러면 동서남북 방향을 바로 알 수 있어.

108 지도 기호

- 약속된 모양으로 지도에 표시한 기호.
- 지도의 기호는 복잡한 땅의 모습을 지도에 단순하게 나타내기 위해 약속으로 정해 놓은 것이다.

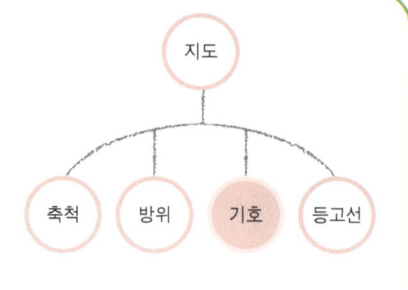

지도 기호의 의미

지도에는 자연환경이나 건물을 의미하는 다양한 모양의 기호들이 있는데, 이는 모두가 알아볼 수 있는 약속으로 정한 것이다. 기호의 표현은 세계적으로 공통된 약속으로 정해지나 건물을 나타내는 기호의 경우에는 조금씩 다르며 바뀌기도 한다.

지도를 보려면 지도에 표시된 기호들이 무엇을 뜻하는지 알아야만 하기 때문에 우리는 '지도를 본다' 라고도 하지만 '지도를 읽는다' 라고도 한다.

우리나라의 지도 기호

국계	┅┅┅	학교 / 대학교	⚐/⌂	산 / 화산	▲ / ▲
특별시·광역시·도계	━━━	우체국	✉	논	𝗅𝗅
시·군·구계	─·─·─	소방서	▽	밭	𝗅𝗅𝗅
읍·면계	─ ─ ─	경찰서	◉	과수원	○
고속국도	═══	발전소	✺	등대	✺
국도	━━━	공장	☼	항구	⚓
지방국도	━━━	병원	✚	능	𝍭
고속철도	━▬━	교회	✝	명승고적	∴
복선철도	┝━━┥	사찰(절)	卍	광산	✕
단선철도	┝━┥	폭포	∵	다리	⌒
방조제	┉┉┉	온천	♨	특별시·광역시·도청 소재지	▣
성벽	⨅⨅⨅	해수욕장	⛱	시청 소재지	◉
하천	～	공항	✈	군청 소재지	◯

기호는 어떻게 만든 것일까?

기호는 실제 모양을 본떠서 만든다. 논 기호는 논에 모를 심은 모습을 본떠서 만든 것이고 학교 기호는 학교 건물과 그 위에 걸린 태극기의 모양을 보고 만든 것이다.

그럼, 시청 기호는 무엇을 본떠서 만든 것일까? 모양을 본뜬 것이 아니다. 시청 기호처럼 모양을 본떠서 만들지 않고 약속을 정해서 간단하게 나타내기도 한다.

기호 모양이 우리 학교랑 똑같이 생겼어.

기호를 사용하는 까닭

지도에 실제 모습을 그대로 나타낸다면 어떻게 될까? 실제 모습을 나타내기 어려울 뿐만 아니라 모두 표시할 수도 없고, 모두 표시한다고 해도 복잡하여 지도를 보기 힘들 것이다. 그래서 누구나 쉽게 알 수 있고 간단하게 나타낼 수 있게 기호를 사용하는 것이다.

단, 모양이 간단하고 쉽게 알 수 있게 만들었다고 해서 모두 지도 기호인 것은 아니다. 지도에 사용하는 기호는 사람들이 그 뜻을 미리 정해 약속된 것이다. 보는 사람에 따라 기호의 뜻이 달라지면 지도를 읽을 때 사람마다 다르게 읽어 불편하기 때문이다.

대동여지도에도 기호를 사용했다고?

대동여지도는 도면의 글씨를 가능한 줄이고 기호화된 지도표(14개 항목 22종)로 표기하여 11,760여 개의 지명을 간결하게 수록하였다. 능, 역, 산성 등 명칭을 기호로 표시하였고, 산은 독립된 산이 아닌 산맥(산줄기)으로 표시하였으며, 산줄기의 굵기로 산의 크기와 높이를 짐작할 수 있도록 하였다. 물길은 단일 곡선과 이중 곡선 2가지로 표현하였는데, 단일 곡선은 배가 다닐 수 없는 물길, 이중 곡선은 배가 다닐 수 있는 물길을 표현한 것이다. 이는 여행 시 걷기와 배타기를 고려하여 계획을 짤 수 있게 하기 위한 배려다.

도로에는 실제 거리 10리마다 점을 찍어 두었는데, 비교적 곧은길은 점 간격이 넓으며, 산악 지형이나 꼬불꼬불한 길인 경우는 점 간격이 좁다. 이를 통해 두 지점 사이를 실제로 걸어갈 경우 걷는 거리와 도로의 상태를 알 수 있도록 하였다.

이렇게 대동여지도는 국토를 보다 정확하고 체계적으로 설명하고 실학적 지식으로 국가의 사회, 경제, 공간 구조를 반영하려 하였다.

지도 기호의 색깔

지도에 사용하는 기호는 색깔이 각각 다르다. 학교를 나타내는 기호 ⚑ 는 검은색, 병원을 나타내는 기호 ✚ 는 초록색, 등대를 나타내는 기호 ☀ 는 빨간색, 폭포를 나타내는 기호 •• 는 파란색이다. 이처럼 기호의 색깔이 서로 다른 것은 색깔마다 의미를 가지고 있기 때문이다. 보통 검은색은 건물을 나타내며, 초록색은 낮고 평평한 땅 외에 병원과 같은 건물을 나타낼 때 사용한다. 빨간색은 다른 것과 구별하여 강조할 때나 빛과 관련된 것을 나타낼 때 사용하고, 파란색은 물과 관련된 것을 나타낼 때 사용한다.

그리고 산을 나타내는 기호처럼 검은색과 빨간색으로 색깔이 다른 경우가 있는데, 검은색으로 표시된 산은 일반적인 산을, 빨간색으로 표시된 산은 화산을 나타낸다. 따라서 지도를 볼 때에는 기호의 색깔까지 확인하여야 한다.

개념쌤의 1분특강

지도를 보는 것을 "지도를 읽는다."라고 하는 것은 기호가 의미하는 뜻을 읽어야 제대로 지도를 보는 것이기 때문이지.

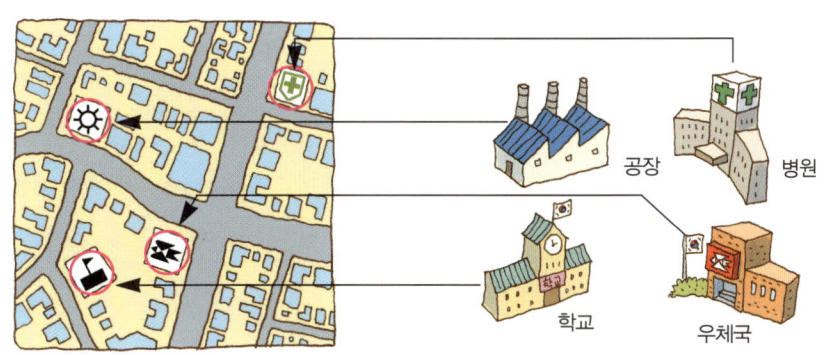

109 등고선

- 지도에서 해발 고도가 같은 지점을 연결한 곡선.
- 지도에서 등고선은 땅의 높이가 같은 곳을 가리키며, 좀 더 쉽게 구분하기 위해 색깔을 다르기 칠한다.

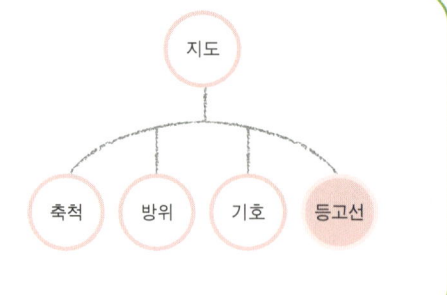

선으로 땅의 높낮이를 표현하는 방법

실제 땅 모양은 모두 평평하지 않다. 높은 곳도 있고 낮은 곳도 있으며 경사가 급한 곳도 있고 경사가 완만한 곳도 있다. 이러한 다양한 땅의 모양을 평평한 지도에 표현하기 위해서 이용하는 것이 바로 등고선으로, 평균 해수면으로부터 높이가 같은 지점들을 이은 선을 말한다.

등고선은 지도에서 직선이 아니라 꼬불꼬불한 곡선으로 나타난다. 산을 예로 들어 설명하자면, 땅이 높이 솟아 있으므로 등고선이 오밀조밀하게 많이 나타나게 되며, 또한 산에는 산등성이도 있고 골짜기도 있는 등 표면이 매끄럽지 않기 때문에 같은 높이인 지점을 연결하게 되면 구불구불한 모양의 등고선이 그려지게 된다. 이처럼 등고선의 모양을 잘 보면 땅의 높이와 모양을 알 수 있다.

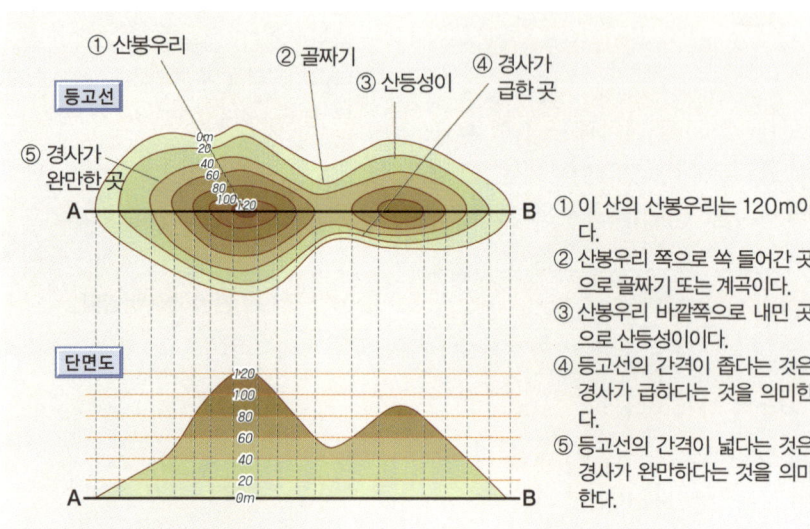

오리엔티어링은 뭘까?

누가 먼저 길을 찾아내느냐를 겨루는 경기가 있다. 산과 자연 속에서 지도와 나침반만을 사용하여 몇 개의 정해진 지점을 찾아 먼저 도착한 사람이 이기는 경기이다. 오리엔티어링에서 우승하려면 지도를 읽는 방법 외에 나침반 이용 방법을 잘 알아야 한다.

먼저 나침반을 평평한 곳에 놓고 바늘이 멈출 때까지 기다려 붉은 색 바늘이 가리키는 쪽을 확인한다. 붉은 색 바늘이 가리키는 쪽이 북쪽이므로 이에 맞게 지도를 펼친 다음, 주위에 보이는 건물, 산 등을 지도에서 찾아서 자신이 있는 위치를 알아낸다. 그런 다음 가려고 하는 곳이 어디에 있는지 찾으면 된다.

색으로 땅의 높낮이를 표현하는 방법

등고선은 '선'이기 때문에 선만으로 땅의 높낮이나 모양을 알기 쉽게 나타내지는 못한다. 그래서 색으로도 나타낸다. 땅의 낮은 곳은 초록색으로 나타내고, 높아질수록 노란색, 갈색, 고동색의 순서로 나타낸다.

바다도 마찬가지이다. 지도에는 하늘색, 파란색 등 다양한 색깔로 바다가 나타나 있는데, 이는 바다의 깊이를 의미한다. 파란색이 연하면 바다가 얕다는 뜻이고, 진하면 바다가 깊다는 뜻이다.

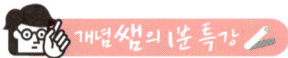

등고선은 땅의 높낮이를 나타내기 때문에 등고선을 통해 지형도 알 수 있어.

110 지리 정보

- 땅 위에 나타나는 여러 가지 것들의 특성을 알려 주는 자료.
- 지리 정보를 활용하면 새로운 지리 정보를 바로바로 확인할 수 있고, 목적지까지의 길찾기도 가능하다.

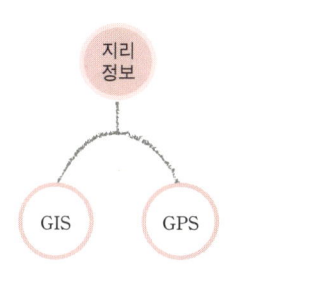

지리 정보와 GIS

땅 위에서 일어나는 모든 지리적 현상들을 확인하여 그 특성을 파악하는 데 필요한 여러 가지 자료와 정보를 '지리 정보'라고 한다. 요즘은 컴퓨터와 통신 기술이 발달해 지도와 여러 지리 정보를 결합시킬 수 있다. 각종 지리 정보를 컴퓨터에 입력한 후, 사용자가 원하는 정보를 다양한 방법으로 분석하여 제공해 주는 것을 지리 정보 시스템(GIS)이라고 한다. 종이 위에 그린 지도는 여러 모로 편리하게 쓰이지만, 건물이나 도로 등 지리 정보가 바뀔 때마다 지도를 고치기도 힘들고 필요한 정보를 그때그때 찾기도 쉽지 않는데 지리 정보 시스템(GIS)은 사용자가 원하는 정보를 다양한 방법으로 분석하여 제공해 주어 편리하다.

지리 정보 시스템은 놀이터를 어디에 만드는 것이 좋을 것인지를 결정할 때, 환경 문제의 원인과 대책을 세울 때, 도로 정보를 알려 줄 때 등 유용하게 쓰인다.

내비게이션과 GPS

요즘은 대부분의 자동차에는 작은 화면에 지도가 나오면서 자동차의 위치와 목적지까지 가는 길을 알려 주는 장치인 내비게이션이 달려 있다. 내비게이션은 그 안에 있는 지리 정보 시스템과 인공위성을 이용해 위치를 찾는 것으로, 이것을 위성 위치 확인 시스템(GPS)이라고 한다. 스마트폰으로 사람 찾기가 가능한 것도 GPS 덕분이다. 인공위성이 스마트폰의 정확한 위치를 파악해서 스마트폰 안에 들어 있는 GPS 수신 장치로 정보를 보내 주기 때문이다.

GPS는 어떻게 위치를 알 수 있을까?

GPS는 인공위성을 이용해 위치를 알려 주는 시스템이다. 지구 주위를 돌고 있는 인공위성 중 3개 이상이 정확한 위치를 측정하여 그 정보를 수신 장치에 보낸다.

GPS는 미국에서 군사용으로 개발하였다. 하지만 요즘은 비행기와 배, 자동차 등에서 위치를 파악하기 위해 많이 사용한다.

개념쌤의 1분 특강

스마트폰의 길찾기 애플리케이션이나 버스 도착 정보 애플리케이션 등을 많이 이용해 봤지? 바로 그런 것이 지리 정보를 활용한 거야.

111 자연과 인간

- 자연은 사람이 만들지 않고 저절로 생겨난 산, 강, 동식물 등을 의미함.
- 인간도 자연의 일부이며 자연과 인간은 서로 관련을 맺고 영향을 주고 받는다. 그러므로 인간은 자연을 보전하기 위해 노력해야 한다.

자연
인간

자연 속의 인간

환경이란 우리를 둘러싸고 있는 모든 것들을 말하며, 그중에서 인간이 만든 것이 아닌 자연적인 환경을 자연환경이라고 한다. 눈에 보이지 않는 공기, 꽃과 나무가 뿌리를 내리는 땅, 생명을 위해 꼭 필요한 물, 우리 삶의 터전인 산, 들, 강, 바다, 그리고 여러 동식물들이 모두 자연환경을 이루는 것들이다. 그리고 인간 또한 자연환경의 일부분이다.

자연과 인간의 상호 작용

인간은 자연 속에서 자연의 혜택을 받으며 살아간다. 자연은 우리 삶의 터전이 되어 주고, 먹을 것과 입을 것, 편리한 생활을 가능하게 해 주는 자원들을 제공한다.

인간은 자연환경에 크게 영향을 받기 때문에 자연환경에 따라 생활 모습이 달라진다. 예를 들어 여름이 덥고 습한 우리나라에서는 벼농사를 지으면서 한곳에 정착해 살지만 비가 많이 오지 않는 사막이나 초원 지역에서는 물과 풀을 찾아 옮겨 다니는 유목 생활을 한다.

거꾸로 인간의 활동이 자연에 영향을 주기도 한다. 홍수나 가뭄의 피해를 막고 전기를 얻기 위하여 댐을 만들면 강의 흐름이 바뀌어 주변 자연환경이 달라진다. 또 논밭을 만들거나 도시를 건설하기 위하여 나무를 베어내면 숲이 사라지기도 한다.

숲에서 목욕을 한다고?

삼림욕은 나무가 우거진 숲에서 신선하고 상쾌한 공기를 마시면서 휴식을 취하는 것을 말한다. 숲에 있으면 마치 오랫동안 보지 못한 엄마 품에 꼭 안긴 듯이 기분이 좋아지고 편안해지는데, 숲에 있으면 왜 기분이 상쾌한 것일까?

그 이유 중 하나는 나무에서 '피톤치드(phytoncide)'라는 물질이 나오기 때문이다. 피톤치드는 인간에게 건강한 작용을 하고 기분을 상쾌하게 만든다.

자연환경에 따라 생활 모습이 달라진다.

자연재해의 종류와 피해

재해를 일으키는 자연 현상에는 가뭄, 호우, 태풍, 해일, 지진, 폭설, 화산 폭발 등이 있다.

태풍은 적도 부근의 바다에서 만들어져 기온이 상대적으로 낮은 고위도 지역으로 이동하는데, 이때 강한 바람과 큰 비를 몰고 온다. 그래서 태풍이 불면 건물이 파괴되거나 논밭 또는 건물 등이 물에 잠기기도 하고 사람이 크게 다치기도 한다. 비가 많이 오면 강이나 개천에 갑자기 물이 크게 불어 넘치는 홍수가 일어나고, 비가 오랫동안 계속해서 내리지 않으면 가뭄이 발생한다. 지진은 지구 내부의 한 곳에서 급격한 움직임이 일어나 지각이 흔들리는 것이다. 지진으로 인하여 땅이 흔들리거나 갈라지면서 건물과 도로 등이 부서져 사람들이 크게 다치거나 죽기도 한다. 해저의 지각 변동이나 해상의 기상 변화에 의하여 갑자기 바닷물이 크게 일어서 육지로 넘쳐 들어오는 것을 해일이라고 한다.

큰 피해를 주는 태풍이 이롭기도 하다고?

태풍은 기온이 높은 적도 부근의 바다에서 만들어져 기온이 낮은 지역으로 이동한다. 즉, 적도에서 모인 뜨거운 에너지가 뜨겁지 않은 지역으로 이동하는 것이다. 만약 태풍이 없다면 적도 주변 지방은 지금보다 훨씬 기온이 높아질 것이고, 적도에서 멀리 떨어진 지역은 기온이 더 낮아질 것이다. 이처럼 태풍은 이로운 점도 있다.

자연재해의 대비와 극복

태풍, 지진, 해일 등은 인간의 생각대로 피할 수 있는 것이 아니다. 따라서 자연재해를 막기 위해서는 무엇보다도 앞으로 어떤 자연 현상이 일어날지 미리 예측하는 것이 가장 중요하다. 예측할 수 있다면 미리미리 대비할 수 있기 때문이다. 자연 현상은 인공위성과 슈퍼컴퓨터를 이용하여 예측할 수 있다. 슈퍼컴퓨터의 경우 몹시 어렵고 복잡한 과학적인 계산을 초고속으로 해 주는 컴퓨터로, 우리나라에서는 일기예보를 위해 기상청에서 사용하고 있다.

자연 현상을 예측해 미리 미리 대비할 수 있다.

홍수와 가뭄 대비

112 기후

- 일정한 지역에서 오랜 기간 나타난 강수량, 기온, 바람 등을 평균한 것.
- 세계 각 지역의 기후는 다양하게 나타나며, 기후에 따라 사람들의 생활 방식 및 서식하는 동식물의 종류가 달라진다.

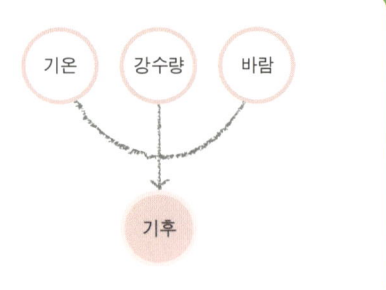

기후의 의미

그날그날의 대기 상태는 날씨라고 하고, 여러 해에 걸쳐 나타난 대기 상태를 기후라고 한다. 즉, 날씨는 오늘의 기온, 강수량, 바람 등으로 어떤 날은 덥고 어떤 날은 춥고, 어떤 날은 맑고 어떤 날은 흐리는 등 매일매일 달라진다. 반면에 기후는 1년을 주기로 하여 반복되는 날씨를 모아 평균을 낸 것으로 일정하다.

기후를 알면 돈이 보인다고?

아래 광고지에 쓰여 있는 문구 "100년 만의 무더위!"는 몹시 무더운 여름을 견딜 수 있게 에어컨을 장만하라는 의미이다. 이와 같은 문구는 해마다 여름 기후를 살펴본 결과 올해 여름철 기온이 평균보다 더 올라갈 것을 예측하였기 때문이다. 반대로, 올 여름은 덥지 않을 것이라고 기상청에서 예보한다면 에어컨을 만드는 회사는 많이 팔리지 않을 것을 감안하고 생산량을 미리 줄여 손해를 최소화할 것이다.

기후는 대체로 적도에 가까울수록 기온이 높아지고 비가 많이 내리며, 적도에서 멀수록 기온이 낮아진다. 그리고 이러한 기후의 차이는 사람들의 생활 방식에 큰 영향을 미치며, 또한 각 지역에 사는 동식물의 종류에도 많은 영향을 준다.

기후를 결정하는 요인

세계 각 지역의 기후는 매우 다양한데, 지역마다 기후를 다르게 하는 중요한 요인 중 하나는 위도이다. 위도에 따라 햇볕이 내리쬐는 정도가 다르기 때문에 적도 부근인 저위도에는 기온이 높은 기후가, 극지방인 고위도에는 기온이 낮은 기후가 나타난다. 그리고 비슷한 위도라고 하더라도 해발 고도에 따라 기후가 달라지기도 한다.

기후의 종류

기후에는 열대 기후, 건조 기후, 온대 기후, 냉대 기후, 한대 기후, 고산 기후 등이 있다.

열대 기후는 일 년 내내 기온이 높고 강수량이 많다. 열대 기후에는 1년 내내 비가 많이 오는 열대 우림 기후와 비가 계속해서 내리지 않는 건기와 비가 계속해서 내리는 우기가 뚜렷이 구분되는 사바나 기후가 있다. 적도 주변 지역에서 나타난다.

건조 기후는 연평균 강수량이 500 mm 미만으로 비가 거의 오지 않으며 하루 동안의 기온의 변화가 크다. 사막이나 초원 지대에서 많이 나타난다.

온대 기후는 기온과 강수량이 알맞아 사람들이 생활하기에 적합하며 사계절이 뚜렷한 편이다. 온대 기후는 계절별 강수 분포에 따라 온대 계절풍 기후, 지중해성 기후, 서안 해양성 기후가 있다. 우리나라 기후는 온대 기후에 속한다.

냉대 기후는 겨울이 몹시 춥고 길며 여름은 짧고 따뜻하여 여름철에 풀과 나무가 자란다. 냉대 기후 지역의 북부에는 침엽수림(타이가)이 분포한다. 냉대 기후는 강수량에 따라 냉대 습윤 기후와 냉대 건조 기후가 있다.

한대 기후는 일 년 내내 매우 춥고 눈이 많이 내려 여름이 짧고, 한여름에도 눈과 얼음이 완전히 녹지 않는다. 한대 기후는 극지방에서 나타나며, 짧은 여름에 기온이 0℃ 이상으로 오르는 툰드라 기후와 1년 내내 기온이 영하인 빙설 기후가 있다.

고산 기후는 뭘까?

높은 산이나 고원은 해발 고도가 높아질수록 기온이 낮아진다. 특히 일정한 고도에서는 봄날 같은 기온이 일 년 내내 유지되는데, 이런 기후를 고산 기후라고 한다.

저위도의 고산 기후 지역은 고도가 낮은 주변 지역보다 서늘해서 사람들이 많이 모여 산다.

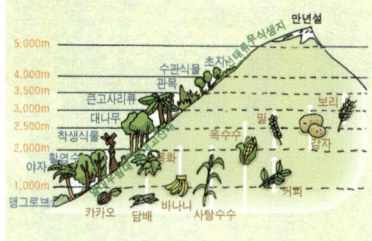

안데스 산지의 식물 분포

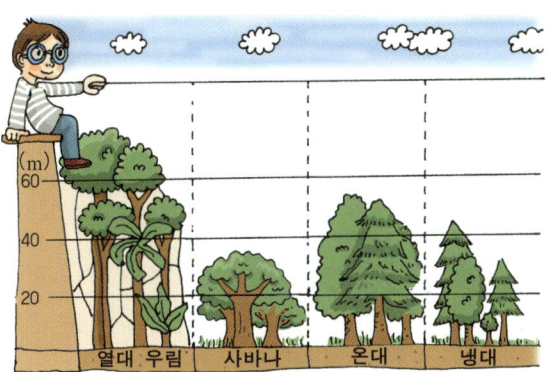

기후별 나무의 크기

- 열대 기후 : 가장 추운 달이 18℃ 이상이다.
- 온대 기후 : 가장 추운 달이 −3∼18℃이다.
- 냉대 기후 : 가장 따뜻한 달이 10℃ 이상이고, 가장 추운 달이 −3℃ 미만이다.
- 한대 기후 : 가장 따뜻한 달이 10℃ 미만이다.

개념쌤의 본 특강

위도별로 기후가 어떻게 분포하는지 헷갈리지? 목욕탕을 생각해 봐. 열탕에 들어가면 온기가 느껴지고, 냉탕에 들어가면 한기가 느껴지지? 그래서 열 온 냉 한! 이때 쉽게 외워지지?

113 기온, 강수량, 바람

- 기온은 대기(공기)의 온도.
- 강수량은 일정 기간 동안 일정한 곳에 내린 물의 총량이고, 바람은 기압의 변화 또는 사람이나 기계에 의하여 일어나는 공기의 움직임이다.

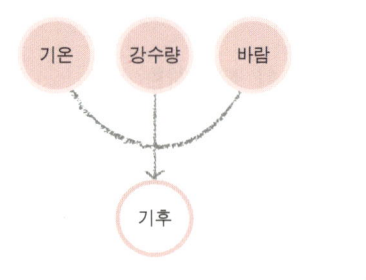

기온

기온은 공기의 온도를 말한다. 하루의 기온은 해가 뜨면 점차 올라가 오후 1시에서 3시 사이에 가장 높고, 그 후 점차 내려가 해가 뜨기 직전에 가장 낮다. 왜냐하면 낮 12시(정오)에 땅이 햇볕을 받는 양이 가장 많고, 아침과 저녁에 그 양이 가장 적기 때문이다.

강수량

강수량은 '비'의 양만을 말하는 것이 아니다. 비뿐만 아니라 눈, 우박, 안개, 이슬, 서리 등 땅에 내리는 모든 물의 양을 합친 것을 말한다. 적도 부근의 사바나 지역은 여름과 겨울이 뚜렷이 구별되지 않지만 강수량에 따라 건기와 우기로 구별된다.

바람

바람은 왜 부는 것일까? 예를 들어, A반 교실에는 100명의 학생들이 모여 있고, B반 교실에는 20명의 학생들만 있다면 A반 교실에 있던 학생들이 좀 더 넓은 B반 교실로 가려고 할 것이다. 공기도 마찬가지이다. 좁은 공간 안에 밀집해 있던 공기가 덜 빽빽한 곳으로 이동하는데, 이것이 바로 바람이다.

강수량 관측은 어떻게 할까?

강수는 하늘에서 떨어져서 물이 될 수 있는 모든 현상을 가리킨다. 그래서 비, 우박, 눈, 서리, 이슬 등이 모두 포함된다.
강수량은 어떤 시간 내에 지상에 떨어져 수평인 지면 위에 증발하거나 유출되지 않고 고여 있는 깊이를 말한다. 이때 사용하는 도구는 우량계이다.

기온, 강수량, 바람

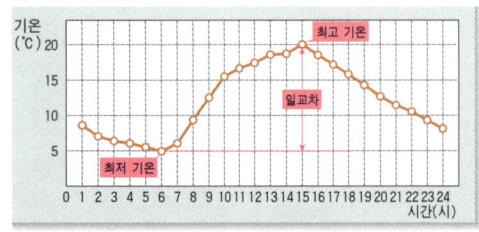

하루 동안의 온도 변화

강수량을 이루는 것

바람이 부는 까닭

> 개념쌤의 1분 특강
>
> 기후를 구성하는 요소에는 기온, 강수량, 바람 외에도 습도, 햇볕의 양 등도 있어.

114 우리나라의 계절

- 계절은 일 년을 기후 변화에 따라 나눈 것.
- 우리나라는 봄, 여름, 가을, 겨울 사계절이 뚜렷한 편으로, 최근 들어 여름과 겨울이 길어지고 봄과 가을이 짧아지고 있다.

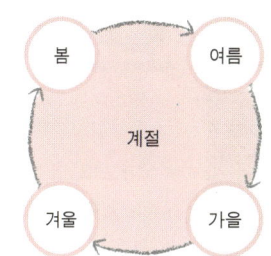

계절에 따른 생활 모습

우리나라는 사계절이 뚜렷하다. 각 계절마다 특징이 다르며, 사람들의 생활 모습도 다르다. 봄에는 기온이 차츰 올라가면서 따뜻해지지만 '꽃샘 추위' 도 찾아 온다. 얼었던 땅이 녹아 새싹이 돋고 꽃이 피는 등 맑고 건조한 날씨가 이어진다. 중국과 몽골 지역의 건조한 사막에서 황사가 몰려와 피해를 입기도 한다. 여름에는 덥고 비가 많이 온다. 30℃를 넘는 무더위가 이어지고 특히 밤에도 기온이 25℃를 넘는 열대야 현상이 나타나며, 집중 호우 및 태풍으로 인하여 큰 피해를 입기도 한다. 맑고 서늘한 기후가 이어지는 가을은 풍성한 수확의 계절이며 사람들이 여행을 많이 다니는 시기이기도 하다. 겨울에는 춥고 건조한 편이다. 강원도와 울릉도 지역에 특히 눈이 많이 내린다.

계절과 관련된 재미있는 속담

봄에 관해서는 '꽃샘추위에 설늙은이 얼어 죽는다.' 라는 속담이 있다. 이는 봄철 추위가 몹시 매섭다는 뜻이다.
여름에 관해서는 '여름 비는 소 잔등을 가른다.' 라는 속담이 있다. 이는 여름 소나기는 한정된 지역에만 내리는 경우가 많아 같은 지역이라도 한 쪽에선 비가 내리는데 다른 쪽에서는 날씨가 맑은 경우를 빗대어 말한다.
가을에 관해서는 '가을비는 오래가지 않는다.' 라는 속담이 있다. 가을 장마는 여름장마와는 달리 짧고 강수량이 적다는 뜻이다.
겨울에 관해서는 '동짓날이 추워야 풍년이 든다.' 라는 속담이 있다. 겨울의 시작이라고 할 수 있는 동짓날이 추우면 농작물을 해치는 벌레들이 얼어 죽게 되어 풍년이 든다는 뜻이다.

봄

옷: 얇고 화사한 옷
먹거리: 봄나물, 꽃전(화전)
활동: 씨뿌리기와 모내기, 봄소풍

여름

옷: 반소매나 민소매 옷, 반바지, 모자, 샌들
먹거리: 수박, 참외, 냉면, 아이스크림, 삼계탕
활동: 김매기, 물놀이, 피서

가을

옷: 긴소매 옷, 얇은 외투
먹거리: 햇과일, 햇곡식, 송편
활동: 추수, 단풍놀이

겨울

옷: 털모자, 털장갑, 털신, 두꺼운 외투
먹거리: 귤, 군밤, 팥죽, 떡국
활동: 비닐하우스 재배, 눈싸움, 스키, 스케이트

개념쌤의 1분 특강

사계절이 나타나는 까닭은 우리나라가 중위도에 위치하기 때문이야.

115 우리나라의 기후

- 우리나라의 기후는 온대 기후에 속함.
- 우리나라는 기온과 강수량이 적당해 사람이 살기 좋으며 사계절 변화는 우리들의 삶과 문화를 풍부하게 해 준다.

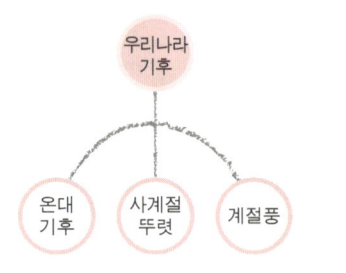

연평균 기온 및 강수량

우리나라 연평균 기온은 약 12℃ 정도이다. 하지만 계절별, 지역별 편차가 큰 편이다. 여름철 평균 기온은 24℃ 정도, 겨울철 평균 기온은 1℃ 정도로 계절별 차이가 23℃ 정도 난다. 우리나라는 남북으로 길게 뻗어 있기 때문에 남쪽 지방과 북쪽 지방의 기온 차가 크며, 남쪽 지방은 기온이 높고 북쪽 지방으로 갈수록 기온이 낮아진다. 또한 겨울철에는 동쪽 지방과 서쪽 지방의 기온도 차이가 난다. 겨울에 북서쪽에서 차가운 바람이 불어오는데, 이 바람이 태백산맥을 넘으면서 따뜻해지는 '푄현상'이 나타나 동쪽 지방이 서쪽 지방보다 조금 더 기온이 높다.

우리나라의 연평균 강수량은 1,300mm 정도로, 매달 고르게 내리는 것이 아니라 계절과 지역에 따라 차이가 난다. 계절별로는 여름철에 장마와 태풍으로 인하여 일 년에 내리는 비의 절반 이상(약 70%)이 내리며, 겨울철에는 강수량이 적은 편이다. 또한 지역별로 보면, 제주도와 남해안 지역 등 남쪽 지방에 비가 많이 내리고 북쪽 지방으로 갈수록 비교적 적게 내린다.

우리나라에서 눈이 가장 많이 오는 곳은 어디일까?

우리나라에서 눈이 가장 많이 오는 곳은 울릉도이다. 울릉도에 눈이 많이 내리는 까닭은 겨울철 시베리아에서 불어오는 북동풍이 동해를 지나면서 습기를 잔뜩 머금고 있다가 울릉도의 높은 산지에 부딪히면서 눈으로 바뀌기 때문이다. 이처럼 눈이 많이 내리기 때문에 생겨난 울릉도만의 독특한 가옥 구조가 있는데, 바로 '우데기'이다. 우데기는 지붕의 처마를 따라 기둥을 둘러 세우고 옥수숫대나 억새를 엮어 친 벽으로, 눈이 집 안으로 들어오는 것을 막아 주고 또 눈이 많이 왔을 때에도 활동할 수 있는 공간을 마련해 주는 역할을 한다.

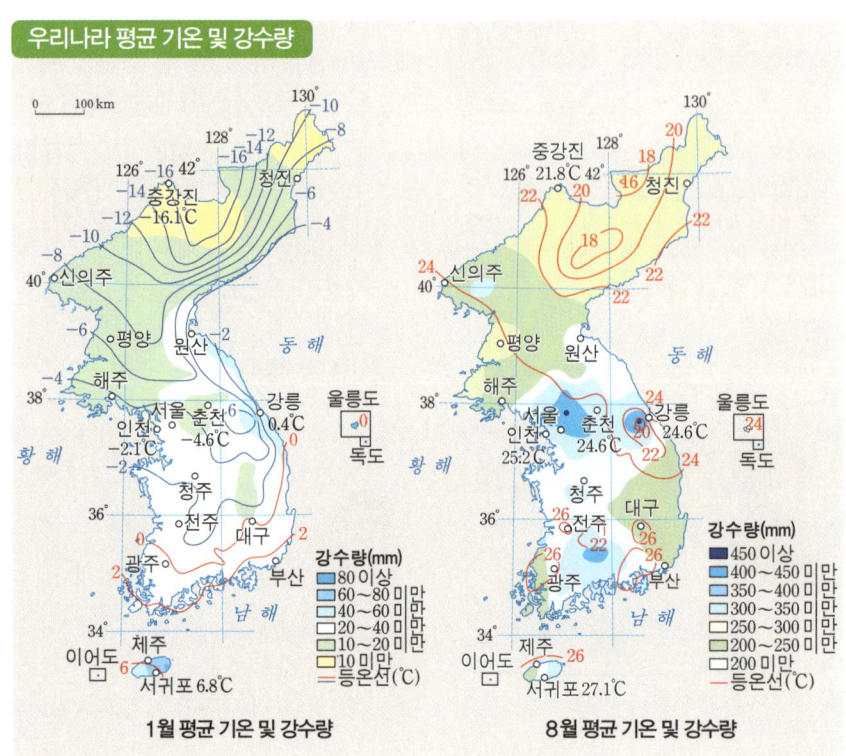

우리나라 평균 기온 및 강수량

1월 평균 기온 및 강수량 / 8월 평균 기온 및 강수량

계절풍

우리나라는 계절마다 바람이 부는 방향이 다른데, 이러한 바람을 '계절풍'이라고 한다. 여름에는 태평양에서 불어오는 남동 계절풍이, 겨울에는 시베리아에서 불어오는 북서 계절풍이 불어온다. 바람이 불어오는 곳이 달라서 바람의 성질도 다르다. 남동 계절풍은 태평양의 열기와 습기를 머금고 있으며 북서 계절풍은 시베리아의 차고 건조함을 머금고 있다.

겨울: 시베리아에서 북서 계절풍이 불어온다.　여름: 태평양에서 남동 또는 남서 계절풍이 불어온다.

기후에 따라 지역별 음식의 재료와 맛이 달라?

우리나라의 대표 음식인 김치도 기후에 따라 맛이 다르다. 기온이 낮고 추운 북부 지방은 김치가 천천히 익어 소금과 양념을 적게 넣지만, 기온이 비교적 높은 남부 지방은 김치가 빨리 익기 때문에 소금과 양념을 많이 넣는다.
냉면은 지역에 따라 재료가 다르다. 감자가 많이 생산되는 함경도에서는 감자를 넣어 면발이 질긴 '함흥냉면', 메밀이 많이 생산되는 평안도에서는 메밀을 면에 많이 사용한 '평양냉면'을 먹는다. 기후가 다르면 생산되는 농작물도 다르므로 음식의 재료도 달라진다.

기후에 따른 생활 모습

우리나라는 지역에 따라 기후가 다르기 때문에 사람들의 생활 모습도 다르다. 특히 각 지방에 따라 집의 모양과 특징이 다르다.

겨울이 몹시 추운 북부 지방에서는 사방이 막힌 구조에 방과 부엌 사이에 정주간을 두어 겨울에는 그곳에서 일할 수 있도록 만들어진 'ㅁ'자 모양의 집을 지었다. 반대로 여름이 덥고 습한 남부 지방에서는 바람이 잘 통하게 'ㅡ'자 모양에, 방과 방 사이에 넓은 마루(대청)를 놓은 집을 지었다. 북부 지방과 남부 지방의 중간인 중부 지방은 겨울에는 추운 편이고 여름에는 더운 편이라 'ㄱ'자 모양의 집을 지었다.

지역별 가옥 구조

북부 지방의 가옥　　중부 지방의 가옥
남부 지방의 가옥

개념쌤의 노트특강

우리나라 기후는 한 마디로 북쪽 지방이 남쪽 지방보다 더 춥고, 비가 덜 와.

116 우리나라 국토의 영역

- 국토의 영역은 한 나라의 주권이 미치는 범위.
- 국토는 우리가 대를 이어 살아가야 할 터전으로, 국토가 없으면 국가도, 국민도 존재할 수 없다.

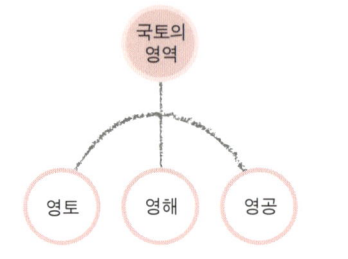

영토

영토는 토지로 구성되는 국가의 영역으로 가장 중요한 부분이다. 왜냐하면 영토가 없으면 영해도 없고, 영토와 영해를 떠나서는 영공도 생각할 수 없기 때문이다. 영토의 경계를 국경이라고 하며, 국경선은 접해 있는 나라 간에 특별한 합의가 없다면 해양, 하천, 호수, 산맥 등의 자연적 지형에 의해 설정된다.

영해

영해는 연안의 기선에 따라 일정한 폭, 약 12해리(1해리는 1852 mm이다)까지의 해역을 말한다. 영해 내에서는 어업이나 기타 자원을 배타적으로 독점할 수 있다. 영해의 범위는 1982년 유엔해양법회의에서 채택된 해양법조약에서 결정되었는데, 이에 따라 기선으로부터 12해리 범위 안에서 영해의 폭을 결정할 수 있게 되었다. 단, 국제해협에서는 배나 비행기가 아무런 제약 없이 지나갈 수 있다.

영공

영공은 국가의 영역 중 하늘에 해당하는 것으로, 국제법상 영토와 영해의 상공을 말한다. 영토와 영해의 한계선에서 하늘을 향해 수직으로 가상의 선을 그어 영공을 한정한다. 일반적으로는 영공의 범위를 대기권으로 한정하지만, 항공기, 인공위성 등의 기술과 항공 우주 분야가 발달하면서 영공의 한계를 어디까지 한정할 것인지에 대해서는 논란이 있다.

직선 기선의 방법은 뭘까?

직선 기선은 해안선의 굴곡이 심하거나 근거리에 일렬로 이어지는 섬이 있는 경우 직선으로 연결하여 영해를 측정하는 기선으로 삼는 것을 의미한다.

국토의 영역

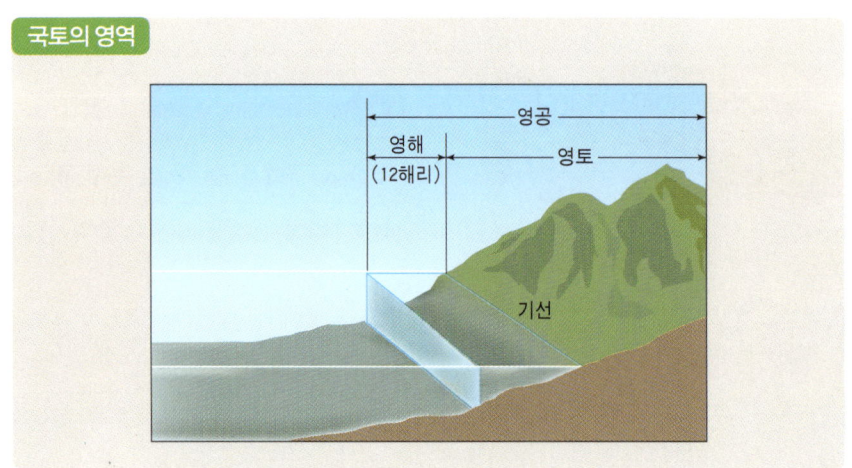

우리나라 국토의 영역

우리나라는 영토는 한반도와 부속 도서(한반도에 딸려 있는 온갖 섬들)로 이루어져 있고, 영해는 동해, 서해, 남해에 걸쳐 있다. 이때 영해의 범위를 정하는 기준인 영토의 끝을 어디로 봐야 할까? 일반적인 기준은 썰물일 때의 해안선이다. 하지만 우리나라 영해의 기준이 되는 선은 동해안과 서해안·남해안이 다르다. 섬이 적은 동해안과 울릉도, 독도, 제주도는 썰물일 때의 해안선을 기준으로 하지만 섬이 많은 서해안과 남해안은 가장 바깥에 위치하고 있는 섬들을 직선으로 연결한 선(기선)을 기준으로 한다. 서해안과 남해안의 가장 바깥에 있는 섬은 소령도–서격렬비도–어청도–상왕등도–횡도–홍도–가거도–여서도–거문도–간여암–홍도–생도–화암추–호미곶–달만갑이다.

우리나라의 영공은 한반도와 부속 도서, 그리고 영토에서부터 12해리까지의 영해의 위쪽 하늘이다.

영토가 늘어나기도 한다고?

영토는 고정적인 것은 아니다. 예전에는 땅을 차지하려고 전쟁을 하여 영토를 늘리기도 했다. 오늘날에는 예전처럼 전쟁을 하지는 않지만 여러 나라가 접해 있는 지역을 두고 서로 자신들의 땅이라며 영토 분쟁을 벌이기도 한다.

그리고 새로 땅을 만들기도 한다. 얕은 바다를 메워 육지를 만드는 간척 사업을 통해 땅을 늘리는 것이다.

새만금 간척사업

우리나라 영토, 영해, 영공

- 우리나라의 영토는 한반도와 부속 도서로 이루어져 있다.
- 우리나라는 영해의 범위를 12해리로 하지만, 대한해협에서만은 3해리이다.

독도

독도는 경상북도 울릉군에 속한 화산섬으로, 우리나라의 동쪽에 위치한 우리의 영토이다. 독도에 대한 역사적 기록을 살펴보면 『삼국사기』에 신라의 이사부 장관이 울릉도와 우산도(독도)를 함께 이르는 우산국을 정벌하였다고 나와 있다. 또 「신증동국지승람도」의 「팔도총도」라는 지도에 우산도(독도)가 울릉도의 서쪽에 그려져 있지만 울릉도와 독도를 우리나라 땅으로 표시하고 있으며, 「동국전도」, 「조선전도」, 「해좌전도」 우산도를 울릉도의 동쪽에 정확하게 표시하고 있다. 이렇듯 독도는 아주 오래전부터 우리나라의 영토였다.

독도는 우리나라의 독도 경비대가 머무르며 지키고 있고, 주민들도 살고 있다.

개념쌤의 1분특강

한 나라의 국토 영역은 그 나라의 주권이 미치는 곳이기 때문에 다른 나라에서 그 곳을 지나가려면 허락을 받아야 해.

117 지형

- 땅의 생긴 모양이나 형세.
- 전 세계에는 다양한 지형이 있으며, 지형에 따라 사람들이 땅을 이용하는 모습이 달라진다.

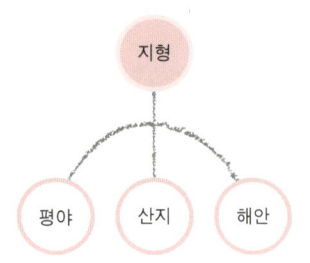

지형의 종류

지형이란 땅이 생긴 모양으로, 지구 표면의 특징적인 형태를 말한다. 지구상에는 다양한 지형이 있는데 대표적인 지형의 종류는 산지, 평야, 해안 등을 들 수 있다.

산지는 높이 솟아오른 땅으로, 땅이 압력을 받아 솟구쳐 오르며 만들어지기도 하고 화산 폭발로 만들어지기도 한다. 만들어진지 얼마 되지 않은 산은 높고 험준하지만 세월이 흐르면서 비나 바람, 강, 빙하 등에 깎여 차츰 완만해진다. 교통이 발달하지 않았던 옛날에는 산이 지역을 구분하는 경계 역할을 하였다.

평야는 넓고 평평한 땅으로 해발 고도가 100 m 이하의 낮은 땅이다. 평야는 주로 강의 하류 지역에 넓게 나타난다. 강이 운반해 온 모래나 흙이 쌓여 매우 넓고 기름진 땅이 만들어지는 것이다. 사람들은 물이 풍족하고 농사를 짓기 좋아 평야 지역에 많이 모여 산다.

해안은 바다와 육지가 만나는 곳으로 흔히 바닷가라고 부르기도 한다. 해안에는 대륙에서 바다 쪽으로 좁다랗게 돌출한 육지인 '반도', 바다가 육지 속으로 파고들어 온 '만', 밀물 때는 물에 잠기고 썰물 때는 물 밖으로 드러나는 모래 점토질의 평탄한 땅인 '갯벌', 넓은 '모래사장' 등으로 이루어져 있다. 해안은 사람이 살기 불편한 경우도 있고 관광, 어업, 교통의 중심지로서의 역할을 하는 곳도 있다.

높고 편평한 형태의 고원

높은 데 있는데 왜 뾰족하지 않고 편평한 것일까? 그 까닭은 원래 편평했던 땅이 점차 높아지면서 만들어진 지형이기 때문이다. 편평하므로 고원에서는 농사를 짓기도 하고 도시를 만들기도 한다. 티베트 고원, 몽골 고원이 대표적이다.

주위가 산으로 둘러싸인 평지 형태의 분지

분지는 오목한 그릇 모양으로, 주위가 산으로 둘러싸여 있는 낮고 편평한 땅이다. 분지는 강이 흐르거나 여러 개의 강이 만나면서 땅이 깎인 곳에 생기기도 한다. 우리나라의 대표적인 분지로는 남원, 구례, 곡성, 김천, 대구, 상주 등이 있다.

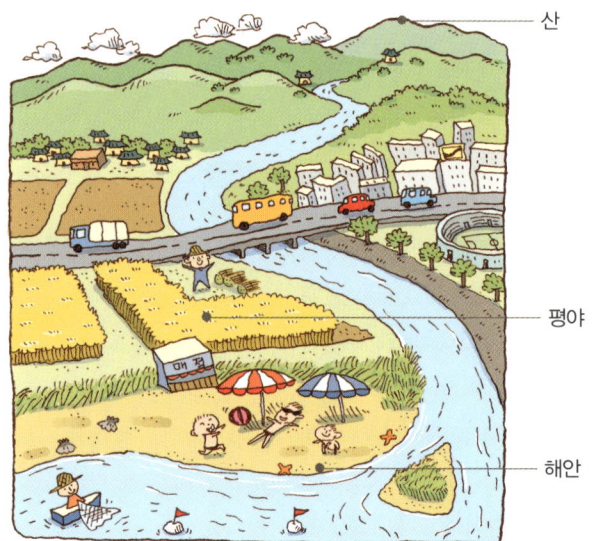

개념쌤의 1분 특강

예로부터 사람들은 농사짓고 물을 구하기 쉬운 지형에 모여 살았어. 바로 평야야.

118 우리나라의 지형

- 우리나라는 동쪽이 높고 서쪽이 낮은 지형임.
- 우리나라는 국토의 약 70%가 산지이고 서쪽과 남쪽에 평야가 펼쳐져 있으며 다양한 해안 지형도 볼 수 있다.

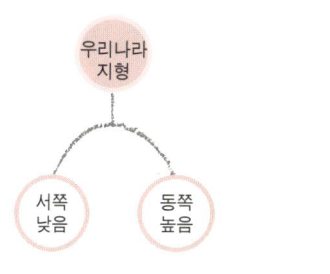

동고서저의 지형

아주 오래전 우리나라 땅은 편평했었다. 하지만 동해 근처의 땅이 천천히 높아지면서 편평했던 땅에 산맥이 솟았다. 그리하여 지금과 같은 동쪽이 높고 서쪽이 낮은 형태의 땅이 만들어졌다. 그래서 우리나라 지형을 한마디로 동고서저(東高西低)라고 한다.

우리나라는 동쪽이 높고 서쪽인 낮은 지형이기 때문에 대부분의 큰 하천은 서쪽으로 흐른다. 우리나라의 산 중에서는 화산 활동으로 탄생한 산도 있다. 백두산, 한라산, 울릉도 등이 그 대표적인 예이다.

우리나라의 해안은 어떤 모습일까? 우리나라는 삼면이 바다로 둘러싸여 있는데, 서해안과 남해안은 해안선이 매우 복잡하고 섬이 많고 동해안은 그에 비하여 해안선의 드나듦이 단조롭고 섬도 많지 않다.

지형은 뭐고 지질은 뭘까?

지형은 산지, 평야, 해안, 분지 등 땅의 모양을 말하고, 지질은 땅속의 여러 가지 암석과 물질을 말한다. 땅의 모양은 땅속 암석에 따라 달라지기도 한다. 땅속에 단단한 암석이 있으면 잘 깎이지 않는 산이 되고, 반대로 약한 암석이 있으면 쉽게 깎여 강이 흐르거나 오목한 분지가 될 수 있다. 지형을 이해하려면 지질을 아는 것이 필요하지만, 사람들의 생활 모습에 큰 영향을 미치는 것은 지형이다.

서해안과 남해안은 해안선의 드나듦이 복잡하고 동해안은 단조롭다.

우리 국토의 지형적 특징

특징	장점
산과 계곡이 많다.	국립공원, 삼림욕장, 피서지 등 관광 자원으로 활용할 수 있다.
하천이 발달하였다.	필요한 수자원을 확보하기 쉽다.
삼면이 바다로 둘러싸여 있다.	바다를 통해 다른 나라에 갈 수 있고, 풍부한 수산물을 얻을 수 있다.
섬이 많다.	관광 자원으로 활용할 수 있다.

개념쌤의 1분 특강

'우리나라의 지형은 동고서저'라고 무조건 외우려고만 했지? 그러지 말고 실생활과 연결시켜 봐. 동해안으로 놀러갈 때면 산을 넘지 않았어? 맞아. 동쪽에 산이 많으니깐 산을 넘어야만 동해안으로 갈 수 있는 거지.

119 산지

- 고도가 높은 산이 많은 지대.
- 우리나라는 국토의 절반 이상이 산지이며, 사람들은 임업, 목축업, 광업, 관광업 등 산지의 특징을 이용하여 생활하고 있다.

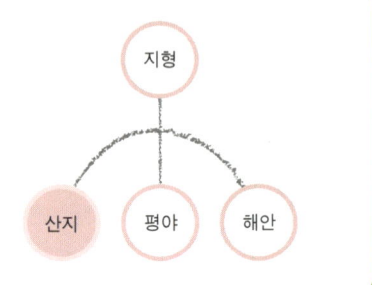

우리나라의 산지

우리나라는 땅의 70% 정도가 산이며, 북쪽으로는 넓게, 동쪽으로는 길게 펼쳐져 있다. 또한 여러 개의 산이 줄을 선 것처럼 연결된 산맥이 여러 개 있다. 백두산에서 금강산, 설악산, 오대산을 지나 남쪽의 지리산까지 이어지는 약 1,470km에 달하는 길이의 산줄기는 우리나라의 뼈대를 이루며, 이를 백두대간이라 부른다. 큰 산맥에서 나온 작은 산맥들은 서쪽을 향해 뻗어 나가며 점점 낮아진다.

우리나라의 중심이 되는 등줄기 산맥은 태백산맥이다. 태백산맥이 동해안 쪽에 높이 솟아 있기 때문에 우리나라는 동쪽이 서쪽보다 높은 것이다. 태백산맥의 정상 부근에는 비교적 경사가 완만하여 평탄한 '고위평탄면'이 있다.

우리나라에서 가장 높은 산은 뭘까?

남한과 북한을 통틀어 가장 높은 산은 2,744m 높이인 백두산이고 남한에서 가장 높은 산은 1,950m 높이인 한라산이다.

백두산과 한라산 모두 화산 폭발로 만들어져 산 정상에 분화구가 있고 물이 고여 호수를 이루고 있다. 백두산은 '천지', 한라산은 '백록담'이라 한다.

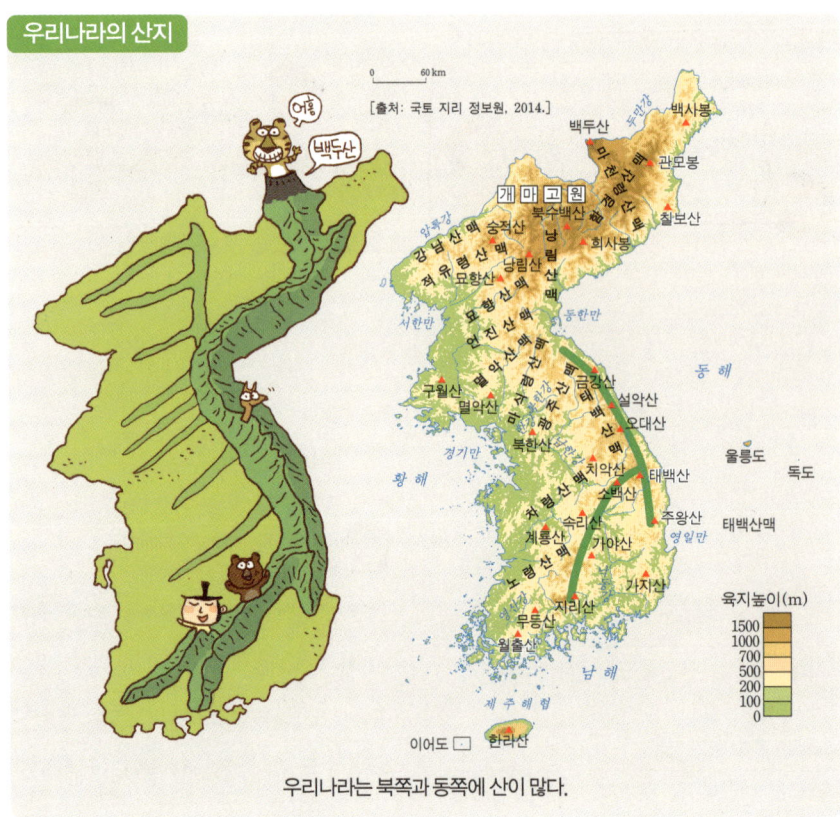

우리나라의 산지

우리나라는 북쪽과 동쪽에 산이 많다.

119 산지

산지촌 형성

산이 많은 곳에 발달한 촌락을 산지촌이라고 한다. 산지촌은 농촌이나 어촌에 비해 공동으로 일을 하는 경우가 많지 않아 집들이 흩어져 있고 상대적으로 인구가 적다.

발달한 산업

산지촌에서는 농사를 지을 땅이 적기 때문에 산비탈의 밭이나 논에서 계단식으로 소규모 농사를 짓는데, 물을 많이 필요로 하는 벼는 비탈진 땅에서 자라기 어렵기 때문에 논농사보다는 밭농사를 많이 짓는다. 특히 강원도 태백산맥의 고위 평탄면에서는 여름철에도 서늘한 기후를 이용하여 배추나 무를 재배하는 고랭지 농업이 이루어지고 있다.

또한 산지촌에서는 목재를 채취하거나 벌을 키워 꿀을 얻기도 하고 버섯을 재배하거나 산에서 나는 약초를 캐는 등의 임업, 넓은 초원에 목장을 만들어 양, 소 등을 풀어놓고 키우는 목축업 등이 발달하였다. 그리고 산지의 장점을 살려서 스키장을 건설하거나 산림 휴양지를 조성하는 등의 관광업도 발달하였다.

산속에는 지하자원이 묻혀 있기도 하다. 그래서 광산을 만들어 지하자원을 캐내는 광업도 발달하였다. 연탄을 만드는 무연탄이나 시멘트를 만드는 석회석 같은 것이 모두 산지 지형에서 생산되는 것이다.

태백산 지역은 남한 최대의 광업 지대로 손꼽혔지만 현재는 침체 상태로 폐광 지역에 박물관을 세우는 등 관광 단지로 이용하고 있다.

산지의 자연환경과 생활 모습과의 관계는?
산지의 자연환경은 산이 많고 울창한 숲이 있으며, 농사지을 땅이 적다. 지형이 험하고 경사가 급하다. 경치가 좋고 공기가 맑으며 여름에도 서늘하다.
이러한 산지의 생활 모습을 보면, 마을과 농경지가 띄엄띄엄 있으며, 밭농사를 주로 짓고, 계단식 논을 만든다. 고랭지 농업과 목축업을 하고, 삼림욕장과 국립공원이 있다.

스키장 / 고랭지 농업 / 광업 / 삼림욕장 / 밭농사 / 목축업

개념쌤의 1분 특강
산이라고 해서 모두 봉우리가 뾰족하게 솟아 있지만은 않아. 산 정상 부근이 완만한 곳도 있어.

120 평야

- 땅이 높아졌다가 낮아졌다 하는 기복이 없는 넓고 평평한 땅.
- 평야 지역은 넓은 들판과 하천이 있어 예로부터 사람들이 많이 모여 살았으며 농촌 또는 도시가 발달하였다.

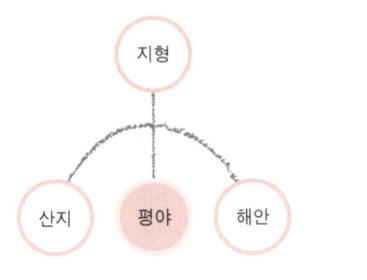

우리나라의 평야

우리나라의 평야는 전 국토에서 30%도 되지 않으며 서쪽과 남쪽에 해안선을 따라 길게 늘어서 있는데 주로 서쪽에 집중되어 있다. 평야는 강의 하류 지역에 형성되는데 우리나라의 경우 동쪽이 높고 서쪽이 낮아 대부분의 강이 동쪽에서 서쪽으로 흐르고 있기 때문에 평야가 서쪽에 몰려 있는 것이다. 우리나라의 대표적인 평야로는 서울을 가로질러 흐르는 한강 하류에 있는 김포평야, 전라도 지방을 흐르는 만경강과 동진강 하류에 있는 호남평야, 그리고 경상도 지방을 흘러 남해로 들어가는 낙동강 하류에 김해평야가 있다. 우리나라에서 가장 넓은 평야인 호남평야는 바다를 메워 육지로 만드는 간척 사업으로 더욱 넓어졌다.

우리나라의 강과 평야

북쪽과 동쪽의 산에서 시작된 강이 남쪽과 서쪽으로 흘러 강의 하류인 남쪽과 서쪽으로 갈수록 강의 폭이 넓어지고 물의 흐름이 느려져 평야가 나타난다.

삼각주는 삼각형 모양일까?

강물이 운반하여 오던 모래나 흙이 강과 바다가 만나는 곳에 쌓여 이루어진 편평한 지형을 삼각주라고 한다. 강물이 빠르게 흐르다가 바다를 만나면 갑자기 물의 속도가 느려져서 모래나 흙이 가라앉게 되는데, 이것들이 오랜 시간 쌓이면서 땅이 만들어지는 것이다.

그렇다면 삼각주(三角洲)라는 말대로 삼각형 모양일까? 아니다. 우리나라 낙동강 하류에도 삼각주가 있는데, 삼각형 모양이 아니다. 그렇다면 왜 삼각주라고 부르는 것일까? 옛날에 이집트 나일 강 하구에 강이 운반해 온 모래나 흙이 쌓여 이루어진 땅이 있었는데 삼각형 모양이었다. 그래서 그리스에서는 이를 삼각형 모양을 나타내는 기호 ∆(델타)로 표현하였고, 이때부터 삼각주라고 부르게 된 것이다. 삼각주는 델타·델타 지대·삼각 지대·삼릉주·세모벌이라고도 부른다.

120 평야

농촌이나 도시 형성

평야 지역에는 들판이 펼쳐져 있기 때문에 여러 사람들이 모여 마을을 이루게 되는데, 이처럼 편평한 곳에 자리 잡은 촌락을 농촌이라고 한다. 농촌에서는 농사를 지을 땅이 많고 물을 구하기 쉬운 점을 이용하여 논농사를 주로 지으며, 공동으로 일을 하는 경우가 많아 공동 작업을 위한 시설이 많고, 집들이 옹기종기 모여 있다.

또, 평야 지역에는 예로부터 도시가 만들어졌다. 우리나라의 수도인 서울이나 옛 왕조의 도읍지들이 서쪽의 평야 지대에 위치하고 있는 것을 보아도 알 수 있다. 땅이 편평하기 때문에 아파트, 공장, 철도·도로 등을 건설하기에 유리하여 많은 사람들이 모여 큰 도시가 발달하는 것이다.

발달한 산업

농촌에서는 주로 벼농사를 짓는다. 하천이나 수로를 이용해 물을 끌어오고, 넓은 논은 기계를 이용해서 벼농사를 하고 겨울에는 대규모 비닐하우스 단지로 만들기도 한다. 농촌에서는 농업이 주요 산업이며, 소규모 축산업이나 화훼 산업, 농촌 체험의 관광업 등도 발달하였다.

도시에서는 농수산업과 같은 1차 산업을 제외한 2차, 3차 산업이 주로 발달한다. 2차 산업은 물건을 만드는 일 등의 제조업을, 3차 산업은 물건을 팔거나 서비스를 제공하는 등의 서비스업을 말한다. 이처럼 도시에는 다양한 일자리가 많아 사람들이 많이 모여든다.

> **평야의 자연환경과 생활 모습은 어떨까?**
>
> 평야의 자연환경을 보면, 들이 넓게 펼쳐져 있고 하천이 있어 물을 구하기 쉽다.
>
> 이런 평야의 생활 모습을 보면, 하천 주변이나 편평한 땅에 마을을 이루고 생활하기 편리해 도시가 발달하기도 한다. 도시와 가까운 농촌에서는 근교 농업이 발달하며 논농사 및 밭농사를 짓고, 비닐하우스에서는 채소와 꽃을, 과수원에서는 과일을 재배한다.

개념쌤의 1분 특강

평야는 땅이 편평하고 주변에 하천이 있기 때문에 사람들이 살기에 좋아! 그래서 인류 문명이 발상한 지역도 바로 이런 평야 지대였어.

121 해안

- 해안은 바다와 맞닿아 있는 육지의 한 부분.
- 해안 지역은 바다와 접하고 있어 사람들은 주로 바다를 이용하여 생활하고 있다.

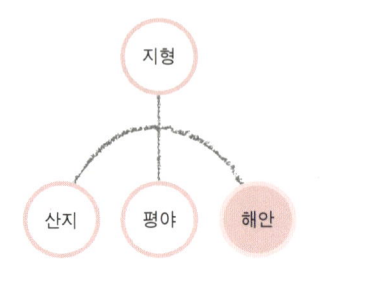

우리나라의 해안

우리나라의 동쪽은 동해, 서쪽은 서해, 남쪽은 남해에 접해 있다. 이렇게 삼면이 바다로 둘러싸여 있는데 각각 특징이 달라서 그에 따라 사람들이 살아가는 모습도 다르다.

동해안

동해와 맞닿아 있는 동해안은 태백산맥과 나란히 있기 때문에 해안선이 단조롭다. 바닷물이 매우 깊으며 밀물과 썰물의 차이가 작고 해안 절벽과 모래사장이 발달하였다. 동해에는 따뜻한 물인 난류와 차가운 물인 한류가 만나기 때문에 한·난류성 물고기가 모여 좋은 어장이 만들어지는데, 특히 오징어와 명태가 많이 잡힌다.

서해안과 남해안

서해안과 남해안은 만, 반도, 섬 등이 많아서 해안선의 드나듦이 매우 복잡하고 바닷물의 깊이는 얕다. 밀물과 썰물의 차이가 커서 갯벌이 발달하였다. 서해와 남해에는 난류가 흐르기 때문에 난류성 물고기인 조기, 갈치, 멸치 등이 많이 잡힌다.

'만'과 '곶'은 헤어질 수 없는 사이라고?

바다 쪽으로 가늘고 길게 뻗어 있는 육지는 '곶'이라고 부르고, 바다가 육지 쪽으로 쏙 들어와 있는 곳을 '만'이라고 부른다. 발을 떠올려 보면, 앞으로 튀어 나와 있는 발가락은 곶이고 발가락과 발가락 사이는 만이다. 곶이 있어야 만이 있는 것이다.

우리나라 해안의 특징

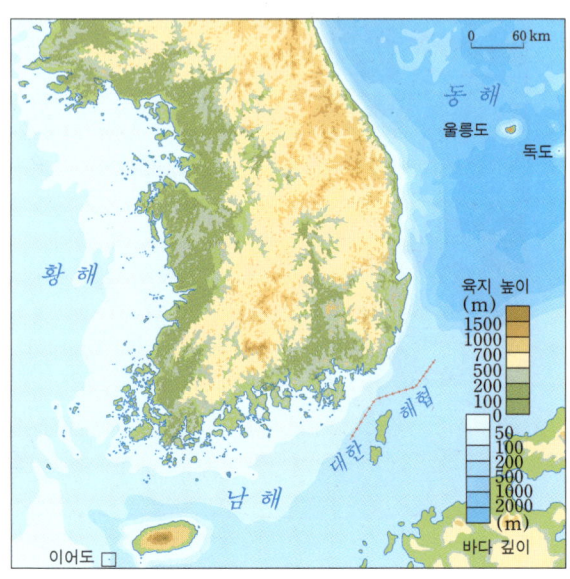

생명의 보고, 갯벌

갯벌은 밀물 때에는 바닷물로 덮여 있고 썰물 때에는 땅이 드러나는 곳이다. 바지락, 백합, 꼬막, 낙지, 게 등 다양한 생물이 살고 있으며, 우리에게 많은 먹을거리를 제공해 준다. 요즘은 갯벌을 흙으로 메워 논밭이나 공장 터를 만드는 간척 사업을 하는 것을 두고 다양한 생명이 살아가며 수질 오염을 방지하는 역할까지 하는 갯벌을 보존해야 한다는 반대 목소리가 크다.

어촌 형성 및 발달한 산업

바닷가에 자리 잡은 촌락을 어촌이라고 한다. 어촌 사람들은 물고기를 잡거나 양식을 하고, 바다에서 소금을 얻기도 하며 갯벌에서 조개, 굴 등을 잡기도 한다. 해녀들은 바닷속에 들어가 미역, 다시마, 해삼, 전복 등을 따기도 한다.

바닷가에는 부두, 등대, 파도를 막아 배를 안전하게 대기 위한 방파제, 잡은 물고기를 판매하는 어시장(직판장)과 물고기를 말리는 건조장, 냉동 창고와 배를 수리하는 시설 등을 볼 수 있다. 어촌에서는 어업과 양식업이 주로 발달하였으며, 해수욕장이나 체험 학습장 등의 관광업도 발달하였다.

해안 지역에서는 철을 만드는 제철소나 배를 만드는 조선소 등의 공장을 중심으로 형성된 공업 도시가 발달하기도 하고, 큰 항구가 건설되어 많은 배들이 드나드는 항구 도시가 발달하기도 한다. 바다에 접해 있으면 다른 나라에서 원료를 수입하거나 다른 나라에 물건을 수출하기에 좋은 입지적 장점이 있기 때문이다.

121 해안

해안 지역의 자연환경과 생활 모습은 어떨까?

해안 지역의 자연환경을 보면, 바다를 끼고 있고 낮은 산과 좁은 들로 이루어져 있다. 반도나 섬, 만, 갯벌 등이 있다.

이런 해안 지역의 생활 모습을 보면 항구에 배가 드나들며, 큰 파도를 막는 방파제, 등대 등의 시설이 있다. 사람들은 고기잡이나 양식장을 하고 염전에서 소금을 얻는다. 부두 가까이에 공장이 들어서기도 한다.

개념쌤의 1분 특강

바다 쪽으로 뻗어 있는 육지를 '곶'이라고 했지? '곶'의 규모가 크면 '반도'라고 해. 그러니까 한반도는 매우 규모가 큰 곶이라고 할 수 있지.

122 자원

- 인간 생활에서 가치 있게 쓰이는 것들.
- 인간 생활에 꼭 필요한 자원은 그 분포가 고르지 않아 나라 간 수출입이 활발하게 이루어지고 있다.

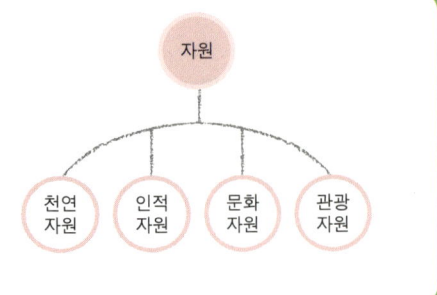

자원의 의미

좁은 의미의 자원은 석유, 석탄, 철과 같이 땅속에 묻혀 있는 광물, 나무 등의 산림, 생선, 조개 등의 수산물 따위와 같이 자연에서 얻어 인간 생활에 가치 있게 쓰이는 것을 뜻한다. 옛날에는 자원을 좁은 의미로 생각하여 천연자원만 자원이라고 여겼으나 요즘에는 그 의미가 점차 넓어지고 있다.

오늘날에는 인간의 기술이나 노동력, 문화까지도 자원이라고 본다. 사람의 기술이나 노동력 등은 인적 자원으로, 종교나 전통, 문화 유산 등은 문화 자원으로써 모두 넓은 의미에서 자원에 포함된다.

세계의 주요 천연자원 생산국은 어디일까?

석유는 사우디아라비아, 러시아, 미국, 이란 등이고, 석탄은 중국, 미국, 인도, 오스트레일리아 등이다. 철광석은 브라질, 오스트레일리아, 중국 등이다.

인적 자원

문화 자원

관광 자원

천연자원의 분포

세계의 주요 천연자원은 어느 한 지역에 몰려 있는 경우가 많다. 그래서 나라 간 자원의 수입과 수출이 활발하다. 예를 들어 석유는 오늘날 가장 중요한 에너지 자원이지만 전 세계 매장량의 60%가 서남아시아의 페르시아 만 연안에 집중되어 있다. 그래서 다른 지역으로 이동하는 양이 매우 많다. 석유가 나지 않는 우리나라도 많은 양의 원유를 수입하고 있다.

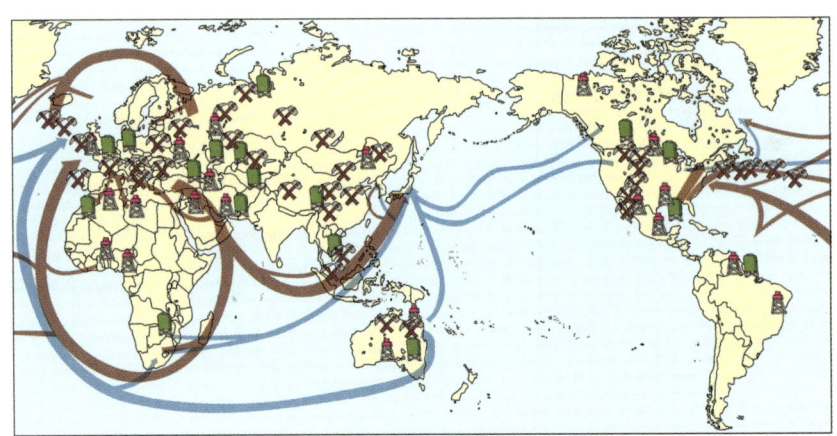

세계 주요 천연자원의 이동

123 자원의 이용

- 자원은 인간 생활 또는 생산에 원료로써 이용됨.
- 우리는 자원 없이 살아갈 수 없으나 자원은 한정되어 있으므로 이를 아껴 써야 한다.

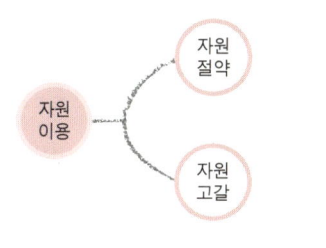

자원과 우리 생활

자원은 우리 생활과 밀접한 관련이 있어 자원이 부족하면 살아가기 힘들 정도이다. 수자원(물)이 있어야 마시고 씻을 수 있으며 음식을 조리해 먹을 수 있다. 또 쌀과 같은 식량 자원이 있어야 밥을 짓는데, 이때 천연가스 등의 에너지 자원도 필요하다. 또한 컴퓨터 등 각종 기기를 쓰려면 전기가 있어야 하므로 에너지 자원이 필요하고, 자동차를 움직이려면 연료인 석유가 필요하다.

세계 3대 식량 작물의 주요 생산국은 어디일까?

쌀은 중국, 인도, 인도네시아, 방글라데시, 베트남 등이고, 밀은 중국, 인도, 미국, 러시아, 프랑스 등이며, 옥수수는 미국, 중국, 브라질, 멕시코, 프랑스 등이다. 식량 자원은 전 세계적으로 그 이동이 활발하다.

우리나라의 자원 이용

우리나라는 지하자원이 많지 않은 편이지만 석회석은 비교적 풍부한 편이다. 석회석은 아파트나 건물을 지을 때 사용하는 시멘트의 원료이다. 연탄의 원료인 무연탄도 매장되어 있지만 석유를 많이 사용하면서 그 생산량이 줄었다.

우리나라에서는 석유가 생산되지 않아 주로 사우디아라비아와 같은 산유국에서 수입하고 있다. 문제는 석유 소비량이 매우 많다는 점이다. 그런데 석유와 같은 지하자원은 그 매장량이 정해져 있기 때문에 계속해서 많이 소비할 경우 얼마 지나지 않아 더 이상 채굴할 수 없게 될 수 있다. 그러므로 석유를 아껴 쓰고 새로운 자원을 개발하려는 노력이 필요하다.

식량 자원인 쌀, 밀, 옥수수이 잘 자라는 기후가 다르기 때문에 이를 생산하는 나라 또한 다르다. 우리나라는 곡물의 75% 이상을 수입하는데, 밀, 옥수수, 콩 등 많이 생산되지 않는 곡물들을 주로 수입한다.

개념쌤의 1분 특강

천연자원은 아껴 써야 해. 그래야 천연자원이 고갈되는 것을 막을 수 있고, 또 천연자원을 사용하면서 발생하는 환경오염도 줄일 수 있기 때문이야.

124 도시

- 사회적·경제적·정치적 활동의 중심이 되는 지역.
- 옛날에는 도시들이 주로 도읍지나 행정·군사적으로 중요한 곳이었지만 오늘날의 도시는 교통과 산업이 발달한 곳에 들어서고 있다.

도시 ←→ 촌락

도시의 형성

도시는 인구가 집중하여 밀도가 높고, 경제, 행정, 교통, 편의 시설, 문화 시설 등이 발달한 곳으로 한 지역의 중심지가 된다. 그렇다면 어떤 지역이 도시로 발달하게 되는 걸까? 옛날에는 큰 강 주변의 평야 지역에서 도시가 발달하였다. 강 주변은 교통이 편리하고 물이 풍부해서 사람들이 모여 살기 좋고, 비옥한 평야는 농사짓기에 적합하였으며, 쓰고 남은 물건을 팔기 위한 시장도 많이 생기면서 시장을 중심으로 사람들이 더 모여 들어 도시의 규모가 커졌다. 세계 각 나라마다 '도시'에 대한 기준은 다르지만 우리나라에서는 보통 인구가 5만 명 이상일 때 도시가 될 수 있다.

도시의 발달

도시는 촌락이였으나 인구가 늘어나면서 도시로 발달하기도 하고, 주변의 촌락 지역을 편입하면서 확대되기도 한다. 또한 산업 단지나 주택 단지, 대형 문화 시설, 공공 기관 등이 새로 건설되거나 이전으로 발달하기도 하고, 교통 시설과 산업 시설이 발달하면서 인구 유입이 증가하여 발달하기도 한다.

우리나라에서 도시 인구가 급격이 많아지기 시작한 것은 1960년대 이후부터이다. 경제 개발 계획이 본격적으로 추진되면서 촌락에서 농사를 짓던 사람들이 공장 등이 많은 도시로 일자리를 찾아 이동하는 '이촌향도' 현상이 나타나기 시작하였다. 그때부터 도시 인구는 꾸준히 증가하였고, 오늘날에는 우리나라 인구의 80% 이상이 도시에 살고 있다.

세계 최초의 도시는 어디일까?

도시는 지금으로부터 약 5000년 전 오늘날의 이라크 지역인 메소포타미아 지역에서 탄생하였다. 메소포타미아 지역은 티그리스 강과 유프라테스 강이 흐르고 강 주변에 넓은 평야가 있어 사람들이 많이 모여 살면서 도시가 발달하게 된 것이다. 이집트의 나일 강, 인도의 인더스 강, 중국의 황허 강 주변의 평야 지역에서도 고대 도시가 발달하였다.

도시의 발달

교통과 공업이 발달한 곳에 도시가 발달하고, 도시가 발달한 곳에 서비스업이 발달한다.

개념쌤의 1분 특강

도시에는 사람도 많고 각종 시설도 많고 일자리도 많아. 그래서 규모가 점점 커져.

125 도시의 생활 모습

- 많은 사람과 시설들이 모여 있는 지역의 생활.
- 도시에는 다양한 시설들이 많아 생활하기 편리하다. 반면, 환경 오염, 주택 부족, 교통 혼잡 등의 문제점도 발생한다.

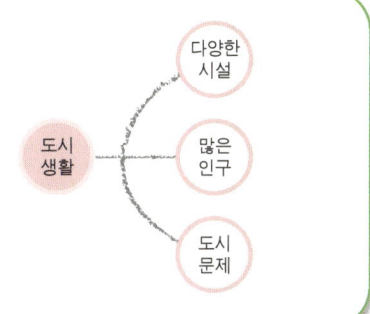

생활하기 편리한 도시

도시에 많은 사람들이 모이면 요구하는 것도 늘어나고, 그 필요에 따라 다양한 시설들이 생겨난다. 그리고 편리하고 다양한 시설들 때문에 더욱 많은 사람이 도시에 모여들게 된다.

도시에는 회사 등의 산업 시설, 지하철이나 버스 정류장 등의 교통 시설, 병원이나 우체국 등의 편의 시설, 백화점이나 시장 등의 상업 시설, 유치원이나 학교 등의 교육 시설, 극장이나 공연장 등의 문화 시설 등이 잘 갖추어져 있으며 이 모든 시설이 도시에 모여 있어서 생활이 매우 편리하다.

도시에서 볼 수 있는 것	고층 건물, 주택, 상점, 많은 사람들, 많은 자동차
도시 사람들이 주로 하는 일	도매 및 소매업, 서비스업
도시의 편리한 점	교통 시설, 문화 시설 발달
도시의 입지	자연환경(평야, 하천, 해안)과 인문 환경(산업, 교통, 문화)이 발달한 곳
도시의 발달	인구 증가, 주변 지역과의 통합

도시 문제

도시에는 많은 사람들이 살고 있기 때문에 여러 가지 문제점도 발생하는데, 이를 도시 문제라고 한다. 도시 문제는 면적에 비해 사람이 너무 많기 때문에 생기며 환경 오염 문제, 쓰레기 문제, 교통 문제, 주택 (부족) 문제 등이 있다.

도시는 어떤 기능을 할까?

도시에 따라서는 특정한 하나의 기능만 발달하는 경우가 있다. 어떠한 기능이 발달하느냐에 따라 도시의 특징도 달라진다.

생산 도시는 살아가는 데 필요한 물건을 만드는 기능이 발달한 곳이고, 상업 도시는 상점과 시장이 많고 상업 기능이 발달한 곳이며 교역 도시는 도로, 철도 등 교통 기능이 발달하여 많은 사람과 물건이 오고가는 곳이다. 소비 도시는 사람들이 머물러 살거나 여가를 즐기기 위해 필요한 기능이 발달한 곳이다. 종합 도시는 여러 기능이 종합적으로 발달한 곳이다.

도시에는 다양한 시설이 있어 생활하기 편리하다.

도시에는 많은 사람들이 모여살다 보니 여러 가지 문제가 발생한다.

126 촌락

- 주로 1차 산업에 의해서 생활하는 지역 사회.
- 촌락은 물을 얻기 쉽고 토지 생산성이 좋으며 교통이 편리한 곳에 주로 위치하고, 기능에 따라 농촌, 어촌, 산지촌으로 분류한다.

도시 ↔ 촌락

촌락의 의미와 자연환경과의 관계

'촌락'은 우리가 흔히 시골에 가면 볼 수 있는 작은 마을을 말한다. 농업을 직업으로 하는 사람들이 대부분을 차지하는 지역 사회를 '농촌', 어업을 직업으로 하는 사람들이 대부분을 차지하는 지역 사회를 '어촌'이라고 한다. 그리고 산지 지역에 자리 잡은 지역 사회를 '산지촌'이라고 한다.

농촌, 어촌, 산지촌은 모두 자연에서 필요한 것을 얻는 활동을 주로 한다는 공통점이 있다. 따라서 자연환경에 영향을 많이 받는다. 즉, 농촌은 농사를 짓기에 유리한 넓은 들이 있고 강이나 하천이 흐르는 곳에, 어촌은 고기잡이를 할 수 있는 바닷가에, 산지촌은 산으로 둘러싸여 있는 곳에 형성된다.

구분	발달한 곳	자연에서 얻을 수 있는 것	발달한 산업
농촌	넓은 들판, 하천이 흐르는 곳	곡물(쌀, 보리, 조, 수수, 콩 등), 채소, 과일, 꽃 등	농업
어촌	바닷가	생선, 조개, 김, 굴, 미역, 소금 등	어업
산지촌	산과 울창한 숲이 많은 곳	버섯, 약초, 목재, 축산물, 광물 등	임업, 축산업, 광업

촌락과 도시의 관계

촌락 사람들은 도시의 공장에서 생산한 물건을 사서 사용하고, 도시 사람들은 촌락에서 생산하는 쌀이나 채소, 물고기 등을 사서 먹는다. 이렇듯 촌락과 도시는 서로를 필요로 한다. 따라서 둘은 함께 발전해야 할 관계이다.

촌락과 도시의 차이점은 뭘까?

촌락은 1차 산업 종사자의 비율이 높고, 인구 밀도가 낮은 반면, 도시는 제조업 및 서비스업 등을 중심으로 한 2·3차 산업 종사자의 비율이 높고, 인구 밀도가 높다.
촌락은 저층 주택이 많으며 마을 규모가 작고 흩어져 분포하는 경우가 많지만 도시는 고층 주택이 많으며 주거 지역을 계획적으로 조성한 곳이 많다.
촌락은 자연 중심의 경관이 나타나고, 도시는 인문 환경이 두드러진 경관으로 나타난다.

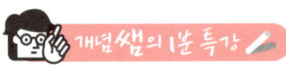

'촌락'은 쉽게 말해 '시골'이야.

127 촌락의 생활 모습

- 촌락은 자연환경에 따라 생산 활동과 사람들의 생활 모습이 다름.
- 농촌 사람들은 농업, 어촌 사람들은 어업, 양식업, 산지촌 사람들은 임업, 목축업 등과 관련된 일을 주로 하며 살아간다.

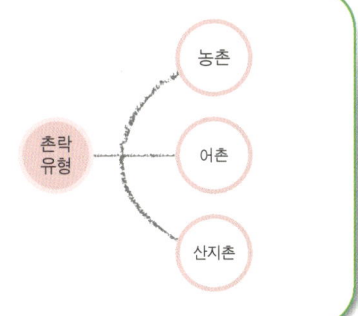

농촌의 생활 모습

농촌에서는 넓게 펼쳐진 논과 밭, 하천, 비닐하우스 등을 볼 수 있다. 하천이나 수로를 이용해 물을 논에 대고, 기계를 이용하여 농사짓는다. 겨울철에는 대규모 비닐하우스 단지를 만들어 농사짓기도 하며 계절에 상관없이 비닐하우스나 유리온실에서 과일, 채소 등을 재배하기도 한다. 농촌 사람들은 이웃과의 공동 작업이 많아 유대 관계가 강하고 옹기종기 모여 산다.

어촌의 생활 모습

어촌 사람들은 바다에서 물고기를 잡거나 양식을 하고, 소금을 얻기도 하며 갯벌에서 조개, 굴 등을 잡기도 한다. 이처럼 어촌 사람들은 바다에 나가서 활동하기 때문에 일기 예보에 관심이 많다. 그리고 물고기가 많이 잡히기를 기원하고 어부들의 안전을 빌기 위해 풍어제를 지내기도 한다. 어촌 사람들은 고기를 잡고 그물을 손질하거나 배를 수리하는 일, 수산물을 건조하는 일 등 이웃과 공동 작업이 많다. 어촌에서는 관광업도 발달하였다.

산지촌의 생활 모습

산지촌에서는 농사지을 땅이 적기 때문에 산비탈에 있는 계단식 논이나 밭에서 소규모 농사를 짓는다. 벌을 길러 꿀을 얻기도 하고 버섯을 재배하거나 산에서 나는 약초를 캐며 살아간다. 산지촌은 공동으로 일을 하는 경우가 많지 않아 집들이 흩어져 있다.

> **촌락의 문제는 뭘까?**
>
> 촌락에는 도시로 떠나는 사람들이 늘어 인구가 줄어들고 있다. 특히 젊은 사람들이 촌락을 떠나면서 일손 부족 문제도 심각하다. 또한 병원 등의 의료 시설, 극장 등의 문화 시설, 지하철 등의 교통 시설이 부족하다. 그리고 자연 파괴로 인하여 환경이 오염되는 문제도 발생하고 있다.

촌락의 모습

오늘날의 농촌

오늘날의 어촌

오늘날의 산지촌

128 수도권 집중

- 수도를 중심으로 이루어진 도시권에 모임.
- 인구 및 각종 기능들이 수도권에 집중되면서 문제점이 커지자 이를 분산함으로써 지역 불균형을 해소하려고 노력하고 있다.

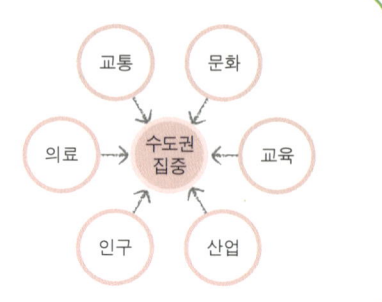

수도권 집중 현상

수도권은 우리나라의 중심지인 서울특별시와 그 주변에 있는 경기도, 인천광역시를 말한다. 현재 수도권에는 너무 많은 인구와 산업, 교육, 문화 시설 등이 몰려 있다. 수도권의 면적은 우리나라 총면적의 12%인데, 인구, 산업, 병원, 대학 등의 절반 이상이 수도권에 모여 있다.

수도권 집중으로 인한 문제점

한곳에 사람들이 많이 모이고 여러 시설이 집중되면 편리하고 좋은 점도 있지만 문제도 생긴다. 집을 필요로 하는 사람들이 많아지면서 집값이 올라가서 어떤 사람들은 집을 구하지 못하게 되기도 한다. 또 사람들이 많기 때문에 출퇴근 시간이 아니더라도 도로가 항상 혼잡하며 교통사고 등이 많이 일어나기도 한다. 자동차 매연 등으로 인한 공기 오염, 넘쳐나는 쓰레기로 인한 환경 문제 등도 심각하다.

수도권 자체에 문제가 발생하는 것뿐만 아니라 상대적으로 다른 지역의 발전이 더디게 이루어지는 문제도 발생한다. 수도권에 많은 기능들이 집중되면서 수도권과 수도권이 아닌 지역 사이에 경제, 인구 등에 있어서 차이가 커지는 '지역 불균형'이 발생한다. 이에 대한 불만으로 지역 간 갈등이 일어나기도 한다.

고속 국도와 지역 발전의 관계는?

경부 고속 국도는 서울과 부산을 잇는 고속 국도로, 서울을 의미하는 '경(京)' 자와 부산의 '부(釜)' 자를 따서 지은 이름이다. 1970년에 이 도로가 완성되어 교통이 편리해지면서 경부 고속 국도 주변 지역에 공업 지역이 들어서고, 인구와 각종 시설들이 집중되기 시작하였다. 서울, 대전, 대구, 부산 등이 경부 고속 국도 주변의 대표적인 대도시이다. 그런데, 이와는 반대로 교통이 불편한 다른 지역은 발전이 늦고 인구가 줄어들었다.

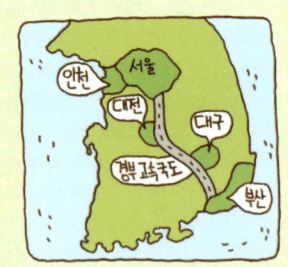

수도권에 집중된 인구와 시설들

개념쌤의 1분 특강

수도권은 우리나라의 수도인 서울과 서울 주변 지역을 일컫는 거야.

129 국토 개발

- 우리나라 각 지역을 종합적·효율적으로 이용하기 위한 여러 가지 활동.
- 국토 개발은 단순한 발전만을 위한 것이 아니라 경제, 환경, 지역 간 조화를 이룰 수 있도록 하는 것이다.

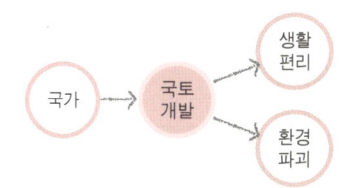

국토 개발의 의미

국토 개발이란 우리나라의 각 지역을 효율적으로 이용하기 위하여 개발 또는 보존하는 여러 활동을 말한다. 국가에서 각 지역이 마구잡이로 개발되어 환경이 파괴되는 것을 막고 전국이 골고루 발전할 수 있도록 하기 위해서 계획을 세워가며 국토를 개발하는 것이다.

자원 개발 및 재해 방지

국토 개발은 필요한 여러 자원을 개발하고 자연재해를 막기 위한 시설들을 만드는 것, 도로, 철도, 공항, 항구 등의 시설을 만드는 것, 공업 지역을 만드는 것, 인구가 많이 모여드는 곳에서 발생하는 문제점을 해결하기 위하여 새로운 도시를 만드는 것 등이 있다. 또한 지속 가능한 개발을 위해 환경을 보전하고 더 나은 환경을 만드는 것도 국토 개발에 포함된다.

우리나라는 한정된 자원을 합리적이고 균형있게 개발하여 사람들이 풍요롭고 편리한 생활을 할 수 있도록 국토 개발 사업을 실시하고 있다.

국토 종합 개발 사업은 뭘까?

우리나라는 1972년부터 국토 종합 개발 사업을 실시하였다. 제1차 국토 종합 개발 사업 때에는 교통, 통신 시설, 댐, 단단 단지 등을 많이 건설했고, 제2차 국토 종합 개발 사업 때에는 국민의 생활 환경을 좋게 하는 사업을 많이 하였다. 제3차 국토 종합 개발 사업 때에는 1, 2차 국토 종합 개발 사업 때 생긴 문제점을 해결하기 위해 노력했다. 2000년부터 제4차 국토 종합 개발 사업이 진행되고 있는데 국토를 균형 있게 발전시키는 데 힘을 쏟고 있으며, 2011년, 제4차 국토 종합 계획 수정 계획에 따라 환경과 조화를 이루면서 각 지역의 특성을 고려하여 국토를 균형적으로 개발하고 있다.

개념쌤의 1분 특강

국토 개발은 개인이 하기에는 규모도 크고 비용도 많이 들기 때문에 국가에서 해.

130 환경 문제

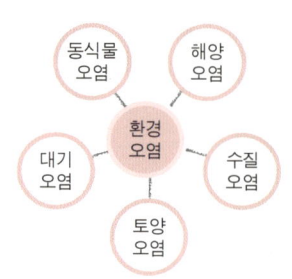

- 자연환경, 생활 환경에 나쁜 영향을 주는 갖가지 문제.
- 환경 문제는 전인류의 삶에 직접적인 영향을 미치므로 전 세계가 함께 이러한 문제를 해결하기 위해 노력해야 한다.

심각한 환경 오염

사람들은 편리한 생활을 위해 많은 숲을 파괴하고, 많은 자원을 사용하고, 많은 쓰레기를 버렸다. 예를 들어, 농지를 넓히기 위해 숲을 없애고 많은 수확물을 얻기 위하여 농약과 비료를 뿌렸다. 그 결과 숲이 파괴되어 공기 정화 능력을 잃어버리게 되었고, 농약과 비료가 토양을 오염시키고 지하수를 따라 흘러 물을 오염시켰다.

이러한 환경 오염이 심각해지면서 이상 기후가 나타나고, 동·식물이 사라지고, 자원이 고갈되기 시작하였다. 결국 지구에 사는 모든 동·식물뿐만 아니라 사람들의 삶까지 위협받고 있다.

> **병 이름이 '아프다 아프다 병'**
>
> 1910년부터 일본 도야마 현의 사람들이 이상한 병을 앓기 시작하였다. 뼈마디가 몹시 아프고 심하면 뼈가 부서지기도 하였는데, 이는 중금속인 카드뮴에 중독되어 나타난 증상이었다. 인근 공장에서 버린 폐수 때문에 농작물과 물고기가 중금속에 오염되었고, 그것을 먹은 사람들이 병에 걸린 것이다. 사람들은 너무 아파 "아프다. 아프다."라고 소리쳤고, 그래서 '이타이이타이병'이라고 이름 붙여졌다. '이타이'는 일본말로 '아프다'라는 뜻이다.

매년 봄, 중금속으로 오염된 황사가 바람을 타고 우리나라에 날아오고 있다.

지구 온난화로 남극과 북극의 빙하가 녹고 있다. 이러다간 북극곰이 사라질지도 모른다.

사막화로 아프리카 초원이 건조해져 물과 식량이 부족해지고 있다.

지구 온난화로 빙하가 녹아 바닷물의 높이가 높아지고, 태평양의 작은 섬들이 바다에 잠기고 있다.

지구의 허파라고 불리는 아마존 밀림이 파괴되고 있다.

환경 문제의 종류

공장의 매연과 자동차의 배기가스 때문에 공기가 심각하게 오염되고 있다. 대도시에서는 스모그가 발생하기도 한다.

농촌에서는 농약이나 화학 비료 사용으로 인하여, 도시에서는 사람들이 버리는 쓰레기 때문에 땅이 오염되고 있다.

공장 폐수나 생활하수 등이 하천으로 흘러들어가 수질 오염을 일으키고 있다.

바다도 여러 가지 오염 물질 및 지나친 고기잡이 등으로 파괴되고 있다. 또한 태안반도 앞바다에서는 석유를 옮기는 유조선이 사고로 부서지면서 흘러나온 기름으로 바다 환경이 크게 파괴되었었다.

이렇게 환경 파괴로 사라지는 동물과 식물들이 늘어나고 있다. 지구 온난화가 지금처럼 계속된다면 2050년에는 지금 동·식물 중 20~30% 가까이 멸종할지도 모른다.

기후 변화 협약은 뭘까?

1997년 일본의 교토에서는 지구 온난화를 막기 위해 각 나라의 대표들이 모여서 회의를 하였다. 지구를 점점 뜨겁게 만드는 이산화탄소와 같은 온실 가스를 줄이는 것에 대해 논의하기 위해서였다. 그 결과 선진국 38개국은 2008년부터 2012년까지 의무적으로 온실 가스 배출량을 줄이기로 하였다. 그리고 2007년 인도네시아의 발리 섬에서 각 나라의 대표들이 모여 더 많은 나라들이 온실 가스 배출량을 줄이기로 약속하였다. 우리나라는 2013년부터 의무적으로 온실 가스를 줄여야 한다.

환경 보전

환경 문제는 어느 한곳이 오염되면 전체에 그 영향을 미치기 때문에 어느 한 나라만의 문제가 아니라 전 세계 모든 나라의 문제이다.

전 세계 여러 나라들은 함께 환경 문제를 해결하기 위해 노력하고 있다. 1992년 브라질의 리우데자네이루에서 각 나라 대표들이 모여 환경 보전을 위한 회의를 열었다. 이 회의에서는 '지속 가능한 개발'을 하자는 데 뜻을 모았다. 지속 가능한 개발이란 미래의 후손들에게 물려주기 위해 자연을 잘 보존하고 개발을 하더라도 자연이 견딜 수 있을 만큼 최소한으로 하자는 것이다.

환경 보전을 위한 실천 방법

자동차 대신 자전거 타기

쓰레기 분리 수거하기

물과 전기, 자원을 아껴 쓰기

환경오염 감시 활동하기

한눈에 들여다보기 : 지구

지구는 땅과 바다로 이루어져 있는데, 그중 큰 덩어리 땅을 대주 또는 대륙이라고 하고, 큰 바다를 대양이라고 한다. 5대양 6대주라고 할 때, 5대양은 태평양, 대서양, 인도양, 북극해, 남극해이고, 6대주는 아시아, 유럽, 아프리카, 북아메리카, 남아메리카, 오세아니아이다. 그런데, 커다란 지구에서 무엇이 어디에 있는지 한눈에 알아보려면 어떻게 해야 할까?

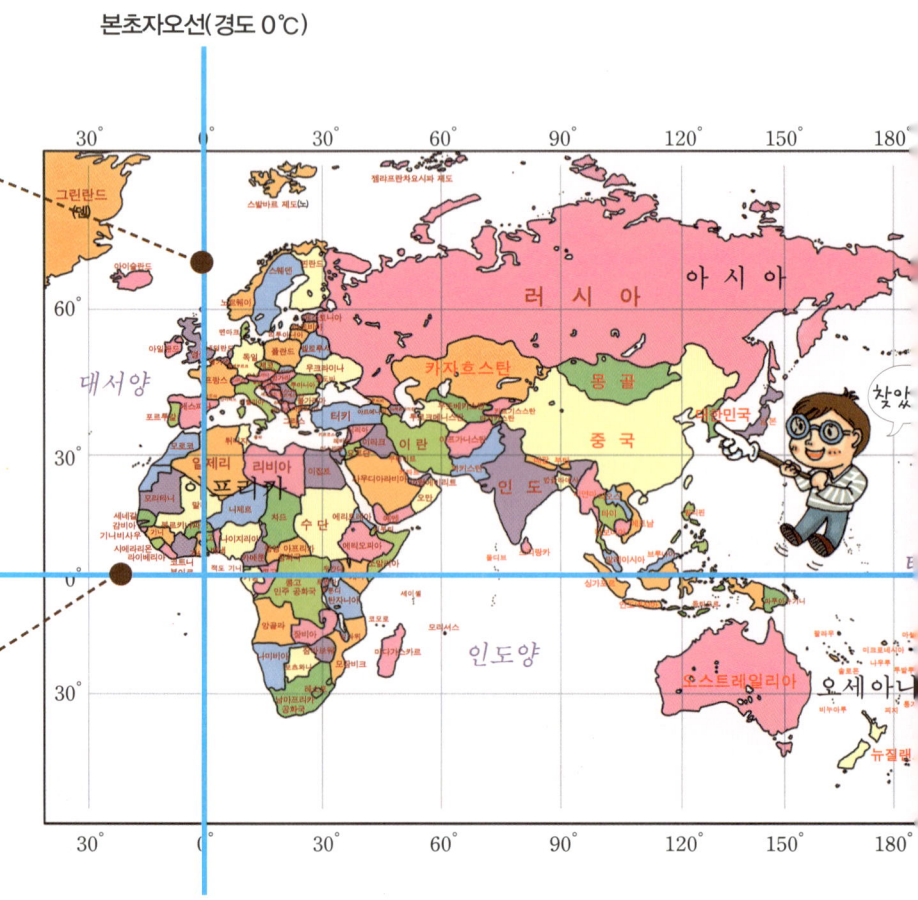

경선
- 경선은 지구의 북극과 남극을 잇는 세로로 그어진 가상의 선이다.
- 경선의 위치를 '경도'라고 하고, 경도 0°인 경선을 '본초자오선'이라 하며 영국의 그리니치 천문대를 통과한다.
- 경도는 본초자오선에서 동서로 얼마나 떨어져 있는지를 나타내는 위치이다.
- 경도 0°를 기준으로 동쪽으로 180°, 서쪽으로 180° 나눈다.
- 서쪽의 경도를 '서경(W)', 동쪽의 경도를 '동경(E)'이라고 한다.

위선
- 위선은 적도를 중심으로 가로로 그어진 가상의 선이다.
- 위선의 위치를 '위도'라고 하고, 위도 0°는 적도이며 지구의 자전축과 수직을 이룬다.
- 위도는 적도를 중심으로 남북으로 얼마나 떨어져 있는지를 나타내는 위치이다.
- 위도 0°를 기준으로 남북으로 각 90°로 나눈다.
- 북쪽의 위도를 '북위(N)', 남쪽의 위도를 '남위(S)'라고 한다.

지구본 vs 세계 지도

지구본은 지구를 본떠 만든 작은 모형이고, 세계 지도는 지구 표면의 일부 또는 전부를 일정한 축척에 따라 평면 상에 나타낸 그림이다. 지구본은 크기만 줄었을 뿐 실제 지구와 방위, 면적, 거리 등이 똑같다. 하지만 지구본은 들고 다니기가 불편하고 전 세계가 한눈에 들어오지 않는다. 반면, 세계 지도는 들고 다니기 편하고 전 세계를 한눈에 볼 수 있지만 둥근 지구를 평평한 종이 위에 나타내면서 방위, 면적, 거리 등이 실제와 달라진다.

지구본 / 메르카토르 지도 / 로빈슨 지도

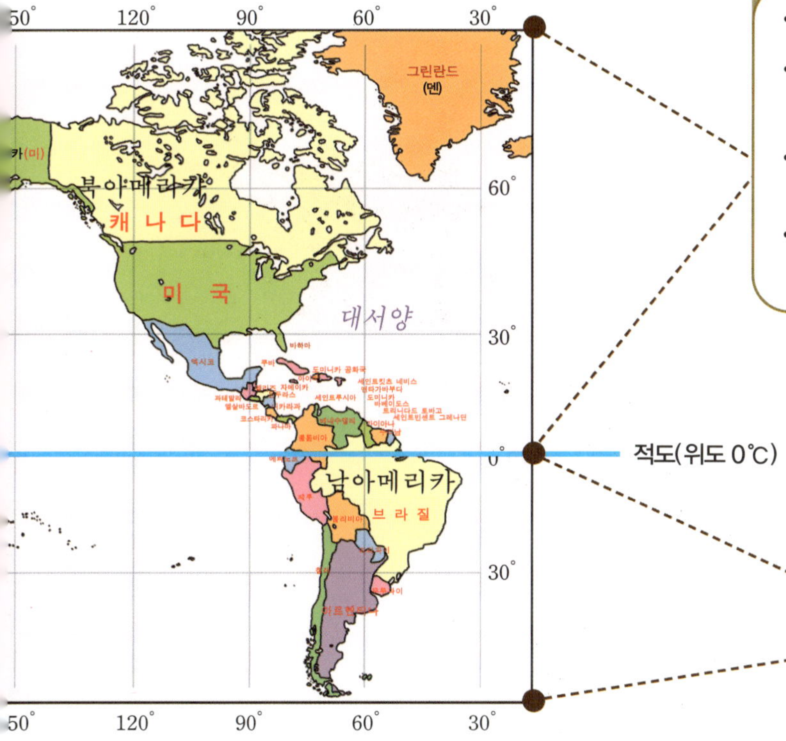

북반구
- 적도를 기준으로 지구의 북쪽 부분이다.
- 북반구에는 전체 육지의 $\frac{2}{3}$, 전체 인구의 90%가 속한다.
- 아시아, 유럽, 북아메리카, 남아메리카의 일부, 아프리카의 상당 부분이 포함된다.
- 12월부터 2월까지가 겨울이고, 6월부터 8월까지가 여름이다.

남반구
- 적도를 기준으로 지구의 남쪽 부분이다.
- 남반구에는 전체 육지의 $\frac{1}{3}$, 전체 인구의 10%가 속한다.
- 남아메리카의 대부분, 아프리카의 일부, 오세아니아, 남극이 포함된다.
- 12월부터 2월까지가 여름이고, 6월부터 8월까지가 겨울이다.

한국지리

- **131** 한눈에 보는 우리나라
- **132** 서울특별시
- **133** 경기도 지방
- **134** 강원도 지방
- **135** 충청도 지방
- **136** 전라도 지방
- **137** 경상도 지방
- **138** 제주특별자치도
- **139** 북한

131 한눈에 보는 우리나라

- 아시아 대륙 동쪽에 있는 한반도와 그 부속 도서로 이루어진 공화국.
- 우리나라는 대륙과 해양을 잇는 지리적 이점을 이용하여 세계로 뻗어 나가고 있다.

우리나라의 위치와 국토의 모습

우리나라는 북위 33~43°, 동경 124~132°, 아시아 대륙의 동쪽에 위치하며 삼면이 바다로 둘러싸인 반도 국가로 대륙과 해안으로 진출하기에 유리하다. 우리 국토의 모습은 남북이 길고 동서가 짧으며 바다 쪽으로 나와 있다. 그리고 국토의 70% 정도가 산지로 북쪽에 넓게, 동쪽에 길게 펼쳐져 있어 북쪽과 동쪽은 높고 서쪽과 남쪽은 낮은 동고서저의 형태를 이루고 있다. 또한 동해안은 해안선이 단조로운 반면 서해안과 남해안은 해안선이 복잡하고 섬이 많다.

국토의 영역은 영토, 영해, 영공으로 구성되는데 우리나라의 영토는 한반도와 부속 도서로 이루어져 있고, 영해는 영토의 끝이 되는 기선으로부터 12해리까지이다. 그리고 영공은 영토와 영해의 위쪽 하늘까지이다.

우리나라의 지구 반대쪽은?

우리나라에서 계속 땅을 파 들어간다면 남아메리카 대륙에 있는 우루과이의 몬테비데오 부근을 뚫고 나오게 된다.

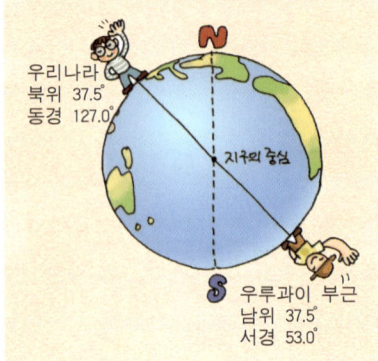

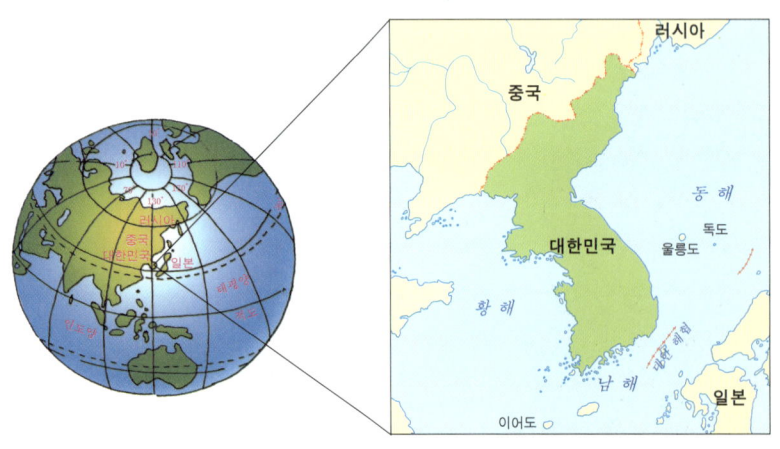

우리나라의 기후, 온대 기후

중위도에 위치한 우리나라는 온대 기후에 속하여 사계절이 뚜렷한데, 유라시아 대륙과 태평양 사이에 자리 잡고 있어 여름과 겨울의 기온 및 강수량의 차이가 크다. 여름에는 태평양에서 불어오는 바람의 영향으로 무덥고 비가 많이 내리며, 겨울에는 시베리아에서 불어오는 바람의 영향으로 몹시 춥고 건조하다. 또한 내륙 지방이 해안 지방보다 기온의 변화가 더 큰데, 그 까닭은 땅이 바다보다 온도 변화가 심하여 더 빨리 뜨거워졌다가 더 빨리 식기 때문이다.

우리나라의 행정 구역

- 특별시: 서울특별시
- 광역시: 부산광역시, 인천광역시, 대구광역시, 광주광역시, 대전광역시, 울산광역시
- 도: 경기도, 강원도, 충청북도, 충청남도, 전라북도, 전라남도, 경상북도, 경상남도
- 특별자치도: 제주특별자치도
- 특별자치시: 세종특별자치시

우리나라의 국토 면적과 인구 (2019년 기준)

- 면적: 106,210.4km²
- 총인구: 5,184만여 명

131 한눈에 보는 우리나라

인구 및 도시 분포

우리나라 총인구는 5,184만여 명(2019년 기준)으로, 한국 전쟁 이후 일명 '베이비붐' 시대에 인구가 크게 증가하였으나 최근에는 출산율이 매우 낮아져 심각한 사회 문제가 되고 있다.

우리나라는 1960년대 공업화와 함께 도시화가 빠르게 진행되었다. 2019년을 기준으로 전체 면적의 약 16.7%가 도시 지역이고, 총인구의 91% 이상이 도시에 살고 있다. 특히 서울특별시, 인천광역시, 경기도 지역을 포함하는 수도권에 도시가 가장 많이 분포하며, 총인구의 절반 이상이 살고 있다.

우리나라 인구 2명 중 1명이 수도권에 살고 있다.

우리나라 영토의 끝은 어디일까?

우리나라 국토의 북쪽 끝은 북위 43° 00′ 42″인 함경북도 유원진, 남쪽 끝은 북위 33° 06′ 43″인 제주특별자치도 마라도, 동쪽 끝은 동경 131° 52′ 22″인 경상북도 독도 동도이다. 그리고 서쪽 끝은 동경 124° 10′ 51″인 평안북도 비단섬이다.

자원과 공업

우리나라는 자원이 부족하여 수입에 의존하고 있다. 특히 석유와 같은 에너지 자원은 대부분을 수입하고 있다. 하지만 뛰어난 기술력 등을 바탕으로 좋은 품질의 제품을 만들어 수출함으로써 오늘날과 같은 경제 성장을 이루게 되었다.

1960년대에는 풍부한 노동력을 바탕으로 가발, 문구용품, 섬유 등을 만드는 경공업이 발달하였다. 1970~1980년대에는 항구, 고속 국도, 철도 등 기간 시설을 건설하면서 자동차, 선박 등을 만드는 중화학 공업이 발달하였다. 1990년대 이후부터는 반도체, 정보 통신 같은 첨단 산업이 발달하고 있다.

우리나라는 원료를 수입하여 제품을 수출하는 가공무역을 하고 있다.

개념쌤의 1분 특강

우리나라는 5대륙 중 아시아의 위치해 있고 수도는 서울특별시야.

132 서울특별시

- 한반도의 중심부에 있는 도시.
- 한강 하류에 위치하며 우리나라의 수도이자 정치 · 행정 · 경제 · 문화 · 교통의 중심지이다.

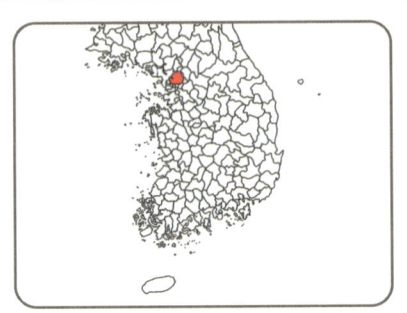

오랜 세월을 함께 한 역사의 무대, 서울

서울은 우리나라 역사에서 빼놓을 수 없는 곳이다. 백제 온조왕이 세웠다고 하는 위례성도 현 서울을 의미하며, 고구려, 백제, 신라가 서로 차지하려고 치열하게 싸웠던 곳도 서울이다. 그리고 무엇보다 서울은 조선 시대에 도읍으로 정하면서부터 지금까지 우리나라의 수도이다.

암사동 선사 유적지　　위례성으로 추정되는 풍납토성　　경복궁

우리나라의 중심지

서울은 1394년 조선의 도읍지가 된 이래로 지금까지 우리나라의 수도로서 정치, 경제, 문화 등 여러 면에서 중심지 역할을 하고 있다. 청와대, 국회 의사당, 헌법재판소 등 주요 국가 기관들뿐만 아니라 학교, 병원, 은행, 기업, 각종 문화 시설들이 서울에 집중되어 있다. 또한 서울은 교통의 중심지이다. 지하철, 버스 등 대중교통이 발달하여 서울뿐만 아니라 수도권까지 빠르고 편리하게 오고갈 수 있으며, 기차, 고속 열차(ktx), 고속버스, 비행기 등의 교통수단과 철도, 국도, 고속 국도, 항공로 등 그물처럼 연결되어 교통망을 통해 전국으로 뻗어 나가고 있다.

서울은 2차, 3차 산업이 발달하였으며, 특히 3차 산업이 차지하는 비중이 매우 높다. 시장과 상점, 전문 상가를 중심으로 발달한 상업을 비롯해 운수, 통신, 금융 등의 산업이 서울에 집중되어 있어 우리나라 경제를 움직이는 거대 엔진과 같은 역할을 하고 있다.

서울은 정치 · 경제 · 문화 등 여러 면에서 우리나라의 중심지이다.

무학대사와 왕십리

무학대사는 태조 이성계의 명으로 조선의 새로운 도읍지를 찾던 중 강이 있고 넓은 들이 한눈에 들어오는 곳이 있어 '땅이 넓고 강이 흐르니 과연 천하의 명당이로구나!' 라고 생각하였다. 그런데 바로 그때, 한 늙은 농부가 "이놈의 소는 미련하기가 꼭 무학같구나"라고 말하는 소리를 듣고 그 농부에게 달려갔다. "제가 바로 무학이오. 제 소견으로는 부족하니 좋은 도읍지가 있으면 일러주시오."라고 무학대사가 묻자 농부는 "여기서부터 10리만 더 가시오."라고 대답하고는 사라져버렸다. 무학대사가 서북쪽을 향해 10리를 걸어 당도한 곳이 바로 지금의 경복궁 근처였다. '왕십리'라는 지명은 '왕(往)'자와 '십리(十里)'자를 써서 붙여진 이름이고, 그 농부는 풍수지리의 대가인 도선대사가 변장한 것이었다고 한다.

132 서울특별시

서울특별시(2019년 기준)
- 면적: 605.24km²
- 인구: 9,729,107명
- 행정 구역: 구-25

높은 인구 밀도

서울은 천만 명이 넘는 사람들이 모여 살고 있지만 면적은 우리나라의 0.6%에 불과하기 때문에 인구 밀도가 매우 높다. 그래서 주택 문제, 교통 혼잡 문제, 환경 오염 문제 등 각종 도시 문제가 심각하다. 주변 지역에 신도시를 건설하여 주택난을 해소하고, 주요 국가 기관을 다른 지역으로 옮기는 등 다양한 방법을 통해 인구 집중으로 인해 발생하는 각종 문제들을 해결하기 위해 노력하고 있다.

133 경기도 지방

- 우리나라 중서부 지방에 위치한 지역.
- 경기도 지방은 지세가 평탄하고 농산물이 풍부하며 한강을 비롯하여 임진강, 한탄강, 안성천 등의 큰 강이 흐른다.

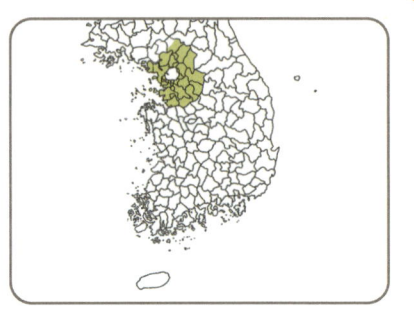

중부 지방의 중심지, 경기도

경기도는 서울특별시와 인천광역시를 둘러싸고 있으며 북쪽은 황해도, 동쪽은 강원도, 남쪽은 충청남북도, 서쪽은 황해에 접하고 있다. 경기도는 한강을 끼고 비옥한 평야가 발달해 선사 시대부터 사람들이 정착했던 땅이다. 연천군 전곡리의 구석기 시대 유적지와 하남시 미사동의 신석기 시대 유적, 그리고 여주 흔암리의 청동기 시대 유적 등이 그 증거이다.

위성 도시 및 신도시 기능

경기도는 서울의 행정 기능, 공업 기능, 주택 기능 등을 나눠 맡고 있다. 예를 들어 반월 공업 단지가 있는 안산시는 공업 기능을 맡고 있다. 이처럼 대도시 주변에서 대도시와 유기적인 종속 관계를 가지는 중소 도시를 '위성 도시'라고 한다. 또한 분당, 일산 등은 서울의 인구 과밀, 교통 체증, 주택난 등을 해소하기 위하여 계획적으로 개발된 도시로, 이러한 도시를 '신도시'라고 한다.

다양한 산업 발달

경기도 지방은 큰 강과 넓은 평야를 이용한 논농사가 발달하였다. 여주쌀, 이천쌀 등은 예로부터 품질이 뛰어나기로 유명하다. 또 서울에 내다 팔기 위해 채소와 꽃을 많이 재배하고 가축을 많이 기르고 있다.

경기도 지방은 서울과 가깝고 교통이 편리하며 노동력이 풍부해서 다양한 산업이 발달했다. 최근에는 서울에서 공장들도 많이 옮겨 와 산업 규모가 더욱 커지고 있다. 간척지에 건설한 시화 산업 단지가 대표적인 산업 단지이다.

정조가 사랑한 수원 화성

유네스코가 세계 문화유산으로 지정한 '화성'은 조선 정조 임금이 건설한 계획도시이다. 정조는 자급자족할 수 있는 경제를 위하여 농경지와 수로를 만들고 상인들이 성장할 수 있도록 재정을 지원하였으며, 동서양의 군사 시설 이론을 잘 합쳐서 외적의 침입을 효과적으로 막을 수 있는 과학적인 성곽을 쌓았다. 그리고 왕위에서 물러나 자신이 머무를 곳과 어머니 혜경궁 홍씨를 위한 처소 등으로 이루어진 화성 행궁을 지었다. 그러나 정조는 이른 나이에 사망하면서 화성에 내려와 살지는 못했다.

수원 화성

133 경기도 지방

경기도(2019년 기준)
- 면적: 10,192.52km²
- 인구: 13,653,984명
- 도청 소재지: 수원시
- 행정 구역: 시 - 28, 군 - 3, 구 - 17

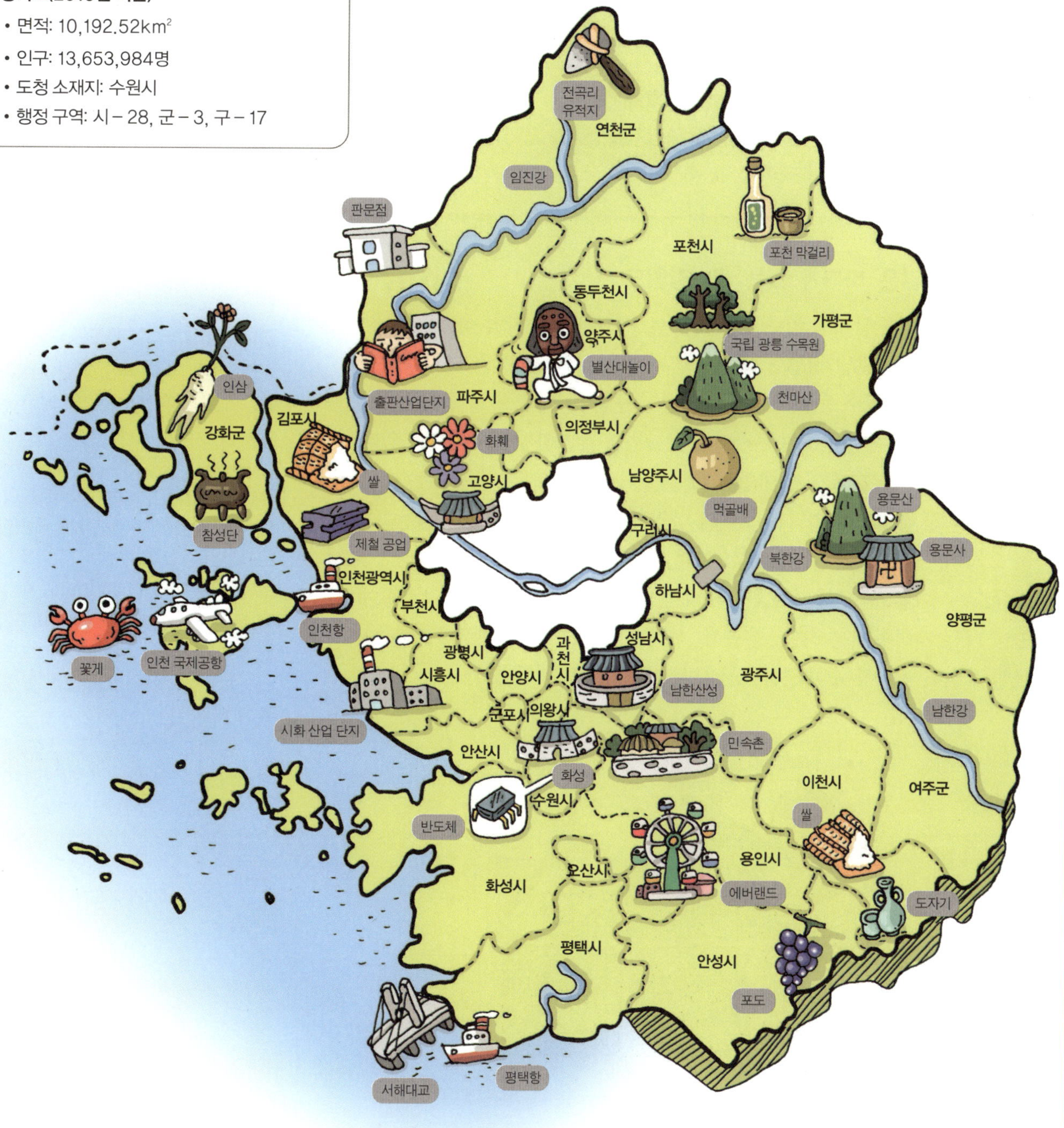

세계로 열려 있는 인천광역시

인천은 서울로 들어오는 길목에 위치한 항구 도시이다. 제물포 조약에 따라 1883년 개항하면서 일본인과 중국인들이 많이 건너왔다. 인천에 있는 차이나타운은 바로 그때 인천항을 통해 건너온 중국인들이 모여 살면서 만들어진 곳이다. 오늘날 인천은 인천항과 인천 국제공항을 통해 수많은 사람과 물자가 오고가는 국제 교류의 관문 역할을 하고 있다. 특히 송도 신도시가 경제 자유 구역으로 지정되며 동북아시아 물류의 중심으로 거듭나고 있다.

134 강원도 지방

- 우리나라 중부 동쪽에 위치한 지역.
- 강원도 지방은 태백산맥을 중심으로 영동과 영서 지역으로 나뉘며 동해와 접하고 있다.

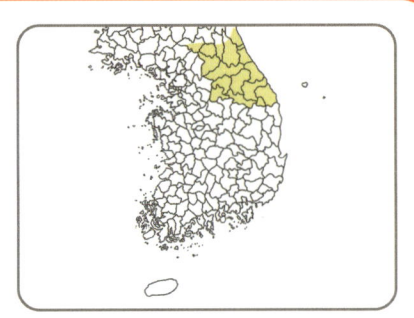

높은 산과 맑은 바다가 있는 곳, 강원도

강원도는 대부분 산지로 이루어져 있어 논농사보다는 감자, 옥수수 등을 재배하는 밭농사가 발달하였다. 그리고 고위평탄면에서는 여름에도 서늘한 기후를 이용해 무, 배추 등을 재배하는 고랭지 농업이, 대관령 일대 초원에서는 소, 양 등을 방목하여 기르는 목축업과 낙농업이 활발하게 이루어지고 있다. 강원도는 동해와 접해 있어 어업도 활발히 이루어지고 있다. 동해는 따뜻한 바닷물과 찬 바닷물이 만나는 곳이라 다양한 바다 생물들이 살고 있는데, 특히 오징어, 명태, 꽁치 등이 많이 잡힌다.

강원도는 우리나라에서 지하자원이 가장 많이 생산되는 곳이다. 강원도에서 많이 나는 지하자원은 석탄, 철광석, 석회석 등이고, 그중에서 시멘트의 원료인 석회석이 가장 많이 생산되어 시멘트 공업이 발달하였다.

관동팔경을 노래한 관동별곡

강원도 통천의 총석정, 고성의 삼일포, 간성의 청간정, 양양의 낙산사, 강릉의 경포대, 삼척의 죽서루, 경상북도 울진의 망양정, 평해의 월송정을 일컬어 관동팔경이라고 한다. 관동팔경은 흰 모래사장과 우거진 소나무 숲, 끝없이 펼쳐진 동해의 조망, 해돋이 풍경 등 바다와 호수 및 산의 경관이 잘 어우러진 빼어난 경승지로 이곳에 얽힌 전설·노래·시 등이 많다. 특히 고려 말 안축이 지은 〈관동별곡〉에서는 총석정·삼일포·낙산사 등의 절경을 노래하였고, 조선 선조 때 정철이 지은 〈관동별곡〉에서는 관동팔경과 금강산 일대의 아름다움을 노래하였다.

강원도를 오가는 교통이 편리해지면서 산과 바다를 모두 즐길 수 있는 강원도가 주목받고 있다. 여름에는 동해안의 해수욕장, 겨울에는 스키장, 봄가을에는 설악산 국립공원 등 다양한 관광 자원이 있어 사계절 내내 관광객의 발길이 끊이지 않는다. 최근에는 금강산 관광 길이 열리면서 남북 관계의 중요한 무대로 주목받기도 했다.

134 강원도 지방

강원도(2019년 기준)
- 면적: 16,875.28km²
- 인구: 1,541,502명
- 도청 소재지: 춘천시
- 행정 구역: 시-7, 군-11

영동과 영서로 구분

강원도 지방은 태백산맥을 기준으로 동쪽의 영동 지방과 서쪽의 영서 지방으로 나뉘는데, 두 지방은 자연환경이 서로 달라 그에 따른 생활 모습도 다르다. 늦봄에서 초여름에 걸쳐 동해에서 불어오는 차갑고 습윤한 바람이 태백산맥을 넘으면서 푄 현상을 일으켜 영서 지방에 덥고 건조한 바람이 불게 된다. 반대로 겨울에 시베리아에서 불어오는 차가운 바람이 태백산맥을 넘으면서 영동 지방에는 영서 지방보다 덜 차가운 바람이 불게 된다.

135 충청도 지방

- 우리나라의 중부 남서부에 위치한 충청남도와 충청북도를 아울러 이르는 말.
- 충청북도는 우리나라 가운데에 위치하며 바다에 접한 곳이 없고, 충청남도는 우리나라 중부 서남쪽에 위치하며 넓은 평야가 많다.

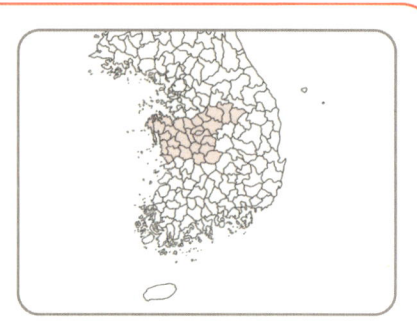

과거와 미래가 공존하는 곳, 충청도

충청도는 우리나라의 중부 지방과 남부 지방을 이어 주는 지리적 위치 때문에 철도와 고속 국도 등이 많이 지나는 길목이다. 서해안과 접하고 있는 지역은 해안선의 드나듦이 복잡하고 갯벌이 넓어서 옛날부터 수산물을 양식하거나 염전에서 소금을 얻고, 갯벌에서 조개를 캐는 일 등을 주로 했다. 최근 들어 방조제를 쌓아 바닷물을 막고 흙으로 메우는 간척 사업을 벌여 땅을 넓히고, 이곳에 거대 산업 단지가 속속 들어서면서 중국을 비롯한 외국과의 교류 창구로서 중대한 역할을 하고 있다.

행정중심복합도시가 있다고?

우리나라의 고른 지역 발전과 수도권에서 발생하고 있는 각종 도시 문제를 해결하기 위하여 만들어진 것이 바로 '세종특별자치시'이다. 세종특별자치시는 충청남도 공주시와 연기군 일대에 만들어진 행정 중심 복합도시로서 우리나라 행정의 중심이 되고 있다.

백제 문화권

충청도 지방은 미래가 더욱 기대되는 곳이면서도 백제의 문화유산이 남아 있는 역사적인 곳이기도 하다. 백제의 문주왕이 한성에서 웅진(공주)으로 도읍을 옮기면서 충청도 지방에 섬세하고 온화한 백제 문화가 전파되었다. 지금까지도 공주와 부여를 중심으로 많은 백제의 유물과 유적이 보존되고 있다.

마애삼존불

무령왕릉

금동대향로

부소산성 낙화암

135 충청도 지방

충청북도(2019년 기준)
- 면적: 7,406km²
- 인구: 1,600,007명
- 도청 소재지: 청주
- 행정 구역: 시-3, 군-8

충청남도(2019년 기준)
- 면적: 8,245km²
- 인구: 2,123,709명
- 도청 소재지: 홍성
- 행정 구역: 시-8, 군-7

교통·과학·행정의 도시, 대전광역시

대전은 일제 강점기에 만들어진 경부선과 호남선 철도가 지나면서 도시로 성장하기 시작했으며, 1970년대 경부 고속 국도와 호남 고속 국도가 건설되고, 최근에 고속 철도까지 개통되면서 우리나라 중앙에 위치한 교통의 도시로서 수도권과 남부 지방을 이어주고 있다. 1974년에 대덕 과학 연구 단지가 들어서고, 1993년에 대전 국제 엑스포라는 과학기술 박람회를 유치하면서 국제적인 과학기술 연구 도시로 새롭게 자리 잡았다. 1998년에는 정부 대전 청사가 세워지고 10개의 중앙 행정 기관이 옮겨 오며 교통·과학·행정 기능을 고루 갖춘 도시로 성장하고 있다.

136 전라도 지방

- 우리나라 서남부에 있는 전라남도와 전라북도를 아울러 이르는 말.
- 전라도 지방은 넓은 평야가 펼쳐져 있어 특히 농업이 발달하였으며, 새롭게 만들어진 산업 단지를 발판으로 다양한 산업을 발전시키고 있다.

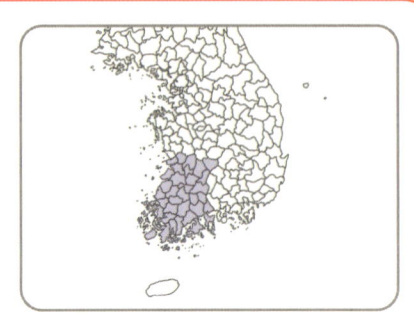

최대 쌀 생산지

전라도에는 호남평야와 나주평야 등 평야가 발달해서 옛날부터 우리나라에서 쌀이 가장 많이 생산되는 곳이었다. 그래서 이곳을 곡식 창고 즉, '곡창 지대'라고 부르기도 한다. 전라도 지역은 이미 삼한 시대부터 벼농사를 지었는데 백제 비류왕 27년(330)에 쌓은 것으로, 우리나라에서 가장 오래된 저수지인 벽골제가 남아 있다.

우리나라 최대의 곡창 지대

눈과 입이 즐거운 도시, 전주

전주시는 오래 전부터 전라북도의 중심지였으며, 한지, 부채 등이 특산품이다. 특히 전주 한지는 그 품질이 뛰어나서 조선 시대에 임금께 바쳐졌다고 한다.

전주는 한옥 마을, 금산사 같은 문화유산도 많이 남아 있다. 또 판소리, 농악 등 전통 예술을 겨루는 대사습놀이와 세계 각국의 민속 음악이 어우러지는 세계 소리 축제를 통해 우리 고유의 문화를 지키고 알리는 데 앞장서고 있다.

호남 공업 지역

예로부터 농업이 발달하였기 때문에 전라도 지역은 다른 지역에 비해 공업 발달이 늦은 편이긴 하나 여천에 석유 화학 공장과 광양에 제철소가 들어서면서 크게 성장하였다. 최근에는 중국과의 교역에 대비해 군산~장항 지역과 목포 지역에 산업 단지가 만들어지면서 공업이 더욱 발전할 것으로 기대되고 있다.

또한 김제, 군산, 부안 일대에 대규모 간척 사업인 '새만금 간척 사업'이 진행되고 있다. 이 사업이 끝나면 여의도의 140배에 달하는 새로운 땅이 생겨나 농업 단지, 관광 단지, 산업 단지 등 다양한 용도로 쓰이게 된다.

공업 단지   새만금 간척 사업

136 전라도 지방

전라북도(2019년 기준)
- 면적: 8,069km²
- 인구: 1,834,532명
- 도청 소재지: 전주
- 행정 구역: 시-6, 군-8

전라남도(2019년 기준)
- 면적: 12,345km²
- 인구: 1,868,745명
- 도청 소재지: 무안
- 행정 구역: 시-5, 군-17

예술의 고향, 광주광역시

광주는 예로부터 '예향'이라고 불렸다. 판소리와 국악이 유명하고 문학, 미술 등 다양한 예술 분야에서 뛰어난 인물을 많이 배출하여 예술의 고장이라는 뜻으로 그렇게 이름붙인 것이다. 더욱이 '비엔날레'를 개최하면서 국제적인 예술의 도시로 발돋움하고 있다. 또한 광주는 일제 강점기에 광주 학생 운동으로 일제에 항거하였으며, 1980년에는 군사 독재에 맞서 5·18 민주화 운동이 일어나는 등 우리나라 역사에 길이 남을 곳이다.

문화와 역사로 반짝반짝 빛나는, 빛고을 광주!

137 경상도 지방

- 우리나라 남동쪽에 있는 경상남도와 경상북도를 아울러 이르는 말.
- 경상도 지방은 우리나라 최대의 공업 지역이며, 그에 따라 인구가 많아 광역시가 가장 많은 지역이다.

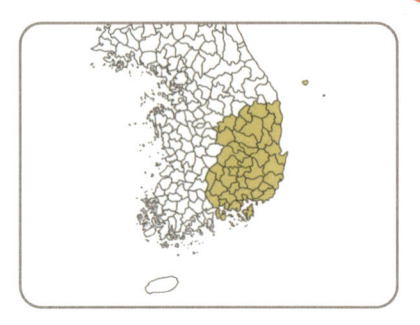

낙동강과 김해평야

경상도 지역의 3분의 2가 산지 지형으로 밭농사를 많이 짓지만 낙동강 하류에 만들어진 김해평야에서는 논농사를 짓는다. 김해평야는 강물이 싣고 온 흙이나 모래 등이 하류에 쌓여 만들어진 삼각주이다.

김해평야는 겨울이 따뜻한 경상도 지역의 기후와 부산 등 대도시가 가까이 있다는 이점을 살려 벼농사뿐만 아니라 꽃을 재배하기도 한다.

영남 내륙 공업 지역과 남동 임해 공업 지역

구미, 대구를 중심으로 하는 영남 내륙 공업 지역은 섬유, 전자, 기계, 금속 산업 등이 발달하였고, 우리나라 남동쪽 해안을 따라 포항, 울산, 부산, 창원, 진주, 그리고 전라남도 광양과 여수를 잇는 남동 임해 공업 지역은 자동차, 정유, 석유 화학, 조선, 기계, 제철 산업 등이 발달하였다. 특히 남동 임해 공업 지역은 수입과 수출에 편리한 지리적 이점 때문에 우리나라 최대의 중화학 공업 지역이 형성되었다. 항구가 가까이 있어 다른 나라에서 원료를 수입하기 편리하고 제품을 다른 나라에 수출하기도 편리하기 때문이다.

> **도시 전체가 문화유산인, 경주**
> 신라 천년의 고도인 경주에는 사찰, 석불 등 신라의 유물과 유적이 도시 전역에 남아 있다. 특히, 불국사와 석굴암, 경주역사유적지구(남산지구, 월성지구, 대릉원지구, 황룡사지구, 산성지구), 양동마을은 세계적으로 탁월한 보편적 가치가 있는 유산으로 인정받아 유네스코가 지정하는 세계 문화유산으로 등재되었다.

광역시가 가장 많은 곳

부산광역시는 우리나라 제2의 도시로 불릴 만큼 규모가 크다. 특히 부산항은 우리나라 무역 대부분이 이루어지는 최대 항구인데, 세계에서 다섯 번째로 물자가 많이 오가는 곳이기도 하다. 또 부산은 2002년 아시안 게임, 2005년 아시아태평양경제협력체(APEC) 정상 회담을 개최하였으며, 해마다 여는 부산국제영화제(PIFF)가 아시아 최대 영화제에서 세계적인 영화제로 발돋움하며 국제적인 도시로 변모하고 있다.

부산국제영화제

137 경상도 지방

경상북도(2019년 기준)
- 면적: 19,033km²
- 인구: 2,665,836명
- 도청 소재지: 안동
- 행정 구역: 시-10, 군-13

경상남도(2019년 기준)
- 면적: 10,540km²
- 인구: 3,362,553명
- 도청 소재지: 창원
- 행정 구역: 시-8, 군-10

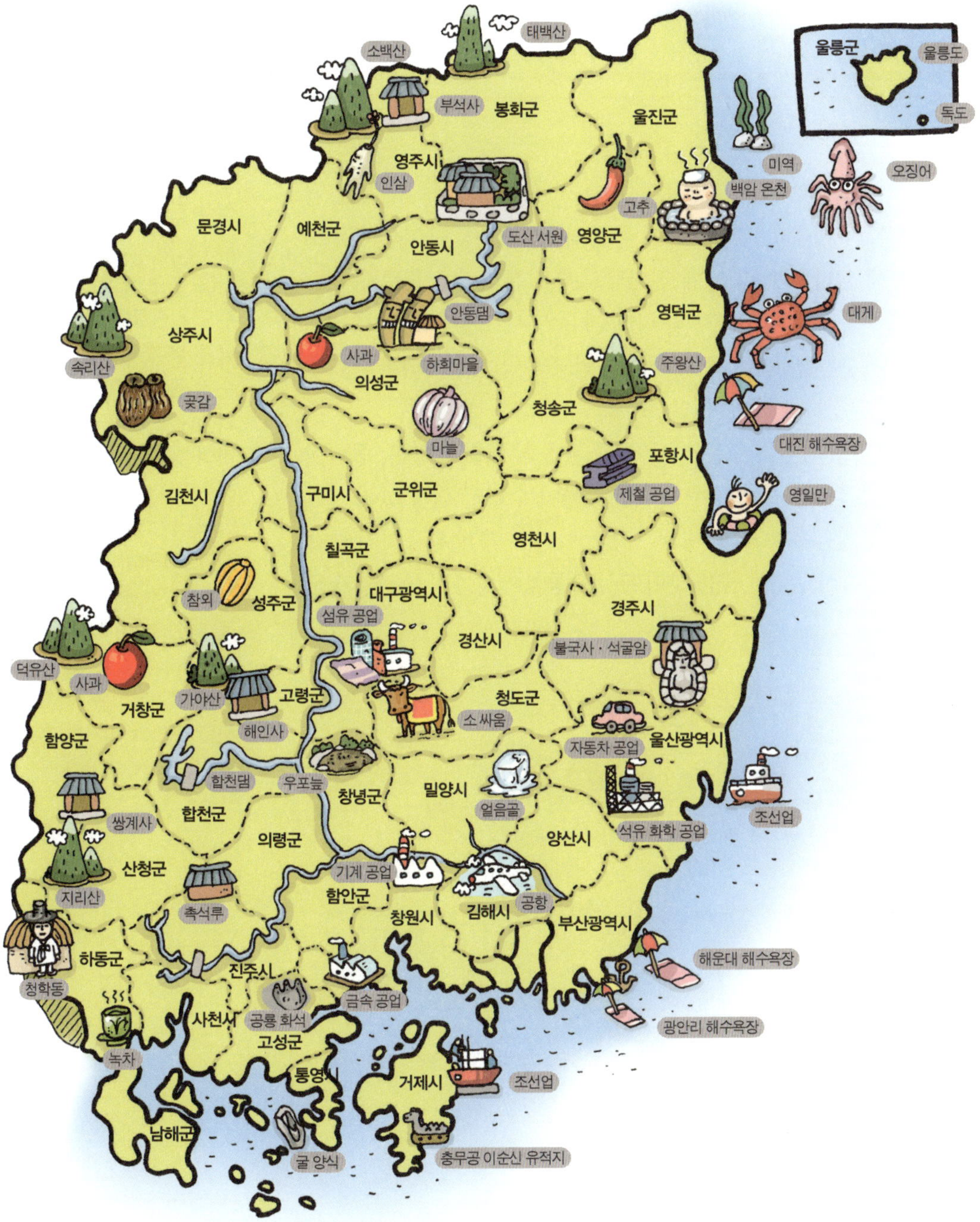

울산광역시는 원래 한적한 어촌 마을이었으나 1962년 공업 특정 지구로 결정되면서 석유 화학 단지가 들어서고 곧이어 자동차, 조선 등의 공장이 세워지며 빠르게 성장하였으며 우리나라를 대표하는 중화학 공업 도시로 자리잡았다.
대구광역시는 1970년대 섬유 공업이 크게 성장하였다가 최근에는 많이 쇠퇴하였다. 하지만 대구는 섬유 산업을 다시 일으켜 패션 도시로 거듭나기 위해 애쓰고 있다.

초등사회 개념사전 215

138 제주특별자치도

- 우리나라 서남해 쪽에 있는 가장 큰 화산섬.
- 제주도는 독특한 자연환경과 문화를 가지고 있는 곳으로 세계적인 관광 명소로 자리잡고 있다.

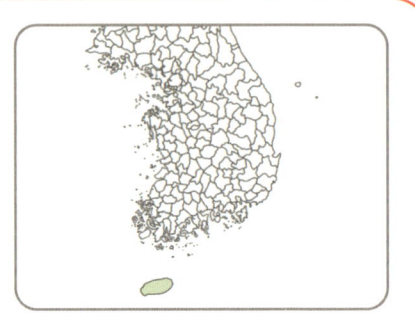

제주의 역사

제주도에는 상고 시대에 양(良), 고(高), 부(夫), 삼성신(三姓神)이 세운 탐라국이 있었으며 고려 시대에 우리나라에 통합되었다. 행정 구역상 제주도는 전라남도에 속해 있다가 1946년에 전라남도에서 분리되어 도로 승격하였고 2006년에 제주특별자치도 설치 및 국제 자유 도시 조성을 위한 특별법에 의하여 도에서 제주특별자치도로 승격하여 외교와 국방을 제외한 분야를 제주도민들이 직접 결정하게 되었다.

제주도를 특별자치도로 지정한 것은 러시아, 중국 등의 대륙과 일본, 동남아시아 등의 해양을 연결하는 요충지이며 자연 경관이 수려한 점을 살려 세계적인 휴양 관광지로 발돋움하고, 국내외 기업들이 자유롭게 활동하기 좋은 환경을 만들어 첨단 지식, 무역, 금융 분야에서도 동북아시아의 중심지가 되기 위해서이다.

삼다(三多)는 뭘까?

제주도를 '삼다도'라고 부른다. 석다(石多)는 돌이 많다는 뜻으로 제주도 사람들은 밭을 일구고 포구나 성을 쌓기 위해 땅을 덮고 있는 무수한 돌덩이를 치워야 했는데, 이 과정에서 돌덩이들이 많이 나와서 붙여졌다. 풍다(風多)는 제주도가 태풍이 지나가는 길목에 위치하고 있어 바람이 많이 불기 때문에 붙여졌다. 그래서 돌로 울타리를 쌓고 나직한 지붕을 새로 얽어맨 초가집을 지었으며, 밭에도 돌담을 쌓았다. 여다(女多)는 남자들이 바다에 나가 고기잡이를 하다 풍랑에 돌아하던 못하여 여자가 수적으로 많았던 데서 나온 말이다.

남북한이 대립 중이던 1948년에 4·3 사건이라는 비극을 겪었다.

고려 시대 삼별초가 끝까지 몽고와 싸움을 벌였던 곳이다.

1970년대 바닷길과 하늘길이 열리며 본격적으로 관광지로 떠올랐다.

독특한 자연환경

제주도에서 흔히 볼 수 있는 현무암은 화산이 폭발할 때 흘러나온 용암이 굳어서 만들어진 것이다. 이처럼 제주도는 화산 폭발로 생겨난 섬이어서 자연환경이 독특하다. 한라산 정상에 있는 분화구에 물이 고여 생겨난 백록담, 400여 개의 크고 작은 오름(기생화산으로 큰 화산의 중턱이나 기슭에 형성된 작은 화산), 용암 동굴인 김녕사굴과 만장굴, 이외에도 삼성혈, 용두암, 천지연 폭포 등이 제주도에서만 볼 수 있는 독특한 모습이다.

138 제주특별자치도

제주특별자치도(2019년 기준)
- 면적: 1,850.23km²
- 인구: 670,989명
- 도청 소재지: 제주시
- 행정 구역: 시-2

발달한 산업

제주도는 대부분 흑갈색의 화산회토로 덮여 있어 벼농사를 짓기 힘들다. 대신 보리나 감자 등을 주로 농사지으며 연평균 기온이 15℃ 이상인 기후에 적합한 감귤, 파인애플 등을 재배하는 특수 농업이 발달하였다. 또, 사면이 바다인 점을 활용하여 갈치, 돔, 소라, 전복 등을 잡아 올리는 수산업도 발달하였다. 오늘날에는 많이 줄었지만 해산물을 캐는 해녀들도 많았다. 또한 중산간 지대에서 말과 소 등을 방목해서 기르는 목축업이 발달하였는데, 예로부터 제주조랑말은 제주의 특산물이었다.

제주도에서 가장 발달한 산업은 관광업이다. 독특하고 아름다운 자연경관뿐만 아니라 제주도만의 독특한 민속 문화, 특이한 산업 구조 등이 관광객들의 마음을 사로잡고 있다.

139 북한

- 남북으로 분단된 대한민국의 휴전선 북쪽 지방.
- 북한에 사는 사람들은 우리와 같은 민족이지만 마음대로 오갈 수 없어 언어, 문화 등 많은 부분이 이질화되고 있다.

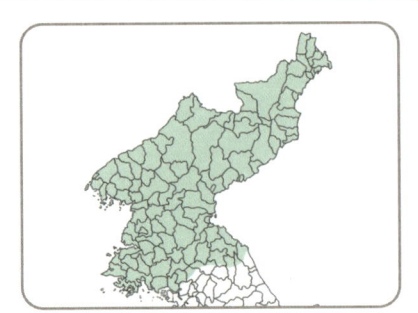

기후와 의식주

북한 지역은 산지가 많으며 여름이 짧고 강수량이 적다. 겨울이 길고 몹시 추워 벼농사를 짓기에 적합하지 않다. 그래서 콩, 메밀, 조, 옥수수, 감자 등 잡곡을 많이 재배한다. 음식은 기후가 서늘하여 쉽게 상하지 않기 때문에 남한 지역에 비해 덜 짜게 만든다. 전통 가옥은 추위를 막기 위해 창문을 작게 만들며 부엌과 방 사이에 벽을 두지 않고 부뚜막에 방바닥을 연결한 부엌인, 정주간이라는 공간을 두었다.

고려의 도읍, 개성

개성은 500년 동안 고려의 도읍으로 공민왕릉, 만월대, 선죽교, 태조 왕건릉 등 고려의 소중한 문화유산이 많이 남아 있다. 개성은 서울에서 자동차로 불과 1시간밖에 걸리지 않는 가까운 곳이지만 우리는 마음대로 오갈 수 없다. 다만, 2000년 남북한 간 경제 교류의 일환으로 개성 공단을 설치하기로 하고 우리나라 기업들이 진출하여 북한 노동자들과 함께 생산 활동을 했었다.

수도, 평양

평양은 북한의 수도이자 정치·경제·문화의 중심지로, 면적은 서울의 세 배가 넘지만 인구는 서울의 $\frac{1}{3}$ 정도밖에 안 된다. 평양은 고구려의 도읍지였다. 그래서 평양성, 안학궁, 대성산성, 을밀대 등 역사 유적과 문화재가 많이 남아 있다.

남북 교류

남한과 북한은 동족상잔의 비극인 6·25 전쟁으로 지금까지 분단되어 있다. 하지만 1998년 금강산 관광을 시작으로 2000년 남북한이 만나 한반도 평화를 위해 노력할 것을 다짐하는 6·15 공동 선언을 발표하면서 조금씩 교류를 확대하고 있다. 이산가족 상봉 행사, 개성 공단 건설, 금강산 육로 관광, 문화 공연단 교환 방문, 남북한 단일팀 구성 및 스포츠 행사에 한반도기를 들고 동시 입장하는 등의 체육 교류, 식량, 의약품 등 인도적 차원에서의 지원 등 남북 교류는 계속되고 있다.

139 북한

북한(2019년 기준)
- 면적: 123,214km²
- 인구: 25,132천명
- 수도: 평양직할시
- 행정 구역
  - 직할시: 평양직할시
  - 특별시: 나선특별시, 남포특별시
  - 도: 평안남·북도, 함경남·북도, 황해남·북도, 강원도, 자강도, 양강도

경제 상황

북한은 경제가 어려운 편이다. 특히 식량이 부족해서 많은 사람이 굶주리고 있다고 한다. 원래 북한은 불리한 자연환경 때문에 먹을거리가 넉넉하지 못한 지역이었는데, 이를 해결하고자 산에 있는 나무를 마구 베어 내고 밭을 일구면서 가뭄과 홍수 등으로 인한 피해가 심해졌고, 이로 인해 식량 부족 현상은 더욱 심해졌다.

자연재해로 인하여 식량난이 더욱 심각하다.

세계지리

140 한눈에 보는 세계
141 동부아시아
142 동남·남부아시아
143 서남아시아
144 아프리카
145 유럽
146 러시아 및 중앙아시아
147 아메리카
148 오세아니아
149 남극과 북극

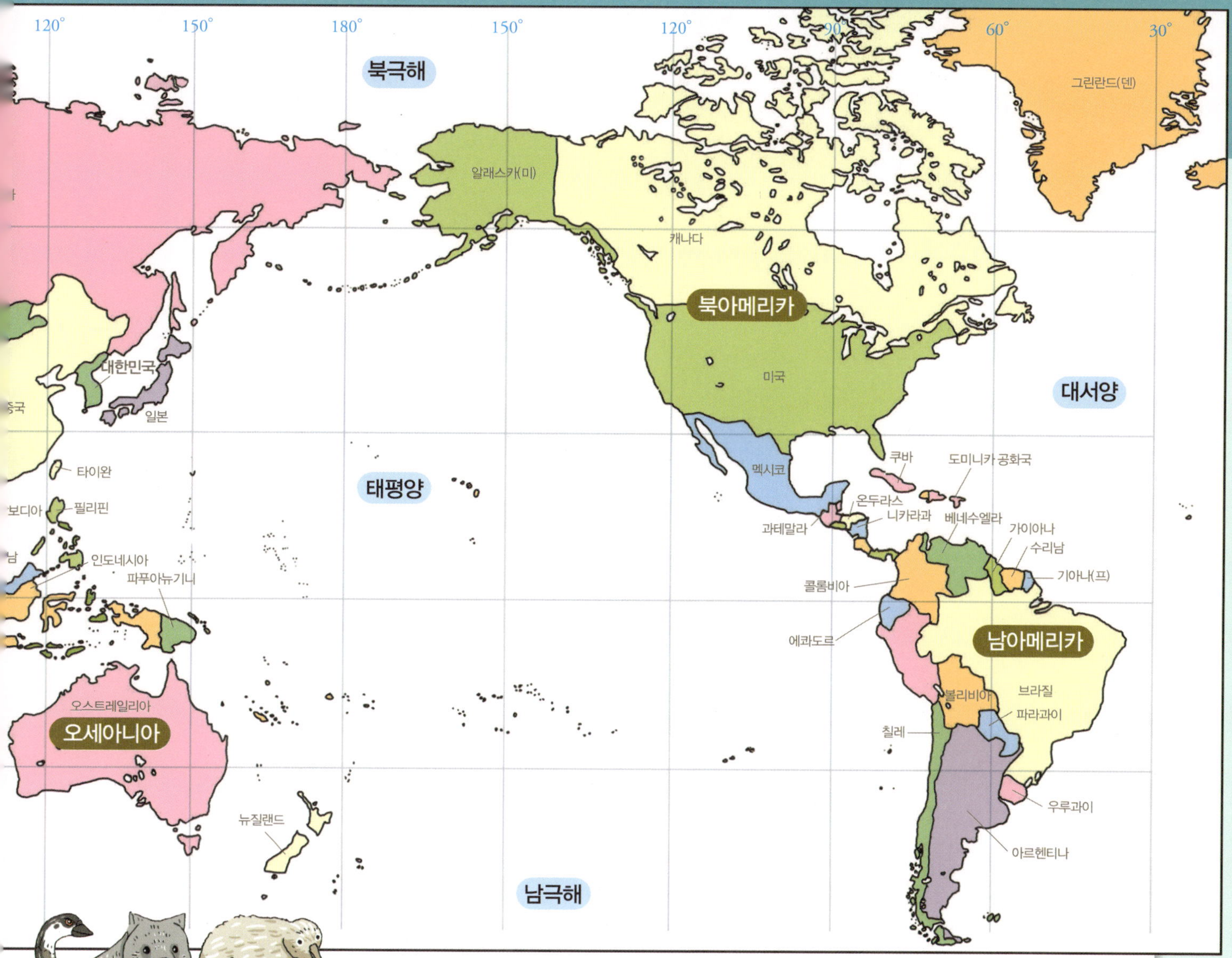

| 120° | 150° | 180° | 150° | 120° | 90° | 60° | 30° |

북극해

그린란드(덴)

알래스카(미)

캐나다

북아메리카

미국

대서양

대한민국

일본

중국

타이완

태평양

쿠바
도미니카 공화국
멕시코
온두라스
과테말라
니카라과
베네수엘라
가이아나
수리남
기아내(프)
콜롬비아

보디아
필리핀
남
인도네시아
파푸아뉴기니

에콰도르

남아메리카

오스트레일리아

오세아니아

볼리비아
브라질
파라과이
칠레

뉴질랜드

우루과이
아르헨티나

남극해

140 한눈에 보는 세계

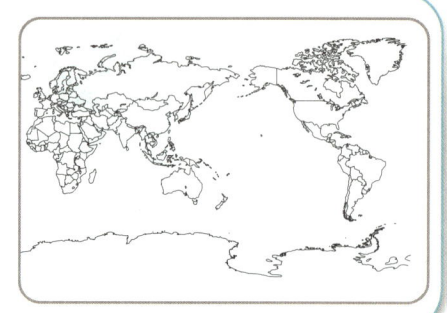

- 세계는 지구 상의 모든 나라 또는 인류 사회 전체.
- 지구는 5대양, 6대주로 이루어져 있으며 오늘날 과학 기술의 발달과 함께 전 세계가 하나의 지구촌이 되어 가고 있다.

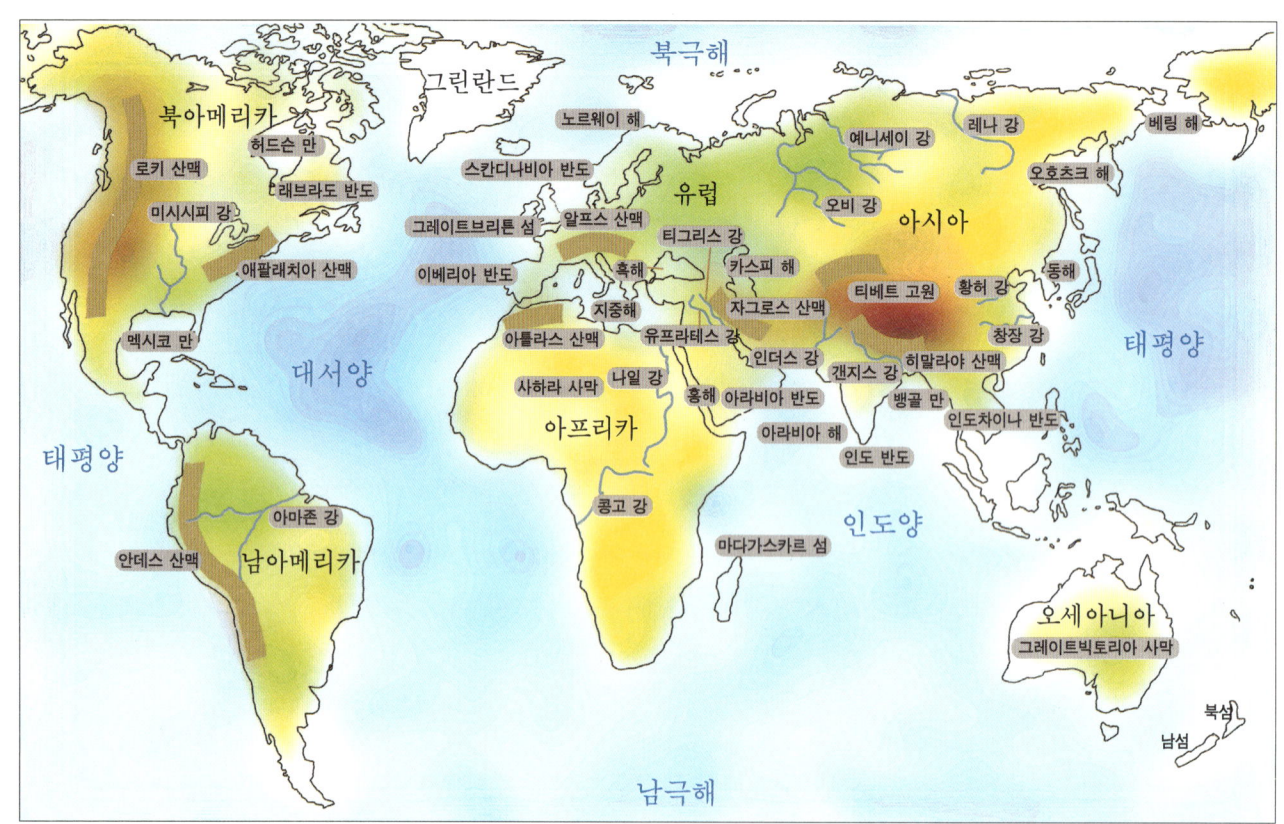

세계의 지형

세계의 대표적인 산맥으로는 아메리카 대륙 서부의 로키 산맥과 안데스 산맥, 유럽 대륙 중부의 알프스 산맥, 아시아 대륙 남부의 히말라야 산맥이 있다. 안데스 산맥은 세계에서 가장 긴 산맥으로 약 7000km를 뻗어 있다. 히말라야 산맥에는 7000m가 넘는 세계의 높은 산들이 대부분 모여 있다.

강은 넓은 땅을 지나 바다를 향해 흐르며, 인간에게 비옥한 땅과 풍부한 물, 편리하게 오갈 수 있는 물길을 선물해 주었다. 인류 문명이 싹튼 곳도 모두 강 주변이다. 세계의 큰 강으로는 아프리카의 나일 강, 아메리카의 아마존 강과 미시시피 강, 아시아의 황허 강과 갠지스 강, 메콩 강, 유프라테스 강, 유럽의 도나우 강, 러시아의 레나 강 등이 있다.

평야는 강이 흙을 쌓거나 땅이 오랜 세월 깎여서 만들어진다. 인도의 갠지스 강과 인도차이나 반도의 여러 강 하류, 이집트의 나일 강 삼각주, 미국의 미시시피 강 주변, 프랑스의 파리 분지 등에 평야가 발달했다.

사막은 건조해서 식물이 드물고 땅이 말라 있어 바람이 활발하게 움직이며 모래 언덕, 버섯 바위, 자갈 사막 등을 만든다. 빙하는 천천히 낮은 곳으로 움직이면서 땅을 움푹 파거나 산을 깎아 계곡을 만든다. 캐나다의 빙하 호수, 알프스의 깎아지른 산봉우리, 노르웨이의 좁고 긴 협만(피오르) 등이 빙하가 만든 지형이다.

세계의 인구 및 인구 분포

2012년 기준으로 세계 인구는 69억 7천 4백만 명을 넘었다. 나라별로는 중국, 인도, 미국 순으로 인구가 많고 대륙별로는 아시아, 아프리카, 유럽 순으로 인구가 많다.

세계 인구는 17세기 중반까지 서서히 늘어나 5억 명에 불과하였다. 그러나 18세기 산업 혁명이 일어나면서부터 아주 빠르게 늘기 시작했다. 경제가 발전하면서 인구 부양 능력이 높아졌을 뿐만 아니라 의료 기술이 발달하고 생활 수준이 향상되면서 사망률이 낮아졌기 때문이다. 제2차 세계 대전 이후 아프리카, 아시아, 라틴아메리카 등지에서 '인구 폭발'이라고 할 만큼 빠르게 인구가 늘어나면서 현재까지 세계의 인구 증가를 이끌고 있다.

세계 인구는 주로 기온과 강수량이 농사짓기에 알맞은 온대 기후 지역의 하천 유역이나 해안가 상공업이 발달한 도시 지역에 많이 모여 산다. 그래서 오늘날 동부아시아에서 남부아시아에 이르는 벼농사 지역, 서부 유럽, 북아메리카의 동부에 인구가 많다. 또한 전체 인구의 상당수가 북반구에 살고 있다.

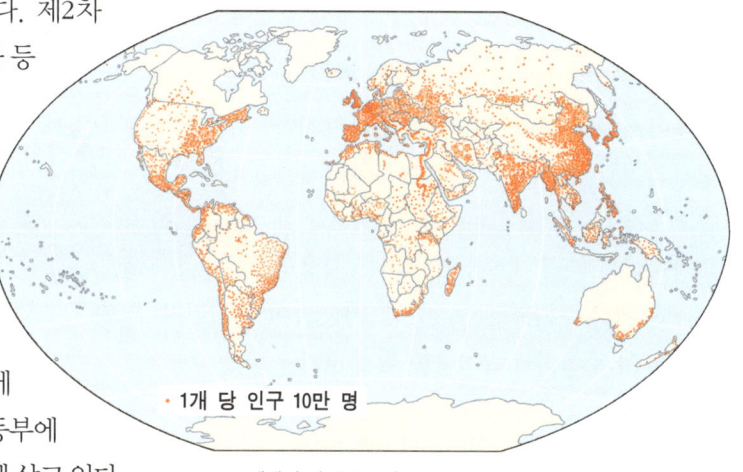

세계의 인구분포도(2000년)

세계의 시간(시간대)

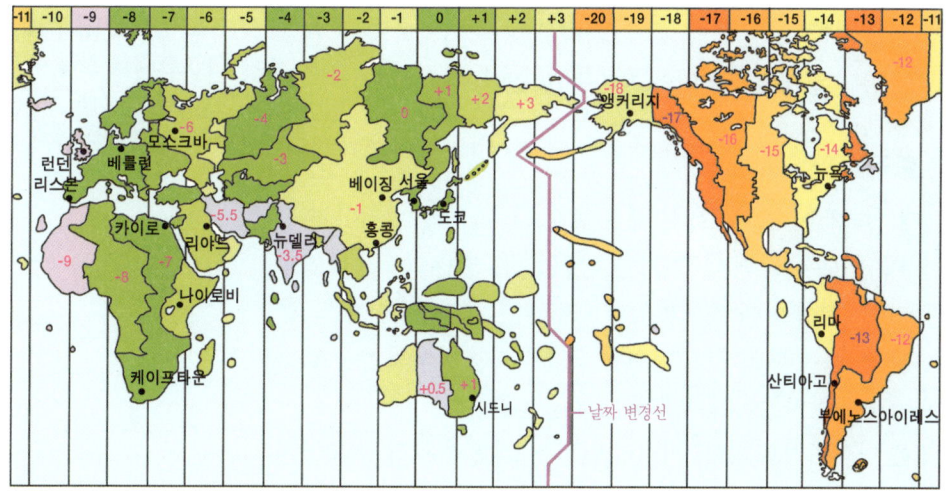

지구는 하루에 한 바퀴씩 스스로 돌기(자전) 때문에 같은 시점이라도 어느 곳은 낮이지만 어느 곳은 밤이다. 이렇게 지역마다 달라지는 시간을 조정해서 나눈 선이 '시간대'이며, 시간대는 경도 15°마다 1시간씩 달라진다. 따라서 우리나라보다 동쪽 지역은 우리보다 시간이 빠르기 때문에 경도 15°마다 1시간을 더하고, 서쪽 지역은 우리보다 시간이 늦기 때문에 경도 15°마다 1시간을 빼면 된다.

그럼 우리나라에서 동쪽으로 날짜 변경선 너머에 있는 미국의 뉴욕은 몇 시일까? 날짜 변경선의 동쪽이 하루가 느리므로 먼저 하루를 빼고, 그런 다음 지나온 시간대만큼인 10시간을 더하면 된다. 즉 우리나라가 오후 3시일 때 뉴욕은 전날 오전 1시가 된다. 다른 방법으로는 날짜 변경선을 지나지 않고 서쪽 방향으로 시간대를 계산해도 된다. 14시간을 빼면 되므로 똑같이 전날 오전 1시가 된다.

141 동부아시아

- 아시아 대륙의 동북쪽 지역.
- 우리나라, 중국, 일본, 몽골 등의 나라가 동부아시아 지역에 속해 있다.

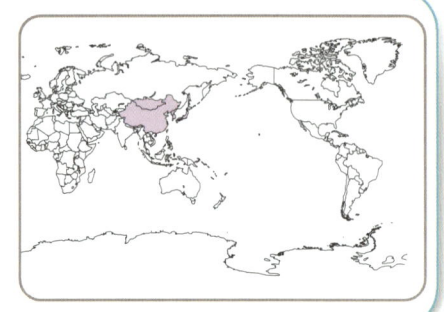

동부아시아의 자연환경과 인문 환경

동부아시아는 지역별로 조금씩 다르지만 대부분 계절풍의 영향을 받아 여름에는 덥고 습하며, 겨울에는 춥고 건조하다. 동부아시아의 나라 대부분이 한자를 사용하고, 젓가락을 사용해 음식을 먹으며, 쌀이 주식이다. 또한 유교와 불교의 영향을 받아 문화적으로 비슷한 점이 많다.

태평양 바다로 둘러싸인 섬나라, 일본

일본은 자동차, 컴퓨터, 전자 등 첨단 산업이 매우 발달한 세계 경제 대국이다. 일본도 우리나라와 마찬가지로 천연자원이 부족하기 때문에 원료를 수입하여 제품을 만들어 수출을 한다. 그래서 일본의 주요 공업 지역인 게이힌 공업 지역, 주쿄 공업 지역, 한신 공업 지역, 기타큐슈 공업 지역 등이 원료 수입과 제품 수출에 유리한 태평양 연안에 자리 잡고 있다.

성장하는 나라, 중국

중국은 러시아, 캐나다에 이어 세계에서 세 번째로 큰 나라로, 면적이 우리나라의 96배나 되며, 인구는 13억 명(2011년 기준)으로 약 13억 4천만 명을 넘어 세계 인구의 20% 이상을 차지하고 있다. 또 석유, 석탄, 천연가스, 철광석 등 다양한 자원을 풍부하게 가지고 있다. 중국은 최근 나라의 문을 열고 자유 경쟁의 경제 제도를 받아들이며 빠르게 성장하고 있다.

중국은 역사가 깊은 나라이기도 하다. 이미 기원전 3000년경 황허 강 유역에서 고대 문명이 일어났고, 13세기에 칭기즈 칸은 유라시아 대륙을 호령하며 대제국을 건설하였었다. 그리고 화약, 나침반, 종이, 활판 인쇄술을 최초로 발명하는 등 인류의 삶을 바꿔 놓기도 하였다.

지진이 자주 일어나는 일본

일본은 환태평양조산대의 지각과 지각이 부딪히는 경계 부분에 위치하기 때문에 화산과 온천이 많고 지진이 자주 일어난다. 1923년 간토 대지진 때에 10만 명 이상이 죽거나 다쳤고, 1995년 고베 대지진 때에는 6,400여 명이 사망하였다. 그리고 2010년에 쓰나미(지진 해일)가 발생하여 도시 전체를 파괴하였고 많은 사람이 사망하였다. 이렇게 지진이 자주 일어나는 일본은 지진 대비를 철저하게 한다. 건물을 짓거나 도로를 건설할 때에는 지진의 충격을 견딜 수 있도록 설계하고, 평상시에도 수시로 대피 훈련을 한다.

일본의 첨단 산업

중국의 빠른 경제 성장

141 동부아시아

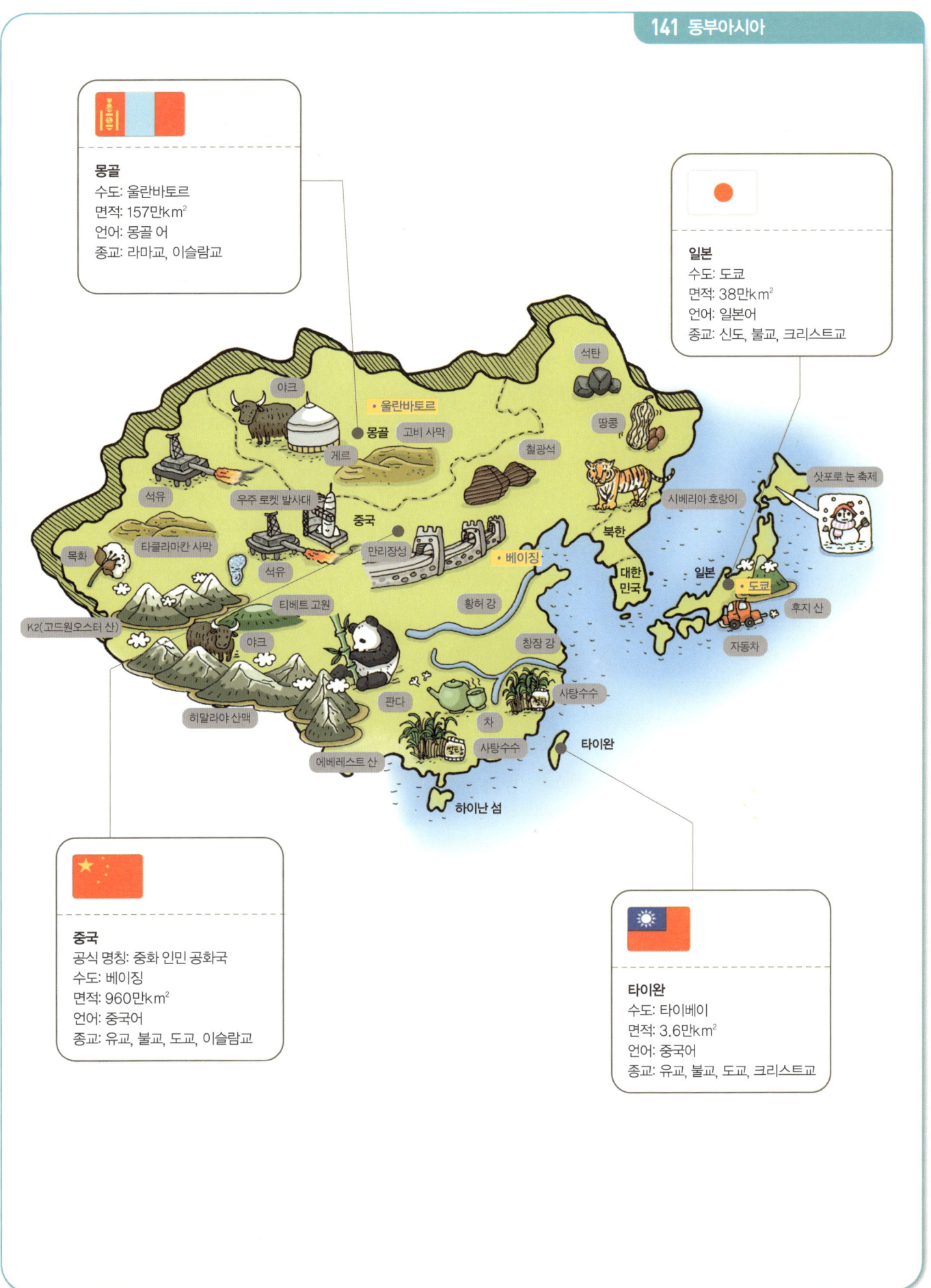

142 동남·남부아시아

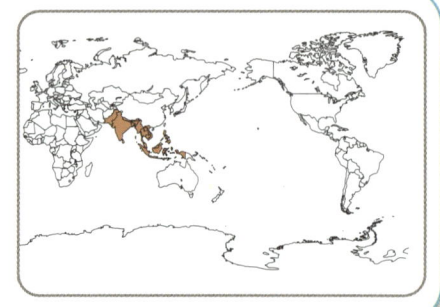

- 아시아 대륙의 동남쪽 지역.
- 동남아시아는 인도차이나 반도와 말레이 반도 및 여러 섬을 포함한 지역을 말하며, 남부아시아는 인도 반도를 중심으로 한 지역을 말한다.

적도에 가까운 동남·남부아시아

남부아시아는 열대 기후에 속하고, 동남아시아는 열대 우림 기후에 속해 일 년 내내 기온이 높고 비가 많이 온다. 게다가 이 지역에는 인구가 많아 노동력을 많이 필요로 하는 벼를 재배하기에 알맞다. 그래서 동남·남부아시아 지역은 세계 최대 쌀 생산지이다.

이 지역에는 지하자원이 풍부하다. 석유, 천연가스, 석탄, 주석, 고무, 보크사이트 등이 풍부하여 우리나라의 여러 기업들도 이 지역에 진출하여 삼림 개발 및 유전 개발 사업에 참여하고 있다.

남부아시아의 방글라데시는 세계적으로 비가 많이 오는 곳이다. 습기를 머금은 바람이 히말라야 산맥에 부딪히면서 많은 비를 뿌리기 때문이다. 특히 히말라야 산맥의 빙하가 녹기 시작하는 여름이면 잦은 홍수로 큰 피해를 입는다. 그리고 알프스 히말라야 지진대를 지나는 인도 북서부 카슈미르 지방, 인도네시아 등지에서는 지진, 해일이 자주 일어나 많은 사람이 희생되기도 하였다.

종교 갈등

남부아시아에는 힌두교를 믿는 사람들과 이슬람교를 믿는 사람들 간에 갈등이 심하다. 인도, 파키스탄, 방글라데시는 원래 하나의 나라였으나 종교 갈등으로 인하여 힌두교를 믿는 지역인 인도와 이슬람교를 믿는 지역인 동·서 파키스탄으로 나뉘었고, 다시 서 파키스탄은 파키스탄으로, 동 파키스탄은 방글라데시가 되었다. 여러 나라로 나뉜 뒤에도 종교 갈등은 계속되었다. 특히 인도 북서부 카슈미르 지역에서의 종교 분쟁은 인도와 파키스탄 간의 전쟁으로 확대되었다. 카슈미르 지역의 주민 80% 이상이 이슬람교를 믿는데도 이 지역이 힌두교를 믿는 인도에 속해 있기 때문이었다.

두 가지 모습의 인도

인도의 인구는 12억 명 이상(2011년 기준)으로 세계에서 두 번째로 인구가 많은 나라인데, 2001년 미국의 마이크로소프트 사 직원의 18%가 인도 사람이었을 정도로 인재가 많으며, IT 산업이 발달하여 앞으로 크게 발전할 것으로 기대되고 있다.

하지만 이러한 발전을 가로막는 장애물도 많다. 특히 인도 사회에는 아직도 카스트 제도라는 신분 제도가 남아 있다. 계급에 따라 결혼, 직업, 식사 등의 일상생활에 엄격한 규제가 있는 카스트 제도는 1950년대에 법적으로는 폐지되었으나 여전히 인도 사회를 지배하고 있다.

142 동남·남부아시아

인도
공식 명칭: 인도 공화국
수도: 뉴델리
면적: 329만km²
언어: 힌디 어, 영어
종교: 힌두교, 이슬람교

타이
공식 명칭: 타이 왕국
수도: 방콕
면적: 51만km²
언어: 타이 어
종교: 불교

싱가포르
공식 명칭: 싱가포르 공화국
수도: 싱가포르
면적: 700km²
언어: 영어, 중국어, 말레이 어, 타밀 어
종교: 도교, 불교, 이슬람교

베트남
공식 명칭: 베트남 사회주의 공화국
수도: 하노이
면적: 33만km²
언어: 베트남 어
종교: 불교, 크리스트교

지도 내 지명: 파키스탄, 카슈미르, 석탄, 인더스 강, 뉴델리, 네팔, 히말라야 산맥, 부탄, 목화, 타지마할 묘, 갠지스 강, 차, 루비, 옥, 하노이, 필리핀, 마닐라, 인도, 호랑이, 방글라데시, 미얀마, 라오스, 베트남, 아잔타 석굴, 목화, 타이, 방콕, 캄보디아, 앙코르와트 사원, 쌀, 쌀, 커피, 스리랑카, 차, 말레이시아, 브루나이, 석유, 고무, 인도네시아, 고무, 석유, 커피

초등사회 개념사전 227

143 서남아시아

- 아시아 대륙의 서남쪽 지역.
- 아라비아 반도를 포함한 동쪽의 아프가니스탄으로부터 서쪽의 터키까지의 지역을 이르는 말이다.

건조한 서남아시아

서남아시아 지역은 연평균 강수량이 500mm 이하인 건조 기후에 속하며 대부분 사막이나 초원으로 이루어져 있다. 그래서 전통적으로 풀을 찾아 옮겨 다니며 가축을 기르는 유목 생활을 주로 하였다. 하지만 지금은 국경이 생겨 자유롭게 이동하는 게 어렵고, 각 나라에서 유목민이 한곳에 머물러 살도록 하는 정책을 펴면서 유목민의 수가 점차 줄어들고 있다.

건조하기는 하나 오아시스나 하천이 있는 곳에서는 농업이 이루어진다. 주로 대추야자, 밀, 목화 등을 재배하며, 인공 수로를 만들어 물을 끌어와 농사를 짓기도 한다.

석유가 많이 나는 서남아시아

페르시아 만 연안에는 석유가 많이 매장되어 있는데, 석유의 질이 좋고 땅 아래 가까이에 묻혀 있어서 채굴 비용도 적게 든다. 페르시아 만의 석유를 처음 개발한 곳은 영국, 미국, 프랑스의 대기업들이었다. 그러다가 1960년대 이후 석유를 자기 나라의 소유로 하면서 부강해졌다. 특히 석유 생산량 및 가격을 조정하면서 국제 사회에서 큰 힘을 발휘하고 있다.

세계의 화약고인 팔레스타인

팔레스타인 지역은 원래 유대인들이 살고 있었지만 기원전 1세기경 이 지역을 로마가 지배하면서 유대인들은 뿔뿔이 흩어졌다. 그 후 유대인들은 약 2000년 동안 떠돌다 1948년 국제 연합(UN)의 결정에 따라 이곳에 이스라엘을 세웠다. 그러자 이스라엘과 이스라엘을 반대하는 이슬람 국가들 간의 전쟁이 4차례나 일어났고, 이스라엘이 세워지면서 땅을 잃게 된 팔레스타인 사람들이 총을 들고 싸움을 벌이기도 하였다. 이곳은 아직까지도 '세계의 화약고'라 불리며 갈등과 전쟁이 계속되고 있다.

종교 분쟁이 심한 서남아시아

서남아시아 지역은 유대교, 크리스트교, 이슬람교가 시작된 곳으로, 이스라엘의 예루살렘은 세 종교의 공동 성지이다. 유대교의 성지인 통곡의 벽, 크리스트교의 성지인 성묘 교회, 이슬람교의 성지인 오마르 사원이 있어 예루살렘은 일 년 내내 성지 순례를 하는 사람들로 붐빈다. 그런데, 유대교를 믿는 이스라엘을 제외하고 대부분의 나라가 이슬람교를 믿고 있기 때문에 종교적 갈등이 심하다.

144 아프리카

- 세계에서 두 번째로 크며 인도양, 대서양, 지중해에 면해 있는 대륙.
- 아프리카 대륙은 지중해를 사이로 유럽과 떨어져 있고, 아시아 대륙과는 수에즈 지협과 이어져 있다.

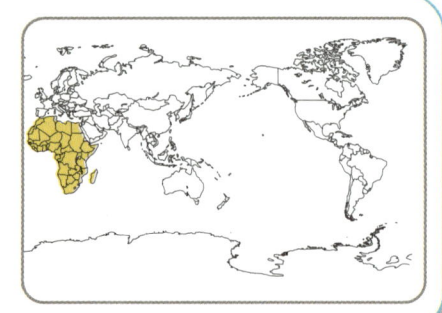

자연환경

아프리카 대륙은 사하라 사막을 기준으로 북부와 중남부로 구분하는데, 북부는 대체로 사막과 초원이 나타나는 건조 기후이고, 중남부는 열대 또는 아열대 기후이다. 특히 적도가 대륙의 중앙부에 걸쳐 있어 적도를 중심으로 열대 우림 지역, 열대 초원이 펼쳐져 있다.

사하라 사막 남쪽 주변 지역을 '사헬'이라고 하는데, 이 지역은 원래 사막과 초원의 중간 지대였다. 하지만 최근 극심한 가뭄이 계속되고 농경과 가축 사육이 늘면서 초원이 파괴되어 사막으로 변하고 있다. 그래서 사헬에 위치한 모리타니, 말리, 니제르, 차드, 수단 등의 나라는 물 부족과 식량 부족으로 어려움을 겪고 있다.

아프리카의 일부 지역은 부족 간 전쟁 및 가뭄과 기아 등의 문제를 겪고 있지만 아프리카는 '검은 진주'라고 불리며 풍부한 자원을 바탕으로 한 경제 발전이 기대되는 곳으로 세계의 관심을 받고 있다. 특히 금, 다이아몬드, 우라늄, 구리, 석유 등의 지하자원이 풍부하며, 개발할 농토도 넓다.

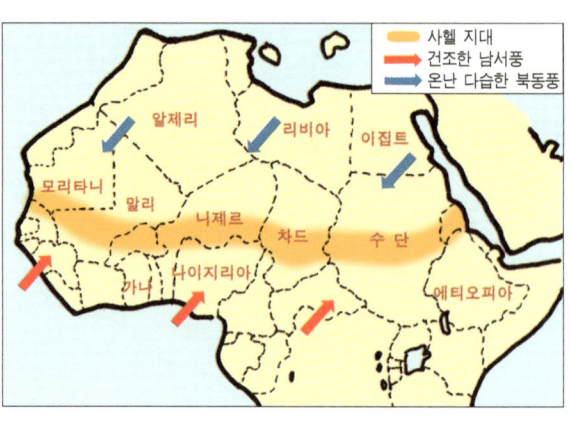

다양한 종족이 모여 있다?

아프리카에는 세계에서 키가 가장 작은 종족으로 남성의 경우 평균 키가 144cm 정도밖에 되지 않는 피그미 족, 용맹한 전사인 마사이 족 등 약 900여의 종족이 살고 있다. 이들은 각자 고유어를 사용하며 전통 종교를 믿는다.

다만, 사하라 북쪽의 대부분의 나라들은 아랍 인들이며, 아랍 어를 쓰고 이슬람교를 믿는다.

피그미 족   마사이 족

국경선이 반듯한 아프리카

아프리카는 인류가 처음으로 나타난 지역으로 고유한 문화를 이루었으나 16세기부터 대부분이 유럽 제국의 식민지(강대국이 차지하여 정치적·경제적으로 지배하는 곳)로 전락되어 '검은 대륙'이라고 불렸으나 제2차 세계 대전 이후 독립 운동이 가속되어 대부분의 나라가 독립하였다. 그런데 당시 유럽 제국들은 식민지를 나눠 가지면서 아프리카의 민족과 언어, 문화와 종교를 전혀 고려하지 않고 경계를 직선으로 나누면서 오늘날 에티오피아, 소말리아, 르완다처럼 서로 다른 민족들이 하나의 나라로 묶이게 되었다. 이들 나라들은 민족 간 갈등이 심각하다.

제국주의 시대 식민지 지도

145 유럽

- 아시아 대륙의 서쪽에 위치한 대륙.
- 동쪽으로는 아시아 대륙과 접하고 있고, 남쪽으로는 아프리카 대륙과 지중해를 사이에 두고 있으며, 서쪽으로는 대서양에 면해 있다.

자연환경 및 인문 환경

유럽은 서부, 북부, 남부, 동부 유럽으로 구분할 수 있으며, 지형적으로 북쪽에는 낮은 산지가, 남쪽에는 알프스 등의 높은 산지가 있고, 중앙 지역에는 넓은 평원으로 이루어져 있다. 기후는 북쪽과 동쪽은 겨울이 춥고 긴 냉대 기후, 남쪽은 따뜻하고 비가 적은 지중해성 기후, 서쪽은 여름이 서늘하고 겨울이 따뜻한 해양성 기후가 나타난다.

유럽 대륙은 작은 면적에 비해 많은 나라가 위치하여 아시아 다음으로 인구 밀도가 높다. 종교는 거의 모든 지역에서 크리스트교를 믿으며, 고대 그리스·로마 문명이 로마 제국의 번영과 함께 주변으로 널리 전파되어 유럽 문화의 뿌리를 이루었다.

서부 유럽은 18세기 영국에서 증기 기관을 이용해 기계를 돌려 물건을 대량으로 생산하는 산업 혁명이 시작되면서 공업이 발달하였고, 북부 유럽은 임업, 어업, 낙농업이, 남부 유럽은 관광 산업이 발달하였다.

경제 발전이 늦은 동부 유럽

동부 유럽의 국가들은 제2차 세계 대전 이후 구 소련의 영향으로 국가에서 경제를 통제하는 사회주의 정부가 들어서면서 경제 발전이 늦어졌다. 1990년대 초부터 이들 나라들은 사회주의 체제를 포기하기 시작하였고, 이와 동시에 소수 민족들이 독립을 요구하면서 내전이 일어나기도 하였다. 예를 들어, 여러 민족으로 이루어졌던 유고슬로비아는 여러 차례 내전을 치러 여섯 나라로 분리되었고 '유고슬로비아'라는 나라의 이름은 사라지게 되었다.

유고슬라비아에서 분리·독립한 6개국

유럽연합(EU)

유럽연합은 유럽에 있는 여러 나라들 간에 교류를 활발히 하여 세계 시장에서의 경쟁력을 높이려고 만든 경제 공동체에서 출발하였으나 지금은 정치, 외교, 군사적으로 하나로 통합하고 있다.

유럽연합에 가입한 국가들은 단일 국기(유로기)와 단일 화폐(유로화)를 만들어 사용하고 있다. 유럽연합은 세계에서 그 영향력이 점점 커지고 있으며, 유로화는 달러에 이어 세계 제2의 국제 통화로 자리를 굳혔다.

유럽연합 가입국은 단일 국가와 단일 화폐를 사용하고 있다.

145 유럽

영국 (2020년 1월 31일 유럽연합 탈퇴)
공식 명칭: 그레이트브리튼 북아일랜드 연합 왕국
수도: 런던
면적: 24만km²
언어: 영어
종교: 크리스트교

독일
공식 명칭: 독일 연방 공화국
수도: 베를린
면적: 36만km²
언어: 독일어
종교: 크리스트교

프랑스
공식 명칭: 프랑스 공화국
수도: 파리
면적: 55만km²
언어: 프랑스 어
종교: 크리스트교

이탈리아
공식 명칭: 이탈리아 공화국
수도: 로마
면적: 30만km²
언어: 이탈리아 어
종교: 크리스트교

146 러시아 및 중앙아시아

- 러시아는 유럽 대륙의 동부에서 중앙아시아의 북쪽에 있는 나라.
- 중앙아시아는 유라시아 대륙의 중앙부에 위치한 건조 지대로 여러 산맥에 둘러싸인 지역이다.

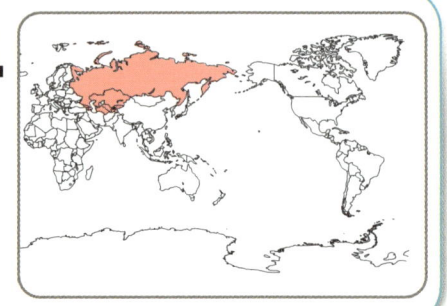

소련에서 러시아로

1917년, 세계 최초 사회주의 체제의 국가를 설립하며 소비에트 사회주의 공화국 연방, 즉 소련이 만들어졌다. 하지만 1980년대 말 개혁·개방 정책이 추진되면서 1991년 러시아를 비롯한 15개 국가들로 분리되었다. 현재 러시아는 자본주의를 도입하여 급속히 변화하고 있으며 우리나라와 경제적 협력이 많아지고 있다.

세계에서 가장 넓은 영토를 가지고 있는 러시아는 지하자원 또한 풍부하다. 석유와 천연가스는 영하 30℃ 이하의 혹독한 추위로 개발이 거의 되지 않은 시베리아 지역에 많이 매장되어 있어 에너지 강국으로 떠오르고 있다. 이 외에도 석탄, 철광석이 풍부하여 이를 바탕으로 한 기계, 금속, 우주 산업이 발달하였다.

시베리아 횡단 열차

시베리아 횡단 열차는 블라디보스토크에서 모스크바까지 연결되어 있는데, 59개의 중요한 지역을 거치며 7번 시간대가 바뀐다. 만약 서울에서 신의주까지 한반도를 종단하는 열차인 경의선이 개통한다면 시베리아 횡단열차와 연결되어 서울에서 모스크바까지, 그리고 모스크바에서 유럽 지역으로 육로로 갈 수 있는 길이 열린다.

사회주의 체제가 무너지면서 그 상징인 스탈린 동상이 철거되었다.

풍부한 지하자원을 바탕으로 기계, 우주 산업이 발달하였다.

우리 민족이 살고 있는 중앙아시아

구 소련이 무너지고 중앙아시아의 국가들이 분리 독립하였는데, 우리 민족 약 53만 명이 고려인(카레이스키)이라 불리며 이곳에 살고 있다. 일제 강점기에 우리나라 사람들이 강제로 징용되거나 독립 운동을 하기 위해서 연해주로 옮겨 갔는데, 연해주가 구 소련의 영토가 되면서 우리 민족 약 18만 명이 중앙아시아로 강제 이주되었다. 당시 우리 민족은 소수 민족으로서 차별과 설움 속에서 척박한 땅을 개척하며 힘들게 살아야 했다.

146 러시아 및 중앙아시아

우크라이나
수도: 키예프
면적: 60만km²
언어: 우크라이나 어
종교: 크리스트교

러시아
공식 명칭: 러시아 연방
수도: 모스크바
면적: 1,708만km²
언어: 러시아 어
종교: 크리스트교

우즈베키스탄
공식 명칭: 우즈베키스탄 공화국
수도: 타슈켄트
면적: 45만km²
언어: 우즈베키스탄 어
종교: 이슬람교

카자흐스탄
공식 명칭: 카자흐스탄 공화국
수도: 아스타나
면적: 272만km²
언어: 카자흐 어
종교: 이슬람교, 크리스트교

지도 라벨: 리투아니아, 라트비아, 에스토니아, 러시아, 벨로루시, 모스크바, 천연가스, 석유, 보리, 우랄 산맥, 우크라이나, 흑해, 그루지야, 아르메니아, 아제르바이잔, 아랄 해, 목화, 투르크메니스탄, 타지키스탄, 키르기스스탄, 타슈켄트, 바이코누르 우주 센터, 아스타나, 카자흐스탄, 바다표범, 북극곰, 습지, 오비 강, 중앙 시베리아 고원, 예니세이 강, 다이아몬드, 레나 강, 석유, 러시아, 금, 순록, 연어, 바이칼아무르 철도, 바이칼 호, 시베리아 횡단 철도, 아무르 강, 연해주

초등사회 개념사전 235

147 아메리카

- 아시아 대륙의 동쪽에 위치한 대륙.
- 태평양과 대서양의 경계가 되며, 파나마 운하를 경계로 남아메리카와 북아메리카 대륙으로 나뉜다.

자연환경

북아메리카는 북반구에 위치하며 서쪽으로 태평양, 동쪽으로 대서양과 접해 있고 남쪽으로는 남아메리카와 연결되어 있다. 지형은 서쪽에 남북으로 로키 산맥이 길게 뻗어 있고 동쪽에는 넓은 평원이 펼쳐져 있다. 북쪽에 위치한 캐나다는 한대 기후 및 냉대 기후가 나타나며 미국은 주로 온대 기후가 나타난다. 멕시코 지역은 중앙아메리카라고도 불리는데, 열대 기후와 건조 기후가 나타난다.

남아메리카는 남반구에 위치하며 서쪽으로 태평양, 동쪽으로 대서양과 접해 있다. 대부분 열대 기후에 속하는데, 안데스 산맥의 높은 지역에는 기온이 낮아지고 기온 변화가 적어지는 고산 기후가 나타난다. 지형은 서쪽에 남북으로 안데스 산맥이 길게 뻗어 있고 동쪽에는 평탄한 고원이 있으며, 그 사이에 아마존 강이 흐른다.

다양한 인종의 나라 미국

원래 인디언들이 살고 있던 미국은 1492년 콜럼버스가 아메리카 대륙을 발견하면서 유럽에 알려졌다. 그 후 17세기 영국의 식민지가 되었다가 1776년 독립하여 미국이 세워졌다. 미국은 넓은 영토를 개척하려고 여러 나라 사람들을 받아들였고, 흑인을 노예로 데려 왔다. 그 결과 다양한 인종의 사람들이 모여 살게 되었다.

미국은 철강, 자동차 같은 중공업뿐만 아니라 항공기, 반도체, 우주 산업 같은 첨단 산업까지 모두 발달한 나라이다. 마이크로소프트 사처럼 이름만 들어도 모두가 아는 세계적인 기업들이 많다. 또한 미국은 세계 최대의 농축산물 수출국이기도 하다. 기후가 다양하고 영토가 넓을 뿐만 아니라 농업 기술이 발달해서 옥수수, 콩, 밀, 소 등을 대규모로 재배하거나 사육해서 수출한다. 게다가 석유, 천연가스, 철광석 등 지하자원도 풍부하다.

고대 문명이 발달하였던 남아메리카

남아메리카는 마야 문명, 아스텍 문명, 잉카 문명 등의 수준 높은 고대 문명이 발달했던 곳이다. 인디오들이 만든 공중 도시인 마추픽추, 고대인들이 사막 위에 그렸다는 거대한 그림 나스카 유적 등은 어떻게 만들었는지 아직까지도 그 신비가 풀리지 않은 고대 유적들이다.

그러나 16세기 에스파냐와 포르투갈이 침략하면서 인디오 문화가 파괴되고 유럽 문화가 퍼졌으며 원주민인 인디오, 정복자인 백인, 노예로 들어온 흑인들이 한데 어울려 인종도 복잡해졌다. 이 지역은 에스파냐 어와 포르투갈 어를 쓰고 있다.

세계 최대의 농산물 수출국

다양한 인종

148 오세아니아

- 남반구에 위치한 세계에서 가장 작은 대륙.
- 오세아니아는 멜라네시아, 미크로네시아, 폴리네시아, 오스트레일리아, 뉴질랜드를 포함하는 섬과 대륙으로 이루어져 있다.

오스트레일리아와 뉴질랜드

오세아니아는 18세기 후반 처음으로 유럽에 알려진 후, 영국, 프랑스 등의 유럽 인들이 많이 이주해 왔으며, 지금의 오스트레일리아와 뉴질랜드는 영국의 식민 지배를 받았다. 원래 오스트레일리아에는 어보리진 족이라는 원주민이 살고 있었고, 뉴질랜드에는 마오리 족이라는 원주민이 살고 있었다. 하지만 영국의 식민지가 되면서 원주민 수는 크게 줄었다. 지금은 원주민이 전체 인구의 1% 정도밖에 되지 않는다. 대부분의 주민은 백인이며 언어도 영어를 사용한다.

오세아니아는 독특한 자연 경관을 가지고 있다. 뉴질랜드에서는 화산과 온천, 그리고 빙하, 피오르 등 때묻지 않은 등 다양한 자연의 모습을 볼 수 있다. 오스트레일리아와 뉴질랜드는 영토에 비하여 인구는 적은 편이지만 자원이 풍부하고 양과 소를 키우는 목축업이 발달하였다.

신기한 동물들

오세아니아 대륙은 오랫동안 다른 대륙과 떨어져 있어서 다른 대륙에는 없는 신기한 동물들이 많다. 코알라, 캥거루 외에도 날지는 못하지만 잘 뛰는 거대한 새 애뮤, 너구리 몸에 오리 부리를 한 오리너구리, 무거워서 날지 못하는 앵무새 카카포, 날개와 꼬리는 없고 길고 뾰족한 부리가 있는 키위새 등이 있다.

오스트레일리아
- 공식 명칭: 오스트레일리아 연방
- 수도: 캔버라
- 면적: 774만km²
- 언어: 영어
- 종교: 크리스트교

뉴질랜드
- 수도: 웰링턴
- 면적: 27만km²
- 언어: 영어
- 종교: 크리스트교

149 남극과 북극

- 지구의 북쪽 끝과 남쪽 끝을 일컬음.
- 지구의 자전축을 연장할 때, 천구와 마주치는 북쪽 점이 북극이고, 남쪽 점이 남극이다.

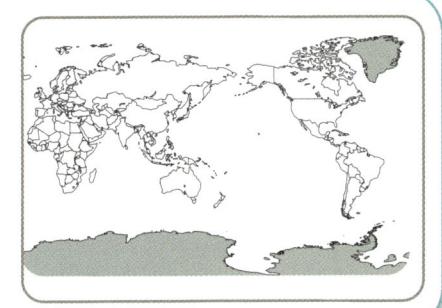

남극 대륙

남극 대륙은 기온이 북극 지역보다 낮은 지구에서 가장 추운 곳이다. 그래서 남극 대륙은 일 년 내내 얼음과 눈으로 덮여 있기 때문에 사람이 살기 힘들고 식물도 거의 자라지 못한다. 다만 펭귄, 고래, 바다표범 등의 동물이 남극해의 플랑크톤과 물고기를 먹이 삼아 살아가고 있다.

남극 대륙은 누구의 땅일까?
남극 대륙은 어느 국가에도 속하지 않은 곳이며, 빙하, 기후 등을 연구하는 과학 탐구 활동만 허용된다. 우리나라도 세종 과학 기지와 장보고 과학 기지를 세우고 여러 가지 연구를 하고 있다.

북극권

북극은 육지가 아니라 지구의 최북단 지역을 가리키며, 북극을 포함한 북극해, 그린란드 등의 고위도 지역을 북극권이라고 한다. 대부분 일 년 내내 얼음과 눈으로 덮여 있어 작물을 재배할 수 없다. 그래서 주민들은 물고기나 순록을 사냥하여 먹을 것을 구하고, 얼음을 이용하여 집을 짓는다.

오늘날 북극권은 경제적·과학적 가치가 크다. 그래서 알래스카 지역에서는 대규모 유전 개발이, 그린란드에서는 기상 관측 등을 위한 과학 기지가 건설되고 있다. 우리나라도 다산 과학 기지를 두고 있다.

교과 관련 찾아보기

3학년 1학기

단원명	관련 표제어
1. 우리가 살아가는 곳	61. 직업(일) 72. 산업 103. 지리 104. 위치 105. 지도 106. 축척 107. 방위 108. 지도 기호 109. 등고선 110. 지리 정보 111. 자연과 인간 118. 우리나라의 지형
2. 이동과 의사소통	35. 이동 수단 36. 의사소통 수단
3. 사람들이 모이는 곳	31. 인구 35. 이동 수단 124. 도시 125. 도시의 생활 모습 129. 국토 개발

3학년 2학기

단원명	관련 표제어
1. 우리 지역, 다른 지역	11. 지역 사회 12. 지역 축제 132. 서울특별시 133. 경기도 지방 134. 강원도 지방 135. 충청도 지방 136. 전라도 지방 137. 경상도 지방 138. 제주특별자치도
2. 달라지는 생활 모습	17. 전통문화 18. 관혼상제 19. 세시 풍속 20. 전통 놀이 22. 문화재 23. 세계유산 26. 여가 27. 의생활 28. 식생활 29. 주생활 30. 사회 변동 34. 도구와 생활
3. 다양한 삶의 모습들	03. 조사 방법 05. 보고서 작성 13. 민족 15. 종교 16. 문화 17. 전통문화 18. 관혼상제 21. 우리나라 명절과 국경일

4학년 1학기

단원명	관련 표제어
1. 촌락의 형성과 주민 생활	12. 지역 축제 31. 인구 32. 고령화 109. 등고선 111. 자연과 인간 118. 우리나라의 지형 119. 산지 120. 평야 121. 해안 126. 촌락 127. 촌락의 생활 모습
2. 도시의 발달과 주민 생활	03. 조사 방법 31. 인구 124. 도시 125. 도시의 생활 모습 128. 수도권 집중 129. 국토 개발 130. 환경 문제
3. 민주주의와 주민 자치	07. 개인과 사회 11. 지역 사회 83. 정치 과정과 참여 84. 민주주의 85. 선거 86. 선거의 4대 원칙 87. 지방 자치(제도)

4학년 2학기

단원명	관련 표제어
1. 경제생활과 바람직한 선택	25. 노동 45. 경제와 경제 주체 46. 경제적 선택의 문제 47. 경제 활동 48. 돈 49. 돈의 흐름 54. 생산과 생산 활동 55. 생산 요소 56. 지원과 생산 활동 57. 분업 58. 유통 59. 유통 과정 60. 분배 61. 직업(일) 62. 소비 63. 저축 64. 소비자 권리 72. 산업 73. 미래 산업
2. 사회 변화와 우리 생활	01. 사회 02. 사회 연구 07. 개인과 사회 08. 여성과 남성 09. 양성평등 10. 가족 16. 문화 30. 사회 변동 31. 인구 32. 고령화 33. 다문화 사회 42. 인권 43 인종 차별 44. 비정부 기구
3. 지역 사회의 발전	04. 면담, 질문지법 05. 보고서 작성 06. 통계와 도표 11. 지역 사회 12. 지역 축제 87. 지방 자치(제도) 89. 시민 단체

5학년 1학기

단원명	관련 표제어
1. 살기 좋은 우리 국토	31. 인구 112. 기후 113. 기온, 강수량, 바람 114. 우리나라의 계절 115. 우리나라의 기후 116. 우리나라 국토의 영역 117. 지형 118. 우리나라의 지형 119. 산지 120. 평야 121. 해안 131. 한눈에 보는 우리나라
2. 환경과 조화를 이루는 국토	111. 자연과 인간 123. 자원의 이용 129. 국토 개발 130. 환경 문제
3. 우리 경제의 성장과 발전	40. 세계화 50. 시장 51. 자유와 경쟁 52. 수요과 공급 53. 가격 55. 생산 요소 56. 자원과 생산 활동 60. 분배 72. 산업 74. 국민 경제 75. 국민 소득 76. 경제 성장 79. 무역 80. 우리나라의 무역 81. 자유 무역
4. 우리 사회의 과제와 문화 발전	16. 문화 17. 전통문화 22. 문화재 30. 사회 변동 36. 의사소통 수단 40. 세계화 82. 정치 83. 정치 과정과 참여 88. 정당 90. 여론 91. 언론

6학년 2학기

단원명	관련 표제어
1. 우리나라의 민주 정치	14. 국가 24. 규범 82. 정치 84. 민주주의 85. 선거 88. 정당 92. 국가기관과 삼권 분립 93. 국회 94. 정부 95. 대통령 96. 법원 97. 재판 98. 법 99. 국민의 권리 100. 국민의 의무
2. 이웃 나라의 환경과 생활 모습	139. 북한 140. 한눈에 보는 세계 141. 동부아시아 146. 러시아 및 중앙아시아
3. 세계 여러 지역의 자연과 문화	16. 문화 33. 다문화 사회 105. 지도 117. 지형 140. 한눈에 보는 세계 141. 동부아시아 142. 동남·남부아시아 143. 서남아시아 144. 아프리카 145. 유럽 146. 러시아 및 중앙아시아 147. 아메리카 148. 오세아니아 149. 남극과 북극
4. 변화하는 세계 속의 우리	37. 정보화 38. 저작권 문제 39. 통일 40. 세계화 41. 지구촌 문제 44. 비정부 기구 81. 자유 무역 101. 국제 관계 102. 국제기구 130. 환경 문제 139. 북한

이름순 찾아보기

ㄱ

가격	88	
가격 경쟁	85	
가격의 기능	89	
가계	78, 80, 113	
가공무역	119	
가뭄	171	
가을	175	
가족	24	
가족 구성원	25	
가족의 형태	24	
간접 선거	131	
간접세	102	
갈등	25	
강수량	174, 176	
강원도 지방	208	
개성	20	
개인	20	
개인 정보	63	
갯벌	186, 187	
건조 기후	173	
겨울	175	
경기도 지방	206	
경도	198	
경상도 지방	111, 214	
경선	198	
경쟁	85	
경제	78	
경제 개발 5개년 계획	111, 123	
경제 문제	79	
경제 성장	115	
경제 주체	78	
경제 활동	78, 80	
경제 활동의 자유	85	
경제적 선택	79	
경제적 자유	85	
경제학	15	
경제협력개발기구(OECD)	155	
계	27	
계절	175	
계절풍	177	
고등법원	146	
고랭지 농업	183, 208	
고려인	234	
고령 사회	55	
고령화	55	
고령화 사회	55	
고산 기후	173	
고속 철도	59	
고위평탄면	182	
공개 선거	131	
공공 서비스	81	
공공시설	103	
공공재	103	
공급	86	
공급 곡선	86	
공급의 법칙	86	
공급의 변화	87	
공정무역	118	
공화정	31	
꽃	180, 186	
관례	37	
관세	102	
관습	45	
관혼상제	37	
교류	66	
교육의 의무	152	
국가	29, 30	
국가 경제	99, 100	
국가기관	140	
국가의 3요소	30	
국경없는의사회	69, 73	
국경일	41	
국내 총생산(GDP)	114	
국무총리	144	
국민	29, 30	
국민 경제	113	
국민 소득	114	
국민 주권의 원리	129	
국민 총소득(GNI)	114	
국민의 권리	150	
국민의 의무	152	
국방의 의무	152	
국세	102	
국정 감사권	141	
국제 경쟁력	121	
국제 관계	153	
국제 사회	153	
국제 엠네스티	71, 73	
국제기구	154	
국제연합(UN)	70, 154	
국제올림픽위원회(IOC)	155	
국제원자력기구(IAEA)	155	
국제통화	117	
국제통화기금(IMF)	115, 154	
국토 개발	195	
국토 종합 개발 사업	195	
국토의 영역	178	
국회	140, 142	
국회 의원	143	
군주 국가	31	
군주제	128	
권력 분립의 원리	129	
권리	150, 152	
규범	44	
규칙	149	
균형 가격	87, 88	
균형 거래량	87, 88	
그래프	19	
그린피스	69, 73	
근로의 의무	152	
금리	106	
금속 화폐	82	
금융기관	104, 113	
기념물	42	
기독교	33	

기본권	150	단임제	145	**ㅁ**	
기술	93	답사	16		
기아	69	대가족	24	마틴 루터 킹	72
기업	78, 80, 113	대동여지도	163, 167	만	180, 186
기온	174, 176	대법원	146	면담	17
기회비용	79	대의 민주주의	130, 136	명령	149
기후	160, 172	대의제의 원리	129	명절	39, 41
기후 변화 협약	197	대종교	33	목적세	102
		대중문화	35	목축업	183
ㄴ		대체 에너지	112	무역	118
		대체재	87	무역 의존도	119
날씨	172	대축척 지도	164	무형 문화재	42
남극(대륙)	239	대출	107	문맹	69
남동 임해 공업 지역	214	대통령	144, 145	문화	29, 34
남반구	199	대한민국	202	문화 상대주의	35
남부아시아	226	도구	57	문화권	34
남북 교류	218	도구의 발달	57	문화인류학	15
남북 문제	68	도덕	45	문화재	42
남북 분단	65	도매업자	96	물가	83
남성	22	도시	185, 190, 191, 192	물가 상승	116
남아메리카	236	도시 국가	31	물물 교환	82, 84
남해(안)	186	도시 문제	191	물품 화폐	82
납세의 의무	152	도표	19	미국	236
내비게이션	169	독도	179	미국 흑인 인권 운동	72
냉대 기후	173	독재 정치	129	미란다 원칙	151
냉전 시대	153	돈	82, 83	미래 산업	112
노동	46, 92	동고서저	181	민법	149
노동력	46	동남아시아	226	민사 재판	147
노동요	47	동부아시아	224	민속 문화재	42
농업	185	동서남북	165	민속 신앙	33
농촌	185, 192, 193	동해(안)	186	민영 보험	109
뉴질랜드	238	돛단배	59	민족	29
		두레	27	민주 국가	31
ㄷ		등고선	168	민주주의	128
		디플레이션	116	민주주의의 원리	129
다당제	135	뗏목	59		
다문화	56			**ㅂ**	
다문화 가정	56	**ㄹ**			
다문화 교육	56			바람	174
다문화 사회	56	러시아	234	반도	180
단오	41	리콜제도	101	발표	18

244

방위	162, 165			선거 과정	130
방위표	165	**ㅅ**		선거관리위원회	130
배	58			설	41
버스	58	사법부	140, 146	성(性)	22
법	45, 148	사하라 사막	230	성 역할	22, 23
법률	149	사헬	230	성문법	149
법률안 거부권	141	사회	14, 15, 20	성차별	23
법원	140, 146	사회 구성원	14, 20, 21	세계 인권 선언	70
법원의 종류	146	사회 변동	53	세계 지도	199
법인세	102	사회 보험	109	세계기록유산	43
법치주의	148	사회 연구	15	세계무역기구(WTO)	155
보고서	18	사회과학	15	세계문화유산	43
보완재	87	사회권	151	세계보건기구(WHO)	155
보통 선거	131	사회적 동물	20	세계복합유산	43
보통 예금	106	사회주의 경제 제도	85	세계의 시간	223
보통세	102	사회화	20	세계자연유산	43
보험	109	산업	110	세계화	66, 67, 121
보험회사	105, 109	산업 사회	62	세금	102
복수 정당제	135	산지	180, 182, 183	세시 풍속	38
복지 국가	31	산지촌	183, 192, 193	소득	97
봄	175	삼각주	184	소득 격차	97
봉수(제)	61	삼권 분립	140	소득세	102
부가가치세	102	상례	37	소득의 재분배	97
부채	107	상법	149	소매업자	96
북극(권)	239	상속세	102	소비	99, 100
북반구	199	상호저축은행	105	소비 활동	78, 99
북아메리카	236	생명 공학	112	소비자	101
북한	218	생산	90	소비자 권리	101
분배	97	생산 과정	91	소비자 책임	101
분배 활동	78	생산 요소	92	소비자 활동	78, 99
분배의 불균형	97	생산 활동	78, 90	소셜 네트워크 서비스(SNS)	63
분업	94	생산 활동의 종류	90	소축척 지도	164
분쟁	68	생산성	90	쇠고기이력추적표시제	95
분지	180	생산자	90, 96	수도	204
불교	33	서남아시아	188, 228	수도권	111, 194
불문법	149	서비스	78, 90	수도권 집중	54, 194, 205
비밀 선거	131	서비스업	90, 110	수요	86
비정부 기구(NGO)	73	서울특별시	204	수요 곡선	86
비행기	58	서해(안)	186	수요와 공급의 법칙	87
빈부 격차	68, 97	석유	93, 228	수요의 법칙	86
		석유수출국기구(OPEC)	155, 188	수요의 변화	87
		선거	130, 131, 145		

초등사회 개념사전 **245**

수원 화성	43, 206
수입	117, 118, 119
수출	117, 118, 119
슈퍼 컴퓨터	171
스마트폰	60
스테그플레이션	116
시간대	223
시민 단체	136
시민혁명	128
시장	84
시장 가격	89
식생활	51
신도시	206
신용	107
신용도	107
신용카드	82
신용카드 회사	105
씨름	40

ㅇ

아메리카	236
아프리카	230
애덤 스미스	94
야경 국가	30
양극화	97
양당제	135
양복	50
양성평등	23
어업	187
어촌	187, 192, 193
언론	139
언론의 자유	139
언어	29
여가	48
여가 활동	48
여객기	59
여객선	59
여론	138
여름	175
여성	22

역사학	15
역할	21
연날리기	40
연평균 강수량	176
연평균 기온	176
열기구	59
열대 기후	173
영공	178
영남 내륙 공업 지역	214
영동과 영서 지방	111, 209
영토	30, 178, 203
영해	178
예금	106
예절	45
오세아니아	238
오스트레일리아	238
온대 기후	173, 202
온돌	52
외교	153, 155
외환 위기	115
욕구	79
우주 항공	112
우체국	105
우편	61
원료	93
원불교	33
원산지종합관리시스템	95
원산지표시제	95, 101
위도	173, 198
위선	198
위성 도시	206
위성 위치 확인 시스템(GPS)	169
위치	161
위헌 법률 심사 제청 및 심판 제도	141
유교	29, 32
유네스코(UNESCO)	43
유니세프(UNICEF)	69, 73
유럽	232
유럽연합(EU)	155, 232
유로화	232
유목민	228

유통	95
유통 과정	96
유통기한표시제	101
유형 문화재	42
육체노동	46
윷놀이	40
은행	105
음식점원산지표시제	95
의무	152
의사소통	60
의사소통 수단	60, 61
의생활	50
의원 내각제	145
이동	58
이동 수단	58, 59
이산가족	65
이스라엘	228
이슬람교	32
이웃사촌	26
이윤	80
이자	105, 106
이촌향도	190
인간문화재	42
인간의 존엄성	128
인구	54, 223
인구 밀도	54, 205
인구 분포	54, 223
인권	70
인권 운동	72
인도	226
인력거	59
인류무형문화유산	43
인적 자원	93
인종	29, 72
인종 차별	72
인터넷	63
인플레이션	116
일	98
일당제	135
일본	224
임업	183

입법부	140, 142	
입헌 군주제	31	
입헌주의의 원리	129	

ㅈ

자급자족	84
자동차	59
자본	92
자산	116
자연재해	171
자연환경	170
자원	93, 188, 189
자원 개발	93
자원 부족	93
자원의 분포	188
자원의 희소성	79
자유	85, 150
자유 무역	120
자유 무역 협정(FTA)	120
자유 시장 경제 제도	85
자유권	150
재택근무	47
재판	146, 147
재화	78, 90
저작 인격권	64
저작 재산권	64
저작권	64
저작물 보호 기간	64
저축	100
저출산	55
전라도 지방	111, 212
전자 화폐	82
전쟁	68
전통 놀이	40
전통 의례	37
전통문화	36
전화	61
절기	38
정기 예금	106
정기 적금	106
정당	134
정당 제도	135
정보	62
정보 사회	62, 63
정보 활용 능력	62
정보화	60, 62
정부	78, 81, 113, 140, 144
정신노동	46
정월 대보름	41
정책	127
정치	126
정치 과정	127
정치 참여 방법	127
정치학	15
제기차기	40
제례	37
제조업	90
제주특별자치도	43, 111, 216
제한 선거	131
조례	149
조사	16
조사 방법	16
종교	32
종교 갈등	226, 228
종묘제례(악)	43
주거	52
주권	30
주생활	52
주소	161
주식	105, 108
주식회사	108
주주	108
중국	54, 224
중앙 집권	132
중앙아시아	234
중임제	145
증권회사	105
증기기관차	59
증기선	59
지구 온난화	68
지구본	199
지구촌	26, 153
지구촌 문제	68
지도	162
지도 기호	162, 166
지도 색깔	167
지리	160
지리 정보	169
지리 정보 시스템(GIS)	169
지리학	15
지방 선거	133
지방 의회	133
지방 자치	132
지방 자치 단체(장)	133
지방 자치 제도	132
지방 자치의 원리	129
지방법원	146
지방세	102
지역 공동체	27
지역 사회	26
지역 축제	28
지위	21
지진	171
지질	181
지하철	58
지형	160, 180, 181, 222
지형도	162
직거래	96
직업	94, 98
직접 민주주의	128
직접 선거	131
직접세	102
질문지	17
질문지법	17, 18

ㅊ

차등 선거	131
차례	37, 41
참살이	112
참여 예산제	132
참정권	151

채권	108	푄현상	209	힌두교	32, 226
천도교	33	품앗이	27		
천부인권	70	품질 경쟁	85		
천연자원	93, 188				

기타

12해리	179
1차 산업	90, 92, 110
2차 산업	90, 110
3심 제도	147
3차 산업	90, 110
6·25 전쟁	65
EU	155, 232
FTA	120
GDP	114
GIS	169
GNI	114
GPS	169
IAEA	155
IMF	115, 154
IOC	155
NGO	73
OECD	155
OPEC	155
SNS	63
UN	70, 154
UNESCO	43
UNICEF	69, 73
WHO	155
WTO	154

첨단 기술	57, 111		
청구권	151		
촌락	192, 193	한국국제협력단	69
촌락의 문제	193	한국은행	104
추석	41	한대 기후	173
축척	164	한류	35
출산율	55	한민족	29
충청도 지방	111, 210	한복	50
		해발 고도	173
		해비타트	73
		해안	180, 186
		해일	171
		핵가족	24

ㅋ

카슈미르	226
크리스트교	32, 33

ㅌ

		행복 추구권	150
탈냉전 시대	153	행정 각부	144
태풍	171	행정 재판	147
토지	92	행정부	140
통계	19	헌법	149
통신	60	헌법 재판	146
통신 수단	60	헌법재판소	146
통일	65	협동조합	105
통화량	116	협력	66
투자	108	형법	149
투호	40	형사 재판	147
특별소비세	102	호남 공업 지역	212
특산물	28	호우	171
		혼례	37
		혼일강리역대국도지도	163
		화폐	82, 83
		확대 가족	24

ㅍ

		환경	170, 196
파발	61	환경 문제	68, 196
팔레스타인	228	환경 보전	197
펀드	108	환경 보전의 의무	152
평등 선거	131	환율	117
평등권	150	훈민정음	43
평야	180, 184	휴대 전화	60